世界の宗教分布図

世界の宗教人口 2002年

（百万人）

宗　教		人　口		おもな地域（国）
キリスト教	カトリック	1,077	2,039	南欧、東欧、ラテンアメリカ、アイルランド、フィリピンなど
	プロテスタント	350		中欧、北欧、アングロアメリカなど
	東方正教会	218		ロシア、ギリシア、ブルガリア、ルーマニアなど
	英国国教会	82		イギリス、オーストラリア、ニュージーランドなど
ユダヤ教		14		イスラエル、アメリカ合衆国など
ヒンドゥー教		828		インド、ネパールなど
シク教		25		インド・パンジャーブ州

World Religions

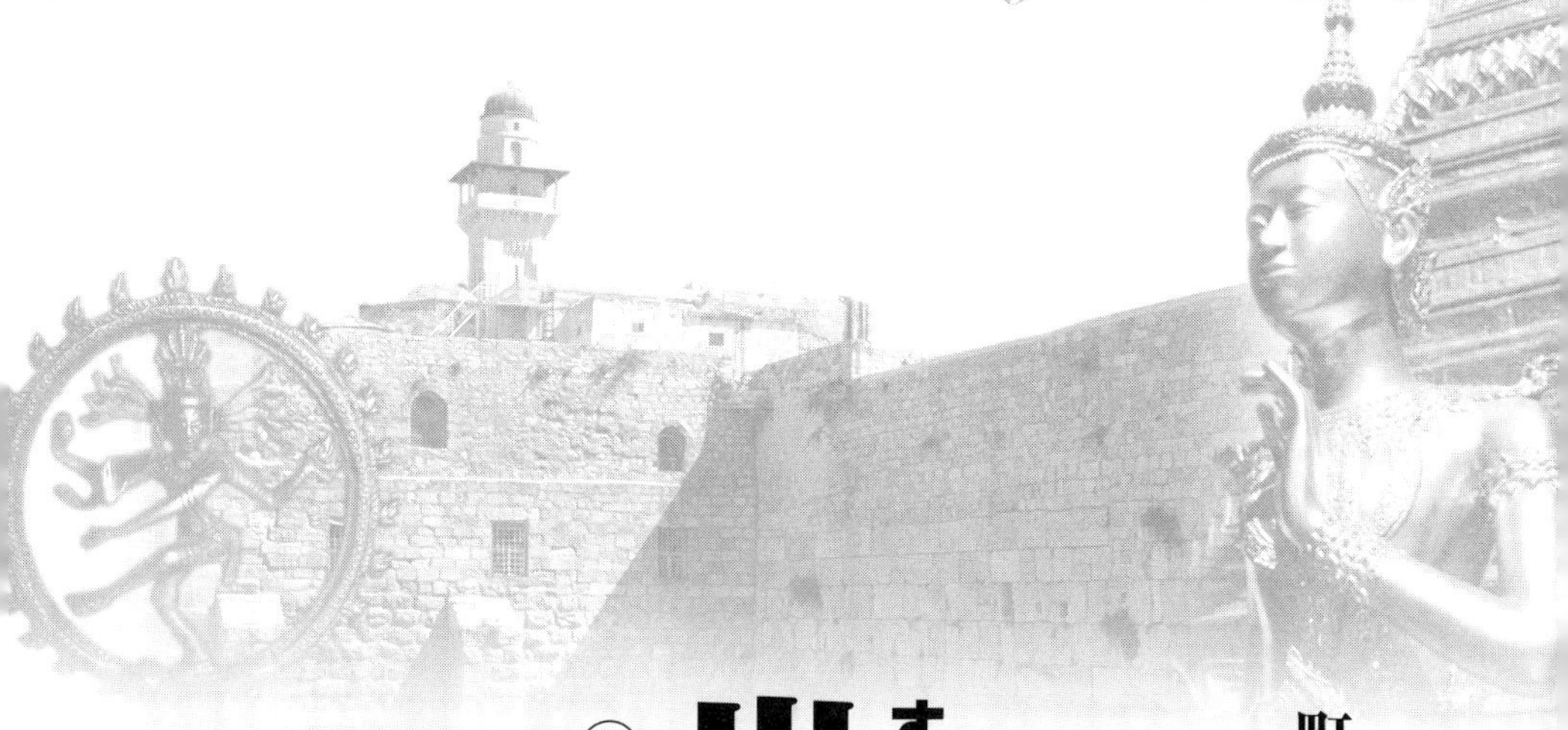

町田宗鳳◉監修

すぐわかる世界の宗教

古代の神話から新宗教まで

東京美術

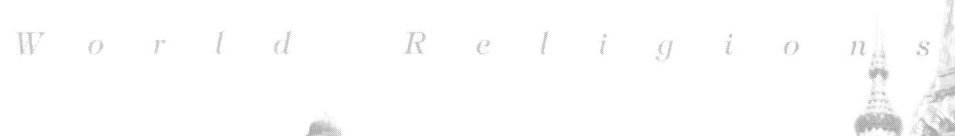

Contents

はじめに

宗教を取り巻く諸問題と未来への提言

■宗教とは何か？

どれだけ多様な形式があるにしても、宗教とはとどのつまり人間救済システムのことである。人間はほんの短い寿命の間にさまざまな苦悩を抱え、しばしば絶望の淵に立たされる。その絶望の淵にあるのは、錯綜《さくそう》する人間関係、経済的困窮、病苦、死への恐怖などに起因する虚無感である。その底なき虚無感に打ちひしがれる人間の魂はなんと脆弱《ぜいじゃく》なものか。一切の希望の光を見失い、自ら命を断つ人も少なくない。そういった危機的状況から救い出してくれるのが宗教にほかならない。その救いのメカニズムとして、神観念、教義、教典、寺院、聖職者、儀礼、修行といった、じつに手の込んだ仕掛けが用意されているわけだ。

もっとも、その仕掛けのつくり具合がそれぞれの宗教によって大いに様相を異にするのは、その宗教を取り巻く歴史的かつ文化的環境が異なるからだ。神とか真理とか絶対的なものを扱う宗教の本質に、そのような歴史的文化的相対性が付随していることを忘れてしまうと、いわゆる狂信主義が生まれてくることになる。

宗教的世界をどのように表現するか、その違いも時代によって大きく異なる。たとえば古代社会の人々は体系的な教義としてではなく、日常的な題材を組み立てて、具体的な物語として語る想像力に長けていたため、文学性の豊かな神話や民話を次々と生み出した。

近代になればなるほど、人類は抽象的な概念を構築して、宗教を形而上学的な思想に仕立て上げるのが得意になった。神、罪、愛、真理といった概念をめぐって、専門家たちが何世紀にもわたって喧々諤々《けんけんがくがく》と議論するうちに、神学、哲学、心理学などが誕生してきたのである。

宗教は生き物のようにつねに進化しているといえるが、近代宗教が古代宗教よりも優れているとは言いきれない。生物学的には哺乳類《ほにゅうるい》のほうが爬虫類《はちゅうるい》よりも進化しているのかもしれないが、それは生命の優劣というよりも生命の形態の違いである。宗教についてもそのように理解しないと、とんでもない偏見を持ってしまうから要注意である。

上：タイの寺院に刻まれたヒンドゥー教の神のレリーフ
下：エジプトのムハンマド・アリ・モスク

■宗教の諸相

「世界の宗教」をさまざまなグループに分けることができるが、まず現象的世界を超絶して一切を創造する唯一神を信仰するのが一神教である。神は絶対的であるがゆえに人間の思惟を超え、いかなる姿形も持ち得ない。一神教として代表的なのはユダヤ教、キリスト教、イスラム教などのアブラハム的宗教である。

　それとは対照的に特定の神が世界を支配するとは考えず、可視的世界の対象のなかに神々の存在を信じるのが多神教である。山や海、木や石の中にも神がいると考えれば、無数の自然神が存在することになり、それを神道では八百万《やおよろず》の神々と呼ぶわけである。

　実際には一神教と多神教の区別は暫定的《ざんていてき》なものであり、そのそれぞれをつぶさに観察していけば、まったく反対の要素が発見されてくるからおもしろい。そのへんにも宗教間の対話の契機となるものがありそうだ。

　また創唱宗教と民族宗教という区別の仕方もある。ひとりの人間が神から啓示を受けたり、特殊な体験を持つことによって特定の教えを説く。こうして始まったのが創唱宗教である。釈迦の仏教、ヴァルダマーナのジャイナ教、孔子の儒教、ゾロアスターのゾロアスター教、イエスのキリスト教、ムハンマド（マホメット）のイスラム教などがそのカテゴリーに入る。そのような創唱者は、たいてい理想的な人格を有しているだけでなく、超自然的な奇跡を行ったりすることがあるため、あたかもその人物が神そのものでもあるかのように、没後も長く信者たちの間で崇拝されることになる。

　特別のカリスマを持った人物による創唱宗教ではなく、それぞれの文化圏で長い時間をかけて自然発生的に形成されるのが民族宗教である。日本の神道、イスラエルのユダヤ教、インドのヒンドゥー教などがその典型であり、それぞれの民族のアイデンティティーを形成していくうえで非常に重要な役割を果たすことになる。

　民族や国家が歴史的変遷を遂げていくにつれて、民族宗教の実態も変容し、新旧の神々の間にヒエラルキーが生じたり

上：ラオスの仏塔
中：十字架と聖書
下：ネパール、カトマンズの修行僧

上：イエスを抱くマリア像
中：ユダヤ教の燭台ハヌキヤ
下：タイの仏教寺院ワット・プラケオ

する。日本でいえば土着民が信奉していたとされる国津神《くにつかみ》と、大和朝廷につながる高天原《たかまのはら》系の天津神《あまつかみ》の関係である。

また民族宗教では、神は人間とは断絶していない存在であるため、相互交流の場として祭祀が頻繁に行われる。そのとき神と人との間に介在するのがいわゆる霊媒であり、祭祀を中心にシャーマニズムが発達することになる。たとえば日本では沖縄のユタ、津軽のイタコ、神道の神主などの場合を見ればわかるように、人々は現世利益《げんぜりやく》的な祈りを神に送り届け、また神からのメッセージを受け取る役割をシャーマンや司祭者に期待することが多い。

■宗教はなぜ対立するのか？

人間救済と博愛精神を標榜《ひょうぼう》する宗教の歴史が、対立と紛争に満ち満ちているという事実は、いかにも皮肉なことと言わざるを得ない。同じ神、同じ経典を崇《あが》めている者同士が争う場合と、異なる神、異なる経典を崇める者同士が争う場合とがある。

宗教史は文化史であり、美術史でもあるが、それ以上に戦争史でもあるのはそのためである。そのことは、何世紀も連綿と伝わる世界宗教にも、まだ歴史の浅い新宗教にも共通する事情である。じつはそのような闘争的性格は、いずれの宗教にとっても、かなり本質的なものである。なぜなら宗教が教団、民族、国家といった特定の枠組みのなかで教義や倫理観を形成していくため、とかく普遍性を欠き、アウトサイダーに対して排他的になりやすいためである。

あまたある宗教のなかでも、仏教は例外的に平和の宗教だと思い込んでいる日本人は少なくないが、平安時代に南都北嶺《なんとほくれい》の権門寺院《けんもんじいん》同士が、焼討ちや殺戮《さつりく》を繰り返していた事実を思い起こせば、そのような主張に妥当性がないことはすぐわかる。

宗教が排他性から脱却しにくい理由のもうひとつは、信仰そのものに盲目性が付随していることである。信仰というのは、神の存在を詮索《せんさく》しているかぎり成立し得ないため、入信者に一種の判断停止を迫ってくる。宗教を理性的にとらえれば道徳となり、知性的にとらえれば哲学となる。

しかし、信仰するということはそのいずれでもなく、理性や知性を超えた深い感性とともに、全人格的に聖なるものの存在を確信することである。したがって厳密な意味で言えば盲目性をともなわない信仰はあり得ない。

ひとつの宗教を信じるということは、社会階層や経済力とは無関係に、ひとつの価値観を多数の人間が共有するということである。もし、彼らが共感する価値観に何の意味も見出さなかったり、積極的に否定したりする集団が登場すれば、あたかも自分たちの存在価値をも脅《おびや》かされてしまったような心理が働き、自己防衛のためにその集団に対して敵意を抱いてしまうことがある。

つまり、宗教は人間の深層心理にかかわる精神活動であるため、世俗的権威が一挙に大量の人間の行動をコントロールしようと思えば、宗教的権威を掌握《しょうあく》することが、もっとも効率的な手段となる。人類史を通じて、権力欲の旺盛な人物によって宗教が道具に使われてきたのはそのためである。

現代社会でも国際紛争の大半に宗教が何らかのかたちでかかわっているが、それは宗教的イデオロギーの違いが争いの原因になっているというよりは、人間のさまざまな欲望に宗教がいちばん利用されやすいためである。

■宗教とどう向き合うか?

宗教を過大評価も過小評価もせずに、その性格を正しく理解しておくことは、人類社会に平和を構築していくためだけではなく、われわれの個人的主体性を確立するうえでも不可欠である。教団に入信することによって生きがいの再発見が実現する場合もあるが、反対に教団組織に依存してしまい、自らの主体性を放棄してしまう危険性もある。

このことは21世紀の宗教のあり方について、重要なヒントを与えてくれる。本来、宗教は人間の魂をあらゆる「とらわれ」から解放してくれるはずのものである。ところが長い歴史を経るうちに、その宗教が形式主義に走り、あらゆる「とらわれ」のなかで最大のものとなっているのが実情である。

過去の宗教的伝統を無批判に踏襲《とうしゅう》するのではなく、われわれはつねにそれを刷新《さっしん》していく勇気を持たなくてはならな

上：ミャンマーの大理石仏
中：イスラム教の建物
下：ヒンドゥー教の神々

い。なぜなら、生物学的な新陳代謝を停止した宗教は思想の形骸であり、人間の魂を根底から変革する力を持たなくなるからだ。宗教的天才とは、既存の伝統を打ち破り、宗教に新しい生命を注ぎ込むことができる創造的人間のことである。

　今、若い世代を中心に、世界中で宗教離れが起きているが、そこには歴史的必然性があるはずだ。サイエンスが進歩し、従来なら神の御業《みわざ》と思われていたことも自然現象として合理的に説明されるようになった時代に、神仏を信じることを強要するわけにはいかない。

　ましてや特定の神、経典、教義を頑《かたく》なに信じることによって、他者に対して心を閉ざし、他者と争うような宗教はもはや無用とみなされても致し方のないことである。心を開くための宗教が、教条主義や独善主義に陥るのなら、そのような宗教と訣別《けつべつ》するほうが賢明というものだろう。

　畢竟《ひっきょう》、宗教とは人間ひとりひとりの生きざまのことである。特定の神仏を信仰することによってはじめて宗教が成立するわけではない。ときには苦悩と戦い、ときには歓喜に身を打ち震わせ、自らの個性を最大限に振幅させて生き抜くところに人間の尊厳がある。

　いつのことかわからないが、人間は自分の意志こそを真の拠りどころとして果敢に生きることを学び、現存するすべての宗教を必要としなくなる日がやってくるかもしれない。つまり、宗教とは人類にとってかけがえのない精神遺産であるが、そこから脱却し得たときにこそ、真の意味で人類がスピリチュアルな存在になり得たといえるのではなかろうか。

　もちろん、そのときの個人的意志は、決して人間中心的なものではなく、宇宙の意志と相通じるものでなくてはならない。宇宙の生命と個の生命が同じ鼓動のなかで、調和を保ちながら静かに揺らいでいく。そのような平和の日々の到来を願いながら、この地球上に現存する「世界の宗教」について学び、知識を深めていくというのは、単に教養のためというのではなく、自らの日々の生き方をいっそう豊かなものにするという意味において、いかにも楽しいことではなかろうか。

町田　宗鳳

上：儒教の聖人

中：バリ・ヒンドゥーの聖鳥ガルーダ

下：イスラムの女性

聖地巡礼

聖なる地に立つとき、ある人はそこで起きた神や聖人の物語を思い起こし、ある人は言い知れぬ安らぎに包まれる。またその場所が持つ不思議な力により、奇跡を得たいと願う人も少なくない。守護と救済の地、聖地は今も人々をひきつけてやまない。

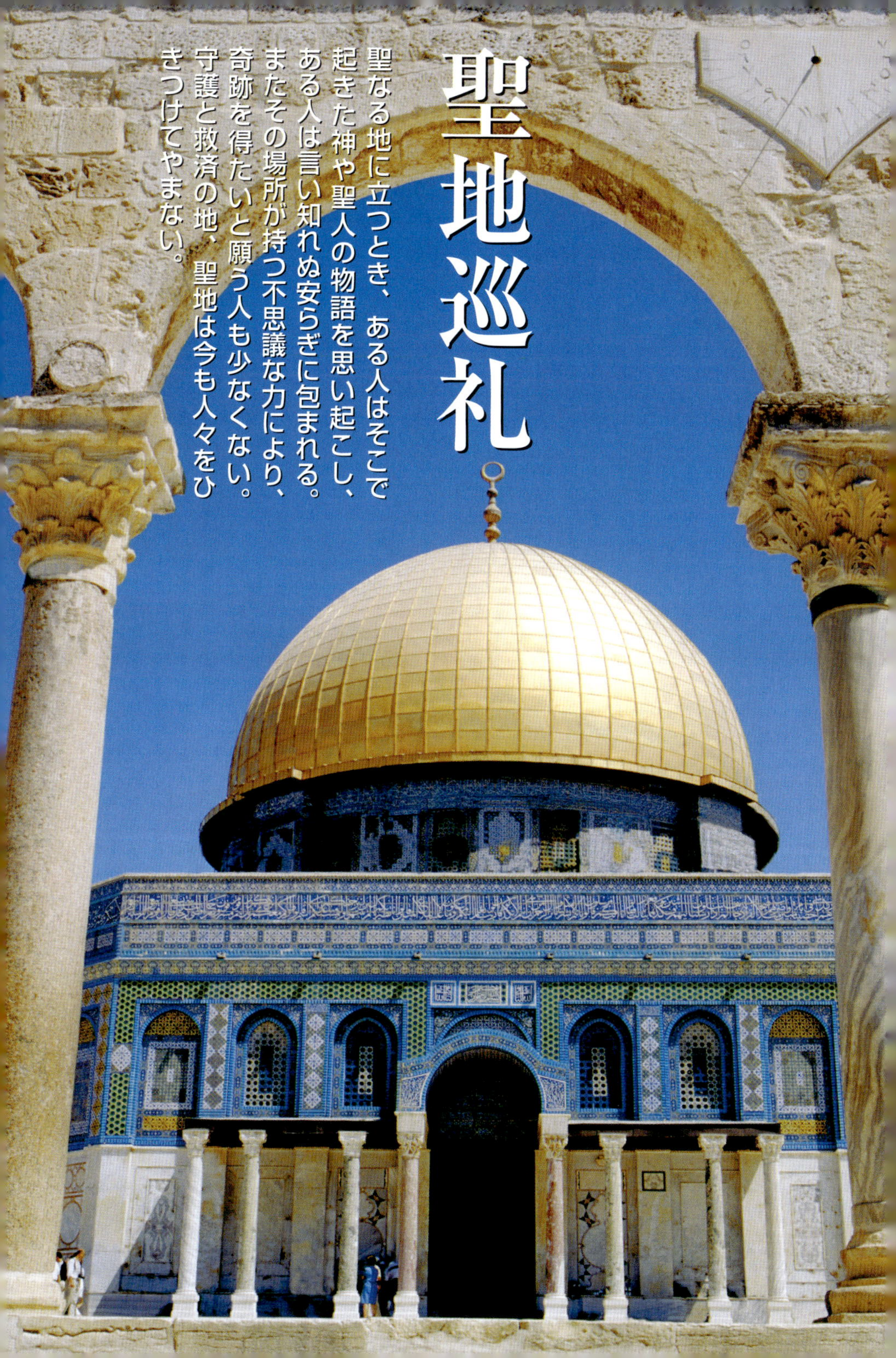

ユダヤ教、キリスト教、イスラム教の3つが交わる聖地

エルサレム（イスラエル）

イエスが処刑された聖金曜日に、十字架をかつぎ行進する巡礼者たち。

イエスが十字架にかけられたゴルゴタを擁するエルサレムは、キリスト教徒にとって至高の聖地である。イエスが処刑された聖金曜日には世界中から巡礼者がエルサレムに集まる。イエスが十字架を背負い歩いた道はラテン語で「悲しみの道」という意味を持つヴィア・ドロローサと呼ばれ、ところどころにイエスのレリーフが刻まれている（左写真参照）。巡礼者たちは、その前で立ち止まり祈りを捧げる。

キリスト教徒地区にあるヴィア・ドロローサ。距離はわずか1kmほどである。

写真上のレリーフ（正面）。

前ページ：ムハンマドが昇天（ミウラージュ）したといわれる聖なる岩を守るため、イスラム教徒によって建てられたエルサレムの「岩のドーム」。イスラム教の聖地に定められているが、この丘はアラブの民のみならず、イスラエルの祖であり、イエスの先祖でもあるアブラハムが息子イサクを神の生《いけ》贄《にえ》に捧げようとした場所であり、ソロモン王が神殿を建てた場所でもある。そのため3つの宗教の聖地にもなっている。

イエスがエルサレムに入城したとき、エルサレムの人々は待ちわびたメシアを迎えるために棕櫚《しゅろ》の葉を敷いて歓迎したという。「枝の主日」はイエスのエルサレム入城を記念する祝祭。この日、人々は手に手に棕櫚の葉を持ち、聖なる町をめざす。

聖地エルサレムには、イエスが処刑された地ゴルゴタに建つ聖《せい》墳《ふん》墓《ぼ》教会や「最後の晩餐《ばんさん》の部屋」、イエスを鞭《むち》打ったという「鞭打ちの教会」など多くのキリスト教史跡が残されている。エルサレムは638年にイスラム教国の支配下に入ったが、1099年にはエルサレム奪還をめざして進軍した十字軍がエルサレム王国を樹立。1291年王国が崩壊すると、再びイスラム教国の支配下に入るなど、複雑な歴史を持っている。

ゲッセマネの丘にある「諸国民の教会」。内部にはイエスが祈りを捧げたといわれる「裏切りの岩」がある。

イエスの処刑地ゴルゴタと墓を保存するため、335年ローマ皇帝コンスタンティヌスによって建てられた聖墳墓教会の内部。この地にはコンスタンティヌスの母ヘレナが十字架を発見したという場所も保存されている。巡礼者はイエスの墓があるドーム（復活聖堂）や十字架の発見地（聖堂）を巡り、その感慨を記憶にとどめる。

西の壁で祈りを捧げるユダヤ教の信者たち。

ダビデ王が都に定めたエルサレム。ソロモンはそこに壮大な神殿を築いた。神殿の奥には十戒を刻んだ石板を納めた聖《せい》櫃《ひつ》が安置され、イスラエルの民の信仰の中心となった。バビロニアとの戦いで破壊された神殿はその後再建されたが、ローマとの戦いで壊滅し、やがてその跡にはイスラム教徒によって「岩のドーム」が築かれた。わずかに残ったのが西の壁である。

西の壁は「嘆きの壁」とも呼ばれ、神殿の消失とその後の離散といった悲しい歴史の象徴となったばかりでなく、ユダヤ教徒の信仰の拠りどころとなっている。

エルサレムの旧市街図

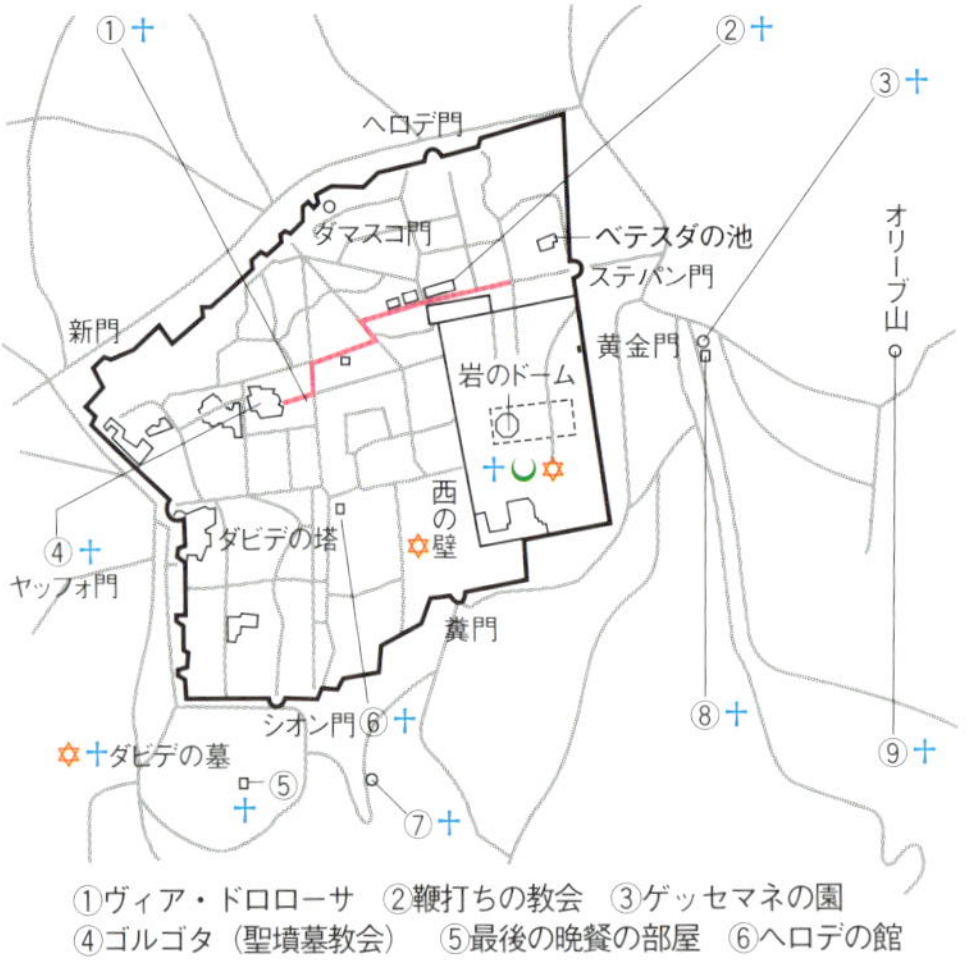

①ヴィア・ドロローサ ②鞭打ちの教会 ③ゲッセマネの園
④ゴルゴタ（聖墳墓教会） ⑤最後の晩餐の部屋 ⑥ヘロデの館
⑦鶏鳴教会 ⑧主の苦しみの教会（諸国民の教会） ⑨昇天教会

〈マークの見方〉
・✝はキリスト教、✡はユダヤ教、☪はイスラム教にまつわることを示す
・図中の地名は現在のエルサレムの地名表記

西の壁（嘆きの壁）の手前には、ユダヤ教側の聖地であることを示すイスラエルの旗が建てられている。

サンティアゴ・デ・コンポステーラ大聖堂のミサ。巨大な香炉が吊り下げられ、長い道のりを経てたどり着いた巡礼者を癒《いや》す。

エルサレム、ヴァティカンと並ぶキリスト教の大聖地

サンティアゴ・デ・コンポステーラ（スペイン）

9世紀初頭、スペイン北西部ガリシア地方で、12使徒のひとり聖ヤコブの墓が発見されたという知らせが広まった。墓の上には大聖堂（写真）が建てられ、聖ヤコブはイスラム教徒からイベリア半島を奪還しようというレコンキスタ運動の象徴、守護聖人となっていった。

さらに、この地サンティアゴ・デ・コンポステーラに詣でるとすべての罪が赦《ゆる》されるという信仰が広まり、ヨーロッパ各地から大勢の巡礼者が集まるようになる。サンティアゴ・デ・コンポステーラはエルサレム、ヴァティカンに次ぐキリスト教の一大聖地となった。巡礼者はひょうたんをつけた杖を手に、ヤコブのシンボルであるホタテ貝を身につけて聖地をめざした。

サンティアゴは聖ヤコブのスペイン語名、コンポステーラは、「星の原」の意。ヤコブの墓が星に示されたという伝説から名づけられた。

サンティアゴ・デ・コンポステーラの巡礼路

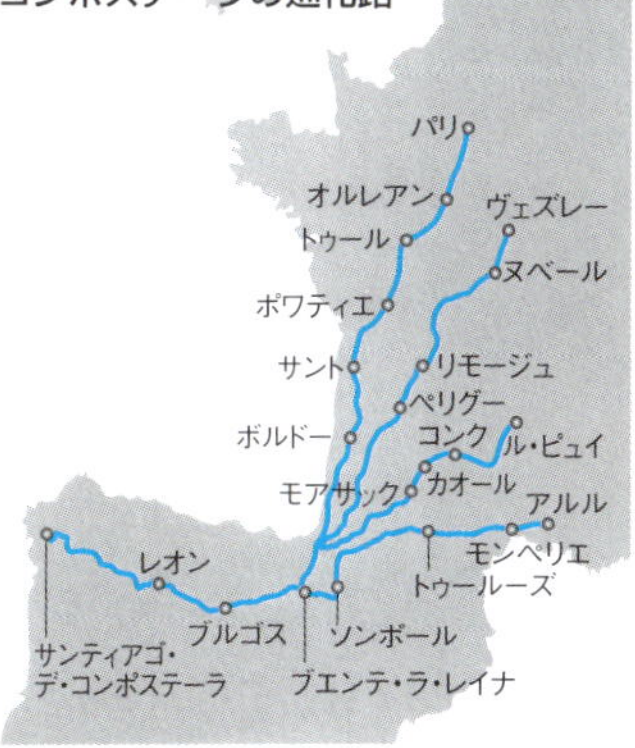

巡礼路にはいくつかのルートがあるが、フランスのパリ、ヴェズレー、ル・ピュイ、アルルを起点に南下し、ピレネー山脈を越える4つのルートが一般的。イベリア半島内だけでも約800km、約1か月はかかるという。

巡礼者の最終目的地、サンティアゴ・デ・コンポステーラ大聖堂。

ヴァティカン（イタリア）

ローマ教皇を中枢とするカトリックの総本山

クリスマスのサン・ピエトロ大聖堂。広場にはイエスが誕生した馬小屋の様子を表す人形飾り（クレシュ）とクリスマス・ツリーが飾られる。

中央の大天蓋《だいてんがい》。奥にはペトロが使用したといわれる椅子がはめ込まれている。

ローマの一角にあるヴァティカンは、ローマ教皇とサン・ピエトロ大聖堂を擁し、世界10億人といわれているカトリック信徒の聖地であるとともに、イエスの筆頭弟子ペトロの墓があることから、全キリスト教徒の聖地となっている。

　この場所には初代教皇ペトロとともに、歴代ローマ教皇の墓もある。さらにイエスを突き刺した槍《やり》などの聖遺物《せいいぶつ》があることでも知られ、信者にはイエスが身近に感じられる場所でもある。サン・ピエトロ大聖堂の内部にあるブロンズ製のペトロの像は、信者たちの接吻《せっぷん》によってすり減っている。

ヴァティカンに納められた聖遺物

種　類	内　容
ロンギヌスの聖槍	イエス処刑後、その死を確認するためローマ兵ロンギヌスがイエスを突き刺したとされる槍。伝説によると、このとき流れ出た血がロンギヌスの目に入り白内障が治ったという
聖十字架	イエスが処刑されたときに使用されたという十字架の断片
聖顔布	イエスがゴルゴタに向かうとき、ヴェロニカという女性がイエスの顔を拭《ぬぐ》ったところ、その布にイエスの顔が浮き出てきたという
聖アンデレの頭部	ペトロの弟で12使徒のひとりアンデレの頭部。1206年に東方教会から贈られたが、1964年に平和と融和の印として返還された

サン・ピエトロ大聖堂の祭壇における儀式。巨大な柱はバロックの巨匠ベルニーニの設計による大天蓋の一部。中央に見える像はイエスの十字架を発見した聖ヘレナ。祭壇の下にはネロ皇帝の迫害にあい殉教《じゅんきょう》したペトロの墓がある。

炸裂する信仰のエネルギー

メッカ、メディナ（サウディアラビア）

ムハンマド（マホメット）が632年に行った別離の巡礼にならい、世界中から集まったムスリム（イスラム教徒）が、同じ日に同じ服装、同じ行程で聖地メッカに出かけ、同じ祈りを捧げる。この日イスラム教の第一の聖地メッカはムスリムの祈りで熱くなる。カアバ神殿を埋めつくすムスリムたち。

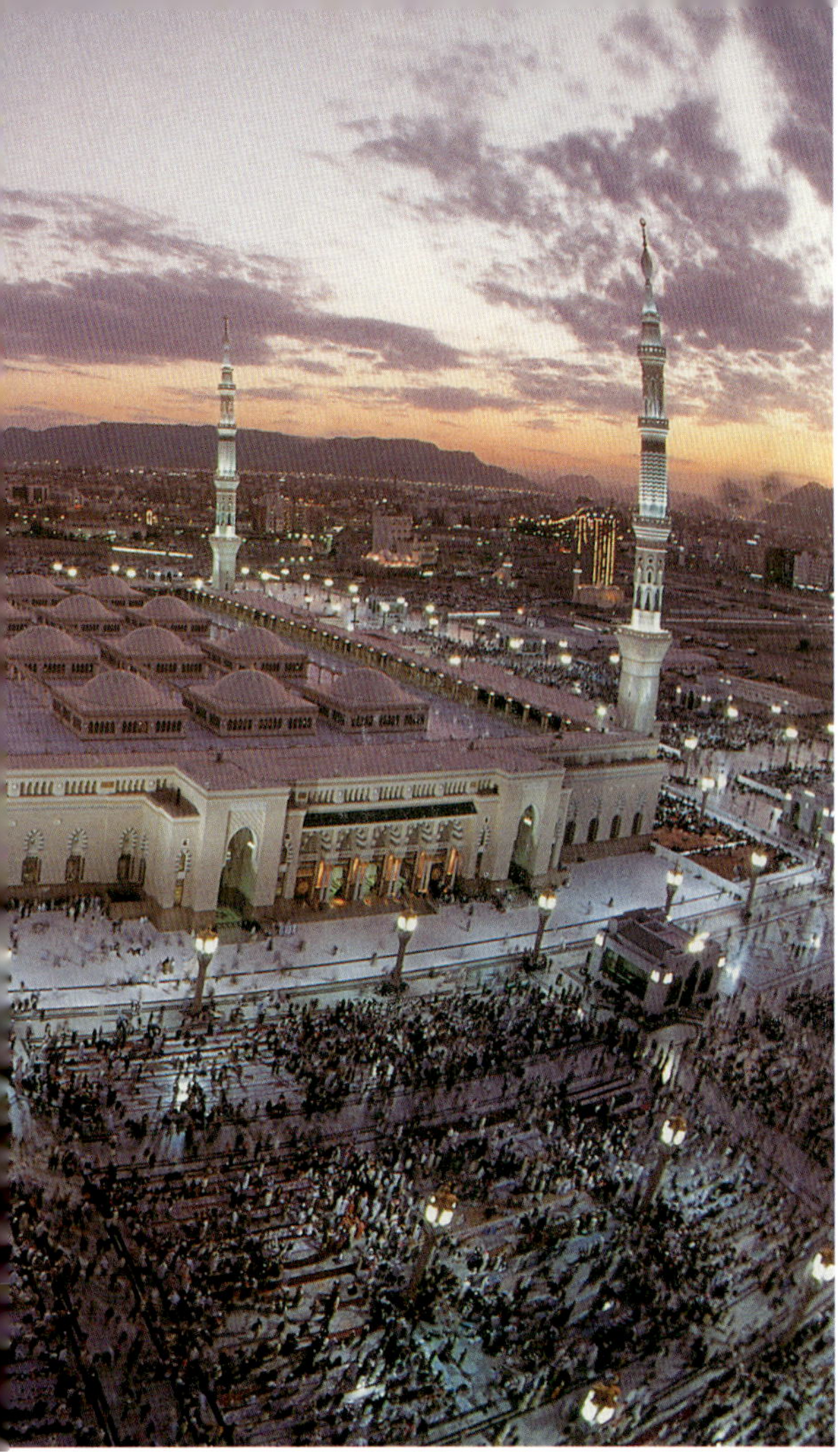

イスラム教の聖地

イスラム教では、サウディアラビアのメッカとメディナ、そしてエルサレムを三大聖地と定めており、メッカはイスラム教至高の聖地である。毎日世界中のムスリムがメッカに向かって礼拝を行い、巡礼月には100万人もの人がこの地に集まる。メッカ巡礼は『コーラン』に定められたムスリムの神聖な義務であり、定められた行程、定められた作法で回る大巡礼（ハッジ）と、任意の参詣（ウムラ）がある。そのほかムハンマドが聖遷（ヒジュラ）した地メディナやエルサレムなどへの巡礼はジャーラという。ハッジを行った者はハージュと称することが許される。

メッカ巡礼路

大巡礼（ハッジ）

①巡礼月7日までにメッカに到着。身を浄めカアバ神殿の周囲を7度回る（タワーフ）。その後モスクに隣接するサファとマルワを7回往復する（サアイ）。

②巡礼月8日目の朝ミナに移動。

③巡礼月9日目、アラファート郊外のラハマ山に登る。

④巡礼月9日目の日没後、ムズダリファに移動し、一夜を過ごす。

⑤巡礼月10日目、ミナのマハサル谷にて小石を投げる悪魔祓いをし、動物の犠牲を捧げる。

ミナの悪魔祓い

アラファートからムズダリファに移動する巡礼者

タワーフ

ムハンマドが最初に築いた「預言者のモスク」に、集団礼拝のため集まったムスリムたち。（サウディアラビア　メディナ）

「預言者のモスク」内にあるムハンマドの廟所《びょうしょ》。

インド中から大勢のヒンドゥー教徒が詰めかけるヴァーラーナシー。川岸には、死を迎える巡礼者が逗留するための「死を待つ人の家」と呼ばれる施設も建つ。最期を迎えたら遺体は岸辺へと運ばれ、ガンジス川の聖なる水がふりかけられて火葬される。

悠久の時を超えて流れる聖なる川、ガンジスのほとり

ヴァーラーナシー（インド）

人生の最期を迎える地、ヴァーラーナシー

インドには数多くの聖地があるが、ヒンドゥー教徒が一度は訪れたいと願う聖地がヴァーラーナシー（ベナレス）である。聖なる大河ガンジスの中流域西岸に位置し、シヴァ神の住まう家とされるこの町には3000を超す寺院や祠《ほこら》があり、ヴィシュヴァナート寺院（黄金の寺）を中心に、同心円状に配置されている。人々はこれらの寺院を円を描くように回るのである。

またガンジス川で沐浴《もくよく》するとすべての罪業《ざいごう》が浄められ、遺灰が川に流されれば解脱《げだつ》できると信じられているため、死を迎えることだけを目的としてはるばるこの地にやって来る者も少なくない。

ヴァーラーナシーの沐浴場（ガート）。岸辺にはこうした沐浴場が約80か所もある。多くの人々は夜明け頃、聖なるガンジス川の水で身を浄め祈りを捧げる。

ヒンドゥー教のおもな聖地

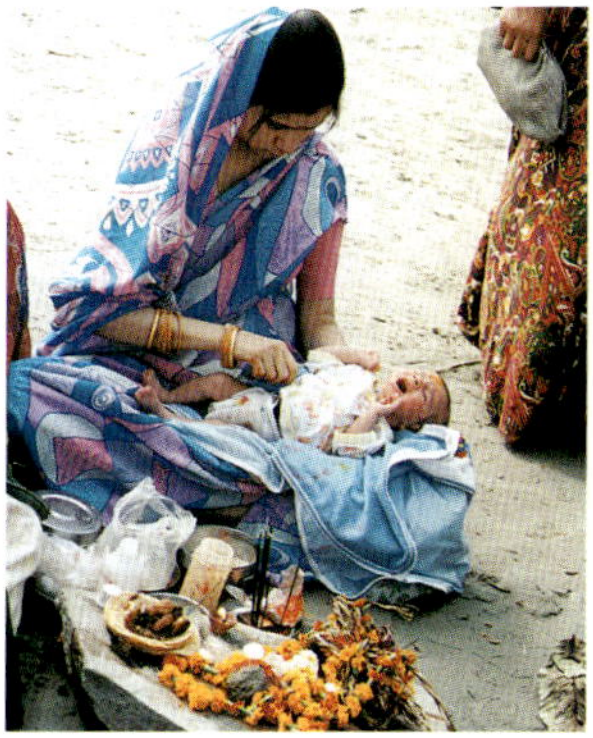

ガンジス川の岸辺で行われる誕生の儀式。ここでは誕生から死までの宗教的営みを見ることができる。

ヒンドゥー寺院のサドゥー(出家僧)。ヨーガのポーズをとる。

不老不死を願うヒンドゥーの聖地

ジャガンナート寺院(インド)

参詣人でにぎわうジャガンナート寺院。

インド有数の聖地ジャガンナート寺院はオリッサ州のプリーにある。主神ジャガンナートはもともと土着の樹木神だったが、次第にクリシュナと習合していった。写真の黒い顔をしている神がジャガンナートである。年に一度の山車《だし》の祭礼では妹で妻のスバドラー、兄のバラバドラとともに、不老不死と天国への再生の御利益《ごりやく》があるとして、大勢の巡礼者を集める。

ジャガンナート寺院の門前で売られている3神のプロマイド。右から主神ジャガンナート、スバドラー、バラバドラ。コミカルな姿で観光客にも人気がある。

釈迦の足跡をたどる仏教聖地巡礼

クシナガラ、サールナートなど

仏教の開祖である釈迦は、布教のために各地を歩き続けた生涯だった。インド、ネパールには釈迦ゆかりの仏教聖地が数多くあり、生誕の地ルンビニー、成道《じょうどう》の地ブッダガヤー、初転法輪《しょてんぼうりん》の地サールナート、涅槃《ねはん》の地クシナガラを四大聖地という。

やがて釈迦の行脚《あんぎゃ》は遠くスリランカにまで及んだとの伝説を生み、スリランカ第一の聖山スリー・パータ山頂には仏教徒により釈迦の足跡（仏足跡《ぶっそくせき》）と信じられている聖なる足跡が残る。巡礼者はこの足跡を拝するため、標高２２４３ｍの聖山の山頂をめざす。

成道の地ブッダガヤー。祈りを捧げているのはチベットからの巡礼僧。内部に成道の玉座がある。

釈迦が初転法輪を行ったサールナート（鹿野苑《ろくやおん》）の塔のまわりを五体投地《ごたいとうち》で回る巡礼者。

釈迦生誕の地ルンビニー。

スリー・パータは別名アダムス・ピークとも呼ばれる。山頂にある聖なる足跡を仏教徒は釈迦、ヒンドゥー教徒はシヴァ、イスラム教徒とキリスト教徒はアダムの足跡として信仰しており、世界四大宗教の聖地となっている。

80歳の生涯を閉じた涅槃の地、クシナガラ。奥の寺院内部に涅槃仏がある。

ヒマラヤの山々に抱かれた聖地

カイラス山、ラサ（チベット）

6,656mの聖なる峰カイラス山。ヒンドゥー教の伝説ではこの山に住むシヴァの頭髪を伝わってガンジス川が流れているという。この山を巡礼者は徒歩で回峰する。

チベット仏教の経文が印刷されているプレイヤー・フラッグ（ダルチョともいう）。礼拝者が祈りを込めて結ぶ。

大昭寺（ジョカン寺）。内部にはチベット王国建国の祖ソンツェン・ガンポ王に唐から嫁いだ妃が持参したと伝えられる釈迦像がある。（チベット自治区　ラサ）

ヒマラヤの山々のなかでひときわ高く屹立《きつりつ》するカイラス山。この厳しく美しい姿に人々は聖なる力を感じた。カイラス山は、チベット仏教、ボン教、ジャイナ教、ヒンドゥー教というアジアの4つの宗教の聖地である。

インドの人々はカイラスをシヴァの住むところとし、高く天をつく姿をリンガとみなして崇拝した。また仏教では宇宙の中心、須弥山《しゅみせん》のモデルになった山として知られているが、チベット仏教徒には地上に現れた曼陀《まんだ》羅《ら》世界として神聖視された。ジャイナ教では開祖が悟りを得た場所とされている。さらに、チベットの土着宗教であるボン教においても、カイラスは開祖が天から降り立った地とされており、やはり聖地として崇拝されている。

ヒマラヤ山脈の北に位置し、チベット語で「神の地」を意味するラサには、ポタラ宮（131ページ参照）、ジョカン寺など多くの仏教寺院が点在し、町全体が聖地になっている。

山の霊場と祈りの参詣道

高野山、熊野三山（和歌山県）

自然のなかに霊的なものを認めた日本人は、山に畏敬《いけい》の念を抱き、そこに仏道修行の拠点を築いたり、修験《しゅげん》の道場をつくっていった。こうした霊場には病気の癒《いや》しなど現世利益《げんぜりやく》を求めて参詣する人々が続き、参詣道が整備されていった。

空海が819年に真言密教の根本道場として開いた高野山金剛峯寺《こうやさんこんごうぶじ》の根本大塔《こんぽんだいとう》。

石畳《いしだたみ》が続く熊野古道。かつて大勢の参詣人が訪れ、「蟻《あり》の熊野詣《くまのもうで》」と形容されるほど活況を呈した。

熊野三山のひとつ、熊野那智大社《くまのなちたいしゃ》の那智の滝。滝そのものが御神体《ごしんたい》として祀られている。神仏習合の過程で修験道の霊場ともなり、平安時代から熊野信仰がさかんになった。

高野山奥の院へと続く参道。参道の両側には、宗派を超えておびただしい墓石や供養《くよう》塔が建てられている。この道の奥にある御廟《ごびょう》には、空海が今も禅定《ぜんじょう》のまま生き続けると信じられている。四国遍路を終えた巡礼者が最後に訪れるところでもある。

第1章 古代宗教

エレクティオン神殿（ギリシア）

アブ・シンベル（エジプト）

カルナックの神殿（エジプト）

トーテム・ポール（カナダ）

ストーンヘンジ（イギリス）

関連年表

紀元前	
8万頃	ヨーロッパでネアンデルタール人が活動 死者を埋葬する
3万5000頃	ヨーロッパでクロマニョン人が活動 ラスコー、アルタミラで洞窟壁画が描かれる
1万頃	日本で縄文文化が始まる
6500頃	トルコのチャタル・ヒュユクで農耕牧畜文化が発達 家の中には祭壇が置かれ、豊穣や再生を願って牛の頭や角などが祀られた
4500頃	中国の黄河流域で彩色をほどこした土器がつくられ、埋葬に用いた甕棺が発見された イラクのエリドゥで神殿が築かれ、祭殿と供物台などが置かれた
3400頃	フランスのブルターニュ地方で集合墓とならんで個人墓がつくられる
3100頃	メソポタミア川流域で、巨大な神殿群などが建設された
2600頃	エジプトのクフ王ピラミッドを造営
2500頃	イギリスでストーンヘンジが築かれる
2300頃	インド北部でインダス文明が起こる
2000頃	クレタでミノス文明が栄える 中国で夏王朝が興る
1700頃	中国で殷王朝が興る
1600頃	ギリシア本土でミケーネ文明が栄える
1370頃	エジプトでアメン・ホテップ4世が即位、アマルナの宗教改革を行う
1290頃	エジプトでラムセス2世が即位。大神殿、巨大神像をつくる
1200頃	インドで『ヴェーダ』成立（～前900頃）
1000頃	メキシコでオルメカ文明、北部ペルーにチャビン文明が起こる
776	ギリシアでオリュムピアの競技会開催される
6世紀	ゾロアスター教が起こる
500頃	ユカタン半島でマヤ文明が起こる
438	ギリシアでパルテノン神殿完成
100頃	マヤ文字とマヤ暦ができる
紀元	
1世紀後半	ローマでミトラス教流行
3世紀頃	ペルーでモチカ、ナスカなどの文明成立 ゾロアスター教の聖典『アヴェスター』成立 マニ教が起こる

原始宗教

人間の根源的な問いかけと宗教

アニミズム　アニマティズム　トーテミズム　シャーマニズム

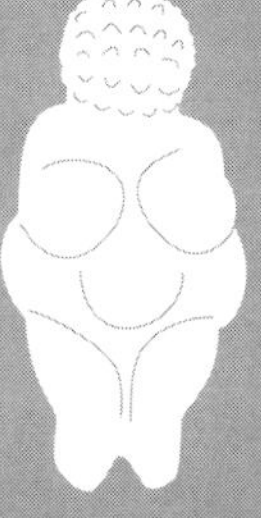

生命を生み出す母体は豊饒と神秘の象徴として信仰された

ラスコーの洞窟壁画／約1万年前の旧石器時代の遺跡。動物たちの存在感のある姿のほか、呪術場面らしきものもあり祭祀目的で利用されたと考えられている。（フランス）

宗教的観念の芽生え

古今東西を問わず、人間が抱く根源的で本質的な疑問や不安はそう多くはない。すなわち、自分とは何か、なぜ生と死があるのか、自分たちを取り巻く世界はどのように成立したのか…などである。古来今日まで、宗教とはこのような問いかけに対するある種の回答の総体であるといえるだろう。

中期旧石器時代（約8万年前から約3万5000年前）に出現したネアンデルタール人は死者を埋葬していたことが知られている。イラク北部のシャニダール洞窟で発掘された遺跡からは、ネアンデルタール人の化石とともに数種の花粉が発見された。これを副葬品としての供花であり死者を哀悼《あいとう》する気持ちの表れとみなす説もある。これには異論もあるが、いずれにせよ人類は太古から死と死者に対して特別な意味を感じとっていたようである。

狩猟技術が発達する後期旧石器時代（3万5000年前から1万年前）には、何らかの呪術的な営みも行われていたと考えられる。壁画で有名なスペインのアルタミラ[*1]やフランスのラスコーの洞窟（上写真参照）には、クロマニョン人の行った、呪術との関連を想起させる場面が描かれている。時代は下るが、日本の縄文時代の土偶《どぐう》なども、先史時代に何らかの霊魂観や呪術観念があったことを示しているといえる。

宗教の起源と神話の形成

宗教の起源や太古の人類の宗教世界を知ろうとするとき、その手がかりのひとつとされるのが未開社会の信仰に関する人類学的な研究である。それらにもとづいて現在一般に考えられている原初的な宗教現象としては、以下に述べる**アニミズム**、**アニマティズム**、**トーテミズム**、**呪術**、**シャーマニズム**などがある。

アニミズムはあらゆる存在に固有の霊が内蔵されて

*1**アルタミラ**／スペイン北部サンタンデル県にある洞窟。1879年に発見された。

*2その霊はときには本体から離れて人間に力を及ぼすと考えられた。人々は霊に働きかけて怒りを和らげたり恩恵を受けようとした。精霊、祖霊、妖怪など多様な霊的存在への信仰。

*3提唱者マレット（1866～1943年）は、ポリネシア人の「マナを持てば豚の数が増える」という言い伝えを例に、マナは神、死霊、人間、自然物などあらゆるものに宿っている神秘的な力だが、必ずしもそのものに固有でなくほかに移ることも

いるという考え方をさし、汎霊《はんれい》説とも訳す。人間を含めて自然現象や動植物のすべてに霊が宿っていると考える。*2

これに対してアニマティズムは、万物が持つ活力、生命力への信仰を意味し、*3アニミズムに先行するものとして**プレアニミズム**、**マナニズム**とも呼ぶ。

トーテミズムとは、ある特定の動植物を集団（部族）のシンボル（**トーテム**）として崇拝する習俗をいう。アメリカのインディオをはじめオーストラリアやインド、メラネシアなどに広く見られる。*4部族はそのトーテムの名で呼ばれ、シンボルである動植物を食べたり殺してはならず、また同じトーテム内での結婚は禁忌《きんき》（タブー）である。

呪術は雨請いや病気治療など特定の目的を果たすために不可視の力を利用する技術をいう。一般に、願望する現象を模倣する**模倣呪術**（**類感呪術**。煙を出して太鼓をたたき水をふりまくという雨請いや、藁《わら》人形に五寸釘《くぎ》を打つなど）と、対象人物の毛髪や爪など身体の一部に働きかけて当人に影響を及ぼす**接触呪術**（**感染呪術**。病気を治すために元気な者の着物を着せるなど）の２つに類別される。

シャーマニズムは、霊能力を持った呪術宗教者とそれを信ずる人々との間に形成される信仰形態である。霊能力者＝シャーマン*5が、トランス*6状態で精霊などの超自然的存在と交流してその意思を人々に告げるという、独特の雰囲気に支配される場が現出する。

これらの事象も包摂しつつ、人間の根源的疑問への回答の一種として共同体がつくり上げてきたものに、**神話**がある。概して神話は創世伝説と英雄伝説に二分される。創世伝説は人間の生きるこの世の由来を語り、そこには人間を超えた存在、神を見出しているものも多い。英雄伝説もまた、彼らの偉業や神々との交流の物語をとおしてその社会の成り立ちを説明しようとするものである。

太古の人間社会において、同じ自然環境に暮らし、運命や価値観も同一である素朴な小集団＝生活共同体によって共有されていた宗教的概念や神話的発想——それが原始宗教と呼べるものであり、やがて民族宗教や創唱宗教へと発展していったとも考えられよう。

ストーン・サークル（環状列石）

柱状の自然石を並べて環状にしたものや、同心円状にめぐらされたものなどさまざまな形がある。

その構造から農耕を左右する太陽崇拝と関係があるともされるが、埋葬や聖域との区別に用いられたなど、性格は一様ではない。ちなみにイギリスのストーンヘンジは夏至《げし》の日の出の方向と石の方角が一致することから、天文観測を中心とした祭祀の場とする説もある。

あると説明した。現代でいうツキに似たもの。

*4 北アメリカではシンボルとなる動植物を柱に刻んだ。これがトーテム・ポールである。

カナダ・スタンレーパーク内のトーテム・ポール。

*5 **シャーマン**／自身の霊を異界に移動させて神や霊と接触したり（離脱型）、その体に霊をつかせるといったかたち（憑依《ひょうい》型）で異界と交流できるという。

*6 **トランス**／直訳すると夢見心地・人事不省・意識変容・恍惚《こうこつ》などにあたる。

死んだ者はいなくなるわけではない。（アフリカのことわざ）

古代エジプトの宗教
復活する死者の魂
紀元前1370年頃：アメン・ホテップ4世の宗教改革

冥界の王オシリス。顔は緑に塗られ、体は布で巻かれて描かれる

太陽神アメン・ラーへの信仰

古代エジプト人は森羅万象に神の存在を認め、神として崇《あが》めた。当初は地域集団ごとにそれぞれの神を信奉していたが、やがて王国の成立にともない体系化されていった。主神の地位を占める太陽神**ラー**のほか、天空の神**ホルス**、冥界《めいかい》の王**オシリス**などがよく知られている（左表参照）。

紀元前2000年頃になると、都テーベの守護神アメン（後にラーと結びついて、アメン・ラーと呼ばれるようになる）が、古来の神々の上に君臨するようになった。

その後アメン・ホテップ4世[*1]が即位（紀元前1370年頃）すると、彼は熱烈な太陽神の崇拝者だったため、アメン神を偽りの神として禁止。太陽神を唯一絶対の神であるとし、名もアトンとして人々にアトンへの信仰を命じた。同時に古来の神々への信仰を禁じた彼の試みは**アマルナの宗教改革**と呼ばれ、世界でもっとも古い一神教と位置づけられている。

しかし長年多神教に親しんできたエジプト人にとって、唯一神という考え方はなじまなかったため、王が亡くなると、再びアメンが復活し伝統的多神信仰に戻っていった。

オシリスの物語に託された不死への思い

古代エジプト人の宗教観を語るうえで、特筆すべきことがらが不死と復活の信仰だろう。その象徴ともいえるのが、オシリスの死と再生の物語である。エジプト王として君臨したオシリスは、弟のセトに殺され、死体はバラバラにされて捨てられてしまった。しかしオシリスの妻イシスが体をつなぎ合わせてミイラ[*2]にし、魂を復活させる。オシリスは神々の前で弟を断罪、わが子ホルスをエジプト王として自らは冥界の王となった。

この神話にもとづき古代エジプトの人々は、ファラオはホルスの化身であり、死後はオシリスになって永遠の生を得ると考えるようになった。また復活した魂は、もとの肉体に戻るとも考えられた。こうして魂の復活に備え、ファラオの肉体は死後ミイラにされて保存され、巨大なピラミッド[*3]が築かれたのである。

*1 **アメン・ホテップ4世**／紀元前14世紀。エジプト第18王朝のファラオ。後にアトンへの帰依《きえ》を意味するイクナートンと改名。わずか12歳で王位を継いだ有名なツタンカーメン王はこのアメン・ホテップ4世の養子。

*2 **ミイラ**／乾燥した状態で長期間ほぼ原型を保った死体で、エジプトでは死体の脳、内臓を取り出した後、香辛料を混ぜた炭酸ナトリウムに70日間つけてつくられた。

あなたはいかなる像も造ってはならない。（出エジプト記20-4）

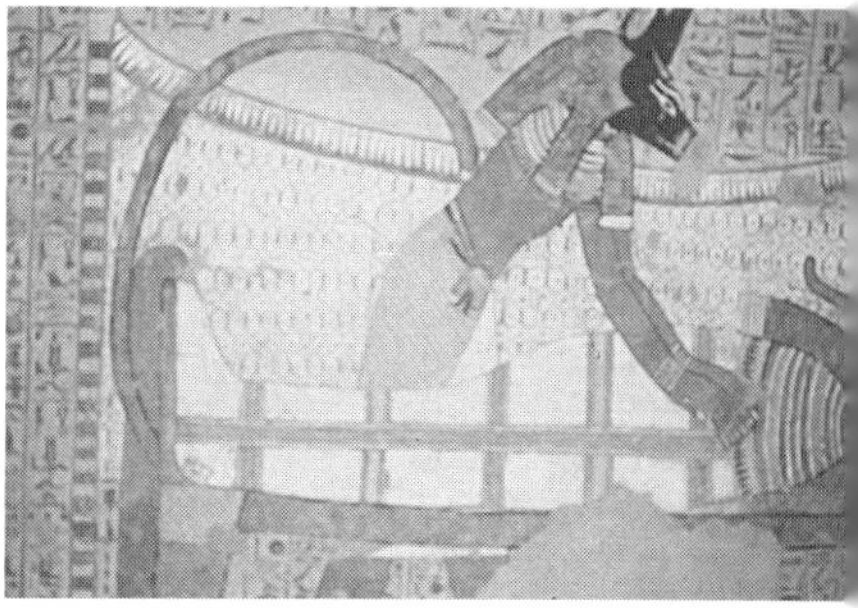

ミイラとアヌビス神／ルクソールの貴族の墓に描かれた壁画。

古代エジプトのおもな神々	
アメン・ラー	太陽の神であり、エジプトの最高神
ホルス	天空の神。太陽神ラーの子で地上の支配者。ファラオと同一視される。ハヤブサの姿
オシリス	冥界の王。死後のファラオ
トト	ホルスの宰相で記録の神、月の神。トキの姿
ネクベト	上エジプトの守護神。ハゲタカの姿
ウアジェト（ウト）	下エジプトの守護神。コブラの姿
セクメト	破壊を神格化した神。牝ライオンの姿
バステト	愛と恐怖の神。牝ネコの姿
アヌビス	墓地の神。ジャッカルの姿
マアト	正義、秩序、真理を神格化した女神

このような考えは次第に民間にも広がっていき、ファラオでなくてもしかるべき準備をすれば、ファラオ同様に永遠の生を得られると信じられていった（**オシリス信仰**という）。

またこの信仰は、美しい挿絵をともなうさまざまな『**死者の書**』[*4]を発達させた。『死者の書』は死後の世界への案内書ともいえるもので、死者が安全に冥界にたどりつくための呪文などが記されている。これらは柩《ひつぎ》やミイラの包帯《ほうたい》のなかに納められた。もっとも有名なものは『アニのパピルス』（大英博物館所蔵）と呼ばれているものである。それによると、死者が復活するには、

①冥界に至る道のりでは広大な砂漠や、悪霊《あくりょう》、悪魔などの試練を克服する

②オシリスの審判の広間に着いたら、神々の前で生前の罪の有無を告白する

③オシリスの前で正義の秤《はかり》にかけられる

というステップを経なければならないと記されている。

正義の秤は死者の魂が正義の羽毛より軽くても重くてもいけない。同じ重さになったとき、魂は死者の国（アールウー）に迎えられ、復活の日を待つとされる。

カルナック神殿／ルクソール東岸にあるエジプト最大の神殿で、アメンを祀る神殿をはじめ多くの建物で構成されている。紀元前16世紀より2000年にわたり拡張、修復が繰り返されてきた。

*3 **ピラミッド**／古代エジプトの王墓で王の遺骸や副葬品が納められた。死後は神々の一員として、宇宙の秩序を保証するファラオのための供養と祭儀の場でもあったといわれる。有名なクフ王のピラミッドは底辺が各230m、高さが144.6mある。

*4 **『死者の書』**／さまざまな書があり、本文に紹介した以外にも不死信仰として、次のような話がある。太陽神ラーは昼間は天空を渡っており、死者が正しい呪文を唱えると、このラーの舟に乗せてもらえ、永遠に天空を回り続けることができるというのである。

紀元前6世紀頃：ゾロアスターの出現

火の神アフラ・マズダへの信仰

聖なる火をシンボルとする宗教

ゾロアスター教は古代ペルシア（現在のイランからアフガニスタン）において、聖者ゾロアスターによって創唱された宗教である。信奉する神**アフラ・マズダ**[*1]の名からマズダ教とも呼ばれる。中国では祆教《けんきょう》[*2]、または火をシンボルとするところから、拝火教とも呼ばれた。インドではパールシー[*3]教の名で知られている。

ゾロアスター教の成立時期については諸説あるが、ペルシア帝国[*4]の保護を受け、ササン朝[*5]ペルシア（224～651年）の時代には国教に定められて最盛期を迎えた。しかし、7世紀に入ってイスラム教徒が侵入してくると次第に衰退し、イスラム化に抵抗する一部のゾロアスター教徒はインドに移住していった。現在インドのムンバイ（ボンベイ）に8万人、イランのヤズドやパキスタンなどで約3万人のゾロアスター教徒がいる。

ゾロアスター教徒の信仰儀礼において特徴的なものとして、**聖なる火**の崇拝と**鳥葬**がある。

聖なる火はアフラ・マズダ神のシンボルであり、アフラ・マズダ神の子とされる。火は火の寺院（アギャリー）において、絶やされることなく燃やされ、供物と祈りを捧げることにより、命、知恵、活力、勇気が恵まれると信じられている。

一方、鳥葬は、人が死んだ直後の死体には醜悪な死体悪魔ドゥルジ・ナスがつき、病気や腐敗など悪しきことをもたらすが、それを除いたりはらう力を鳥や犬が持っているという考えにもとづく。そのため死体を**鳥葬の塔**（沈黙の塔）と呼ばれる塔に置いて鳥や犬に食わせる特異な儀式が発達した。これを鳥葬といい、塔はその重要な儀式を行うための施設である。

善悪二元論と終末思想

ゾロアスターの教えは、これまでの多神教をアフラ・マズダを最高神とする一神教に統合しようとするもので、その聖典を『**アヴェスター**』（3世紀頃成立）

*1 **アフラ・マズダ**／英智（マズダ）の主（アフラ）の意味。王冠をいただき翼をつけた人物として表現される。日本の自動車メーカー、マツダはこの神の名からとられた。

*2 **祆教**／北魏（386～534年）の頃に中国に伝

中央の輪と鳥の翼、尾はアフラ・マズダの象徴。フラヴァシ（守護霊）は人間のうちにある善を表す

聖者伝　ゾロアスター（紀元前6世紀頃？）

ゾロアスターの生涯はよく知られていないが、一説では紀元前6世紀頃に活躍したという。子どもの頃から祭司の仕事に親しんでいたが、30歳のときに突如、光輝くアフラ・マズダの幻を目にし、その啓示を受けてアフラ・マズダ神への信仰を説くようになった。そして42歳のときペルシア東部のウィシュータースパ王を帰依させる。これがきっかけとなり、ゾロアスター教はペルシア全土に広まった。ちなみにニーチェ[*6]の著書にある“ツァラトゥストラ”とは、ゾロアスターのドイツ語読みである。

という。ゾロアスターは信徒たちに最高神である火の神アフラ・マズダへの信仰と、神の意にかなう善き行いを求めた。聖典『アヴェスター』によると、世界はアフラ・マズダにより創造された相反する根源的な2つの霊、善や光をつかさどる**スパンタ・マンユ**と悪や闇をつかさどる**アンラ・マンユ**が闘争しており、信者はどちらかを選択できるとされている。そして各信者の言行は「生命の書」に記録され、死後は神の審判を仰ぐという。善を選んだ者は幸せを与えられ、悪を選んだ者は地獄に落とされる。

さらにゾロアスターの死後3000年が経つと、スパンタ・マンユとアンラ・マンユの間で最後の決戦が行われ、悪が滅んで善の国が建設されるとした。このとき人々は最後の審判を仰ぐという終末論を展開し、ユダヤ教やキリスト教に大きな影響を与えた。

ゾロアスター教の二元論世界

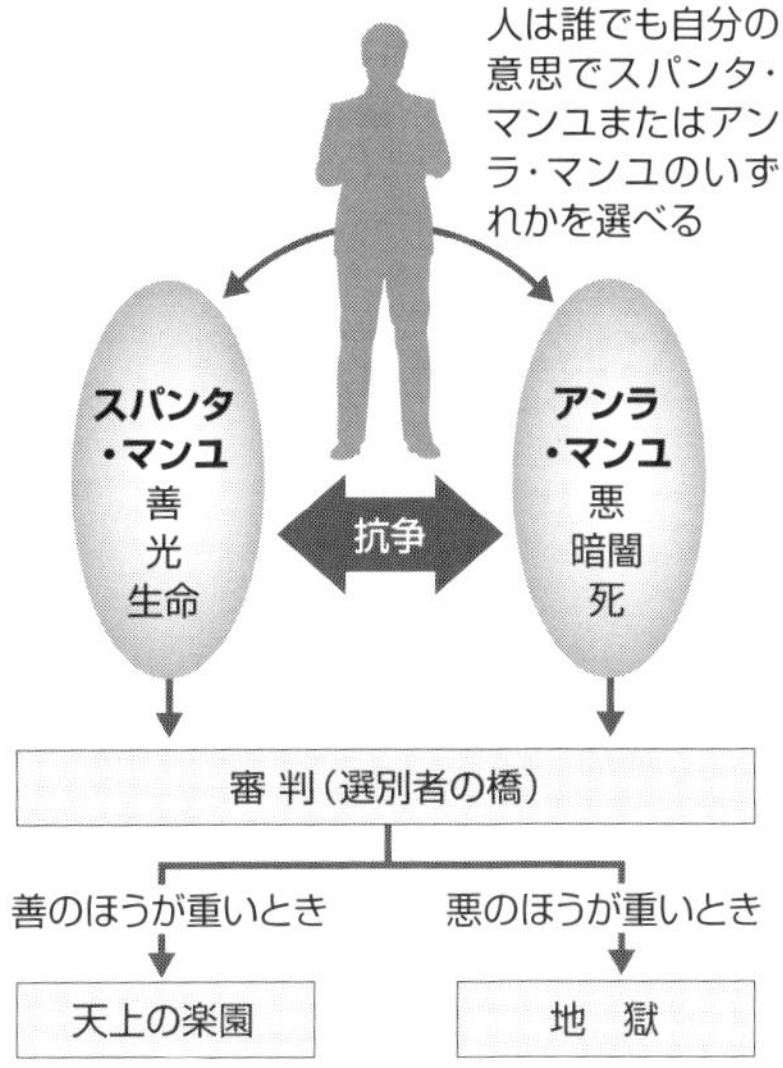

スパンタ・マンユ、アンラ・マンユともに、最高神アフラ・マズダによって創造された。アフラ・マズダはササン朝期になると、スパンタ・マンユと同一視され、邪神と対立する善と光明の神と位置づけられるようになる。

イランのゾロアスター教寺院／建物全体が炎を表現。現在は使われていない。（写真：山崎秀司）

鳥葬の塔（沈黙の塔）

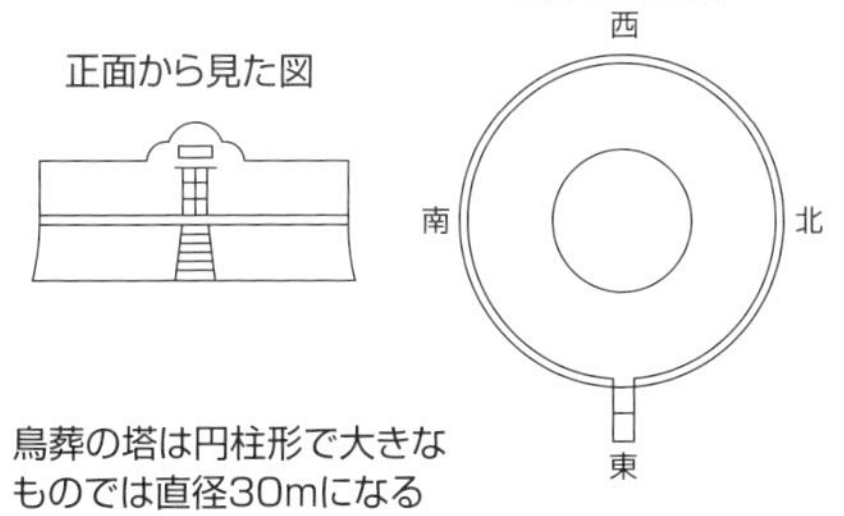

鳥葬の塔は円柱形で大きなものでは直径30mになる

ミトラ神

ゾロアスターが登場する以前のペルシアでは、太陽神ミトラなどの神々が信仰されていた。ミトラ神の儀式では万物を浄化するホーマと呼ばれる火が用いられたほか、ハマオと呼ばれる麻薬が使用された。

なお古代インドにも同じ神が存在するのは、アーリア人を共通の祖とするためである。

来。隋や唐になるとペルシア人による寺院の建築もさかんになった。845年に唐の皇帝武宗により弾圧。祆は天、神の意味。

*3 **パールシー教**／パールシーとはペルシア人の意味。

*4 **ペルシア帝国**／紀元前538〜前331年。新バビロニアを滅ぼし、エジプトに至る広大な地域を支配。

*5 **ササン朝ペルシア**／224〜651年。

*6 **ニーチェ**／1844〜1900年。ドイツの哲学者。『ツァラトゥストラはかく語りき』などを著した。1889年に精神障害を起こし、回復することなく生涯を終えた。

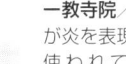

古代ギリシアの神々

『ギリシア神話』オリュムポスの12神

擬人化された個性豊かな神々の物語

豊かな神々の物語

古代ギリシアにおいても多くの神々が信仰された。神々の物語やヘラクレス[*1]、アキレウス[*2]に代表される英雄物語は、ホメロス[*3]やヘシオドス[*4]などの手によって叙事詩にまとめられ、神々と人間の交流がいきいきと展開する**ギリシア神話**の世界を構築していった。

神々はオリュムポス[*5]山をすみかとし、ゼウスの妻や子どもというように、最高神ゼウスとの関係において体系的に位置づけられている。また日々にぎやかな饗宴を繰り広げ、下界の人間を観察して過ごしたり、ときには人間と恋愛をするなどきわめて人間臭い生活をしていた。

ゼウスは人間に至福の黄金の世代、それより劣った銀の世代、戦いの青銅の世代、英雄の世代、そして悪がはびこる鉄の世代をつくったとされている。ギリシア神話は古代ローマにも伝えられ、ローマの神々と同一化されていった（34ページ参照）。

秘儀をともなう特定の神への信仰

古代ギリシアでは、神々にちなむ祭祀がさかんで、一部の神々においては熱狂的な秘儀が流行した。もっともよく知られているのが、**ディオニュソス**のそれだろう。バッカスとも呼ばれるぶどう酒の神ディオニュソスは、ゼウスの子でありながらギリシア神話のなかでも異彩を放つ存在である。

その信仰は秘儀と結びつき、人々は陶酔状態で乱舞しながら山野を駆け回り、犠牲の動物をとらえて引き裂き、その生肉を食べたという。こうすることで、神

オリーブは聖樹。女神アテナのシンボル

神に捧げられたオリュムピア競技会

オリンピックのルーツがギリシアのオリュムピア競技会である。この競技会は最高神ゼウスに捧げられた神事で、英雄ヘラクレスがエリスの王アウゲイアスを破った後、勝利の記念としてオリュムピアの地で祭壇を築き、競技会を開催したのが最初といわれる。やがて各ポリス（都市国家）の代表が参加するようになり、4年に1回、5日間に及ぶ盛大な祭典を催した。開催中は戦争も中断されたという。今日でも聖火の点火式は、発祥の地オリュムピアのヘラ神殿で行われている。

聖地伝　デルポイのアポロンの神域

アテネから北西に180km離れたパルナッソス山の中腹に広がる。太陽神アポロンを祀った古代ギリシア随一の聖地。アポロンは予言の神でもあった。古代ギリシア人は戦争などの重要な政治判断から個人的な問題まで、その答えを得ようと、はるばるデルポイまで足を運び、神託をうかがったという。実際に紀元前480年、ペルシアに攻められたギリシアは、デルポイの神託を得て見事ペルシア軍を惨敗させている。

*1 **ヘラクレス**／ギリシア神話最大の英雄。ゼウスを父として人間界に生まれ、人間ではとうてい不可能な12の偉業をなしとげた。

*2 **アキレウス**／トロイア戦争で活躍するギリシア最強の戦士。唯一の弱点である踵《かかと》の腱に矢を受け、死んでしまう。

と一体になれると信じられていた。信者の多くは女性で、彼女たちは狂女（マイナデス）と呼ばれた。

ほかにも穀物の女神デメテルや妻を取り戻しに冥界《めいかい》に下ったオルペウスにちなむ秘儀などがある。**デメテル**の秘儀は固く口外が禁じられていたため実態は不明だが、デメテルの物語の劇を見た後に信者は犠牲の肉を食べ血をすすり合ったとも、天をあおいで「雨を降らせ」と叫び、地に向いて「受胎せよ」と叫んだともいう。この秘儀により死後の幸福が得られると考えられていた。また来世での再生も信じられていた。

オルペウス教はオルペウスが自ら説いたとされるもので、人間の魂は肉体に縛られ輪《りん》廻《ね》転《てん》生《しょう》するが、秘儀により肉体から解き放たれ救済されると説いた。

おもな神々の系譜（オリュムポスの12神を中心に）

★は12神
＊ゼウスの娘説もあり

- ウラノス ‖ ガイア
  - アプロディテ★〈愛と美の女神〉＊
  - レア ‖ クロノス
    - ポセイドン★〈海の支配者ですべての泉と地震の神〉
    - ハデス
    - ヘラ★〈結婚の女神〉
      - （ヘラ ‖ ゼウス）アレス★〈戦いの神〉
      - （ヘラ ‖ ゼウス）ヘパイストス★〈火と鍛冶の神〉
    - ゼウス★〈あらゆる気象をつかさどる神〉
      - （ゼウス ‖ デメテル）ペルセポネ
    - デメテル★〈穀物、豊穣、農業の女神〉
    - ヘスティア★〈かまどと家庭生活の守護神〉

そのほかのゼウスの子どもたち

- メティス（ゼウスのいとこ） ‖ ゼウス
  - アテナ★〈知恵と戦いの神〉
- ゼウス ‖ レト（ゼウスのいとこ）
  - アルテミス★〈狩猟と弓術の女神。月の女神〉
  - アポロン★〈予言、音楽、医術の神。太陽神〉
- セメレ（人間） ‖ ゼウス
  - ディオニュソス〈酒・演劇の神〉
- ゼウス ‖ マイア（ゼウスのいとこの子）
  - ヘルメス★〈商人、旅人、盗人の神。神々の死者〉
- ゼウス ‖ アルクメネ（人間）
  - ヘラクレス（ギリシア神話最大の英雄）

パルテノン神殿／アテナイの守護神アテナを祀る神殿。（ギリシア アテネ）

＊3 **ホメロス**／紀元前9世紀頃。トロイの攻囲を描いた叙事詩『イリアス』と、オデュッセウスの放浪を描いた『オデュッセイア』がある。

＊4 **ヘシオドス**／紀元前8世紀頃。『労働と日々』『神統記』などを著したギリシアの詩人。

＊5 **オリュムポス山**／標高2917mの高い山で、マケドニア地方とテッサリア地方の境界にある。

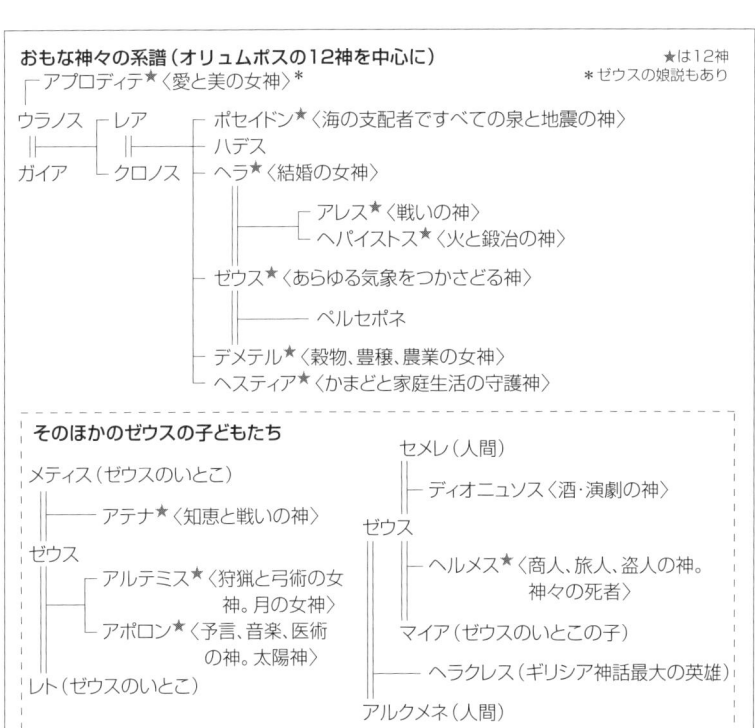

古代ローマの宗教
ローマ建国　皇帝の神格化

周辺各国の神々を取り込んだ多神教

フォロ・ロマーノ／聖地伝参照。（ローマ）

ギリシア神話と融合しつつ発展

ギリシアと同様ローマにおいても、古来数多くの神々が信仰されていた。

古代ローマ人の信仰は、いわゆる現世利益《げんぜりやく》を中心としており、それぞれの家庭では家の神ラレス、戸棚の神ペナテス、門の神ヤヌスなど、身近で素朴な神々・精霊が祀られてきた。人々はこうした神々を崇敬し祀ることで、安寧と繁栄がもたらされると考えた。

宗教は政治でも重要な役割を果たした。王は自ら祭司となり、農耕などに関係する多くの祭を執り行った。こうした伝統は共和政に移行した後（紀元前509～紀元前31年）も受け継がれ、有名なローマの元老院も、神意をうかがってからでなければ議会を開けなかったほどである。

神々のなかでもユピテル（ジュピター）、ユノ（ジュノン）、ミネルウァ、マルス、クウィリヌス、サトゥルヌスなどがよく知られている（それぞれの神の役割は左ページ表参照）。

そして紀元前4世紀から紀元前3世紀頃に支配地域が拡大、ギリシア文化がローマに流入した。ローマでは神話があまり発達しなかったため、もともとのローマの神々にギリシア神話が付加され、神々の同一化が進められた。やがてロムルスとレムスの**ローマ建国物語**（CLIP参照）など、独自の神話がつくり出されていった。

多様化する宗教と皇帝の神格化

ローマには、前述のギリシア以外にもエジプトやシリアといった周辺諸国からさまざまな神々、宗教が流れ込んできた。1世紀後半から4世紀半ばまでローマ

狼は軍神マルスの聖獣で、ローマの祖を育てたのも牝狼である

聖地伝　フォロ・ロマーノ

ローマの4つの丘に囲まれた低地で、多くの神殿や行政施設が建てられていた古代ローマの中心（上写真参照）。

またローマの建国の祖ロムルスが、近隣のサビニ人の娘たちを略奪してローマ人の妻としたため、サビニ人との間で激戦が繰り広げられたという古戦場でもある。ローマ軍はこの地でサビニ軍におされて退却させられるが、ユピテルが敗走をくい止め、両国を和解に導いたという伝承が残っている。

*1 **密儀**／信徒以外には秘密とされている宗教儀礼。

*2 **ミトラス教**／ペルシア起源のミトラスを祭神とする宗教。ミトラスは人間が悪と戦うときに空から遣わされる神で、薄暗い神殿（本来は洞窟）の中で集会をし、戦勝祈願などの儀式を行った。

人間には最良としからざるとを問わず、どこか畏敬に値するところがある。（キケロ『義務について』）

古代ローマのおもな神々

ローマ神	役　割	ギリシア神
ヤヌス	天空の神ですべての始まりの神。門を意味する	
ユノ	天界の女王、光の女神で女性の守護神	ヘラ
ユピテル	あらゆる気象現象をつかさどる神	ゼウス
ミネルウァ	ローマの守護神。職人、医術をつかさどる	アテネ
ウゥルカヌス	破壊力の象徴としての火をつかさどる神	ヘパイトス
ウェスタ	かまどと燃える火の女神	ヘスティア
ウェヌス	植物や庭園をつかさどる神。ローマの守護女神	アプロディテ
クウィリヌス	インド・ヨーロッパ語族の神。ロムルスと同一視された	
*サトゥルヌス	文明の神であり農耕、肥料の神	クロノス
マルス	戦いと春、若さをつかさどる神	
ディアナ	自然の森の女神であり純潔と月光の女神	アルテミス
ネプトゥヌス	水をつかさどる神で海の神、船乗りなどの守護神	ポセイドン
フローラ	花と春の女神	
ペナテス	家の神。元来は食料戸棚の神	

＊サトゥルヌスの祭は無礼講の乱痴気騒ぎが許されたことで知られている。社会階級はひっくりかえり奴隷たちは主人に命令し、主人はそれに従わねばならなかった。

で大流行した密儀宗教*1の**ミトラス教***2、またそのミトラス教に取り入れられて流行したギリシアの**ディオニュソス（バッカス）信仰**（32ページ参照）はその代表である。他方、多様化する宗教を統一し、さまざまな神々を従えるため、ローマでは皇帝の神格化が進められていった。こうしてユリウス・カエサル*3や歴代皇帝もまた神として神殿に祀られるようになる。

しかし392年にキリスト教が国教となると、それまでの神殿の多くは破壊されていった。

ウェスタの神殿／かまどの女神ウェスタを祀る神殿で、聖なる火を絶やさないため「ウェスタの処女」と呼ばれる巫女が仕えた。（ローマ）

ローマ建国物語

アルバ・ロンガの王ブロカにはヌミトルとアムリウスという2人の子があったが、弟アムリウスは兄ヌミトルの王位を剥奪。娘レアはウェスタの巫女にされるが、マルス神によって身ごもり、双子の兄弟ロムルスとレムスが生まれる。

2人はローマのティベリウス川に流されるが、1本のイチジクの木のもとに漂着し、牝狼に乳を与えられ、育てられたという。

やがて成長した2人は復讐を果たし、祖父のヌミトルを王位に戻し、自分たちはローマの地に都市を築いた。ローマはロムルスの名にちなむ。

*3**ユリウス・カエサル**／紀元前100頃～紀元前44年。ローマの軍人であり大政治家。ガリア平定後エジプトに遠征し、クレオパトラを助けて王位に就け、一子カエサリオンをもうけた。後にブルトゥスらによって暗殺された。

バラモン教

紀元前1500年頃まで：アーリア人のインド侵入
紀元前1200年頃～：『ヴェーダ』成立

司祭が主導した『ヴェーダ』の宗教

牡牛は性的な力のシンボルとして信仰された

インド土着の宗教とアーリア人の宗教が融合

紀元前2300年頃から紀元前1800年頃のインダス川流域には、モヘンジョ・ダロ[*1]やハラッパ[*2]の遺跡に見られるような高度な都市文明が栄えていた。これを**インダス文明**と呼ぶ。遺物からは樹木や動物（牛や犀《さい》など）の崇拝、女神信仰などがうかがえる。また印章の図柄には後のシヴァ神を思わせるものもある。

紀元前1500年頃までにこの地域に波状的に進出した**アーリア人**[*3]は、太陽をはじめとする自然現象を神格化して崇拝し、供物や讃歌を献じていた。やがて彼らの宗教は土着の宗教と融合し、独自のものとして変容発達する。これが後に**バラモン教**と呼ばれるインドの古代宗教である。定住による村落から都市国家への発展にともない身分の差が生まれていたアーリア人社会では、紀元前12世紀頃には司祭階級（バラモン）を最上級とし、以下、王族・武士（クシャトリヤ）、庶民（ヴァイシャ）、奴隷（シュードラ）という**四種姓**（**ヴァルナ**）の階級制度（後のカースト制度の原型。108ページ参照）が成立したと見られている。バラモン教の名はこの司祭の名称に由来し、また四種姓の制度はアーリア人が侵入した当時、肌の色（ヴァルナ）により支配者と被支配者を区別したことが起源ともいわれる。

インドに進出したアーリア人の、神々への讃歌と儀礼などを記した聖典を**『ヴェーダ』**という。ヴェーダとは聖なる知識を意味し、聖仙（リシ）たちが神の啓示を得てつくったとされる。『リグ・ヴェーダ』をはじめとする4編があり（左表参照）、紀元前1200年頃から紀元前900年頃までに成立したと考えられている。

聖典『ヴェーダ』はバラモンからその弟子へと口伝によって受け継がれた。神から得た聖典を独占したバラモンの力は絶大で、バラモンは真実の言葉を語ると信じられ、国王はもちろん神でさえバラモンに従わねばならないとされた。司祭階級＝バラモンが主導した『ヴェーダ』の宗教がバラモン教（ヴェーダ教、ブラ[*4]フマナ教とも呼ばれる）であるが、後代には大衆化してヒンドゥー教[*5]に変貌する。『ヴェーダ』時代のバラモン教は祭祀を主としていたと考えられる。

『ヴェーダ』に登場する神々の多くは自然を神格化したもので、雷神インドラ、風神ヴァーユ、太陽神ス

*1 **モヘンジョ・ダロ**／パキスタンのシンド州ラールカナにあるインダス文明最大の遺跡。排水管や公共浴場など整然とした都市計画がなされていた。

*2 **ハラッパ**／パキスタンのパンジャブ州にあるインダス文明を代表する都市遺跡。印章など貴重な遺物が出土しているが、建築に使われた煉瓦などは鉄道のバラスト代わりに乱掘されてしまい、都市の状況は明らかではない。

*3 **アーリア人**／中央アジアに住んでいたインド・ヨーロッパ語族。今日のイランを中心に分布した民族。イランの名はアーリアに由来する。ア

ーリヤ、曙神ウシャスなどが名高い。また律法神ヴァルナ、契約神ミトラなど文化的概念の神格化も見られる。なお、後にヒンドゥー教で重要視される神ヴィシュヌは、『ヴェーダ』時代の地位はさほど高くなかった。

輪廻転生と解脱の思想への深まり

バラモン教では、人間は生前の行為（**カルマン**。**業**《ごう》とも訳す）によって、死後、動植物や人間に生まれ変わると信じられた。善因善果（善い行為は善い結果をもたらす）、悪因悪果（悪い行為は悪い結果をもたらす）という因果応報説にもとづくもので、この生まれ変わりの仕組みを**輪廻転生**《りんねてんしょう》（**サンサーラ**）といった。起源は紀元前12世紀頃までさかのぼるという説もあるが、文献に最初に現れるのは、初期の『**ウパニシャッド**』（紀元前7世紀から紀元前6世紀頃成立。上表参照）においてである。

『ウパニシャッド』はヴェーダ聖典の最終部分にあたり、その中心的な教説は、**ブラフマン**（**梵**）と**アートマン**（**我**）に関するものであった。宇宙の根本原理にして最高実在であるブラフマンと、個々に内在するアートマンという実体とは本来同一（**梵我一如**《ぼんがいちにょ》）であると考えられた。そして、この真理を悟れば、人は輪廻転生の繰り返しから脱け出せる（**解脱**《げだつ》）と説いたのである。哲学的に展開されたウパニシャッドの考察はバラモン教を思想的に深めることになり、その結果、祭祀・儀礼によって天界など幸福な来世への転生をめざすバラモン教に、新たに解脱を目的とした知識、思索、瞑想《めいそう》を奨励する方向性が生まれたといえる。

バラモン教の聖典

名称	内容
リグ・ヴェーダ	最古で最重要の『ヴェーダ』。神々への讃歌の集成。神々を祭場に勧請する儀式をつかさどるバラモンの祈請僧（ホートリ）が管掌・暗誦して伝える
サーマ・ヴェーダ	旋律歌詠の集成。一定の旋律で聖歌を詠唱するバラモンの歌詠僧（ウドガートリ）が管掌・暗誦して伝える。聖歌のほとんどは『リグ・ヴェーダ』から採用
ヤジュル・ヴェーダ	祭詞の集成。供物を捧げて祭祀実務を担当するバラモンの執行僧（アドヴァリユ）が管掌・暗誦して伝える
アタルヴァ・ヴェーダ	除難等の呪法に関する句の集録。上記3つに遅れて『ヴェーダ』に列せられた。祭式全般を監督するバラモンの祈祷僧（ブラフマン）が管掌・暗誦して伝える

『ヴェーダ』の構成（各『ヴェーダ』は下の4つの部分で構成されている）

サンヒター〈本集〉	狭義の『ヴェーダ』、すなわち上表の各『ヴェーダ』のこと。概して神々への讃歌や祭詞・呪詞等を集成している
ブラーフマナ〈祭儀書〉	『サンヒター』の説明的文献。讃歌や祭祀の起源・意義・目的・実行方法等を解説し、神話や伝説も多く含む
アーラニヤカ〈森林書〉	村落ではなく森林の中で伝授されるべき秘儀を説く。祭式の説明のほか哲学的問題にも言及する
ウパニシャッド〈奥義書〉	宇宙・人生・呪句・祭祀などに関する種々の秘説の集成。梵我一如の哲学説も含む。別名『ヴェーダーンタ』（『ヴェーダ』の最終という意味）

言葉は4部分から成る。霊感あふれるバラモンたちはそのすべてを知っている。言葉の4分の3は秘密にされていて通用しない。残り4分の1を人間が語る。（『リグ・ヴェーダ』Ⅰ、164・45）

ーリア人のうちインドに入った人々を、とくにインド・アーリア人ともいう。

*4 **ブラフマナ教**／欧米の学者がヒンドゥー教（ヒンドゥーイズム）と区別するために呼んだブラフマニズムの訳語。ブラフマナとは司祭者という意味。中国でブラフマナを漢字の婆羅門と音訳し、ここから日本ではバラモン教と呼ぶようになった。

*5 **ヒンドゥー教**／96ページ参照。後にこの地に侵入してきたペルシア人が、イスラム教と区別するためにバラモン教をヒンドゥー教と呼んだことに由来する。

中南米の宗教

独自の文明を開花させた

紀元前1000年頃：オルメカ文明　紀元前500年頃：マヤ文明
13世紀：アステカ文明

トラロックは雨をつかさどる神

中米に特徴的なケツァルコアトル信仰

アジアやヨーロッパなどから隔てられていた中南米では、紀元前1000年頃から独自の高度な文明を発展させてきた。スペインの侵略による伝承の断絶とインカが文字を持たなかったことなどにより、その全容は把握しきれていないが、多神崇拝で地域や時代を超えて共通する神が多い（ジャガー崇拝[*1]やケツァルコアトル信仰はその一例）。

紀元前1000年頃からメキシコで栄えた**オルメカ文明**では、巨石人頭像やピラミッド型の神殿、祭壇などが発見されており、宗教観念と結びついた文字、暦が発達した。次いで1世紀頃から6世紀頃まで栄えた宗教都市**テオティワカン**[*2]を中心とした文明では、ピラミッドのほか、多くの神殿や宮殿が築かれ、雨の神トラロックや後述する蛇神ケツァルコアトルが崇拝された。ケツァルコアトルは続くトルテカ文明でも信仰を集め、13世紀に登場した**アステカ文明**にも引き継がれ、文化の神として崇拝された。アステカではこのほか神々を創造した最高神オメテオトル、大地や人間を創造した神テスカトリポカ、軍神シペ・トテックなどが信仰され、宗教は政治、経済、軍事などすべてに結びついていった。

またアステカでは、しばしば捕虜や罪人を生贄《いけにえ》として太陽に捧げる儀式が執り行われた。[*3] 太陽はこれまでに4回も滅んでおり、今の第5の太陽は人間の血と心臓によって力を得ると信じられたからである。多いときには一度に2万人の捕虜を犠牲にしたという。

ユカタン半島では紀元前500年頃からチチェン・イッツァを中心に**マヤ文明**が栄えた。マヤの神々はアステカとほぼ共通し、マヤのキチュ族に伝えられた独自の神話『ポポル・ヴフ』からうかがい知ることができる。神話は天地万物の創造から王家の歴史に至るまで多様な内容になっており、口承によって伝えられていたが、16世紀にまとめられたと推定される。これによると人間は最初神にも近い存在につくられたが、あまりの賢明さを危惧《きぐ》した神にその目を曇らされてしま

聖地伝　トゥーラ

メキシコシティから約70km北のトルテカの都。900年頃の実在の英雄ケツァルコアトルが築いたとされる。ピラミッドに建つ戦士の像（左写真参照）は有名。ケツァルコアトルはここで繁栄の一時期を築いたが、戦いの神を信仰する部族たちとの間に反目が生じたために都おちした。このとき「必ず戻ってくる」と言い、舟で東の海に姿を消したという。この伝承が神のケツァルコアトルと混同されアステカに伝わった。

*1**ジャガー信仰**／オルメカやチャビンでは、ジャガーを神格化し、人間はジャガーから火を手に入れ、料理をするようになったとされている。またインカでは太陽信仰と結びつき、日食や月食はジャガーが襲うために起こると信じられた。

う。以来人間は叡《えい》智《ち》を失ってしまったという。

なお中米できわだつ神、ケツァルコアトルは羽毛のある蛇、高貴なる双子ともいわれており、水や農耕に関係する蛇神であったが、竜のような姿で表現されるようになった。アステカでは原初の神が生んだ子のひとりとされ、宇宙の生成にたずさわったという。

このケツァルコアトル信仰はアステカ帝国滅亡にも大きく関与した。アステカではケツァルコアトルは戦いに負けて東方に去り、やがて戻ってくると信じられていたため、皇帝モクテスマ2世は、東の海岸から姿を現したスペイン人コルテス*4をケツァルコアトルの再来と間違えて迎え入れ、逆に幽閉されてしまう。この結果繁栄をきわめた帝国がいとも簡単に滅びたのである（1521年）。

マヤの暦

マヤやアステカでは暦が非常に発達した。細部に違いはあるものの基本的には似ており、365日からなる太陽暦と260日からなる宗教暦を組み合わせて用いた。

マヤの暦の起点は紀元前3113年、5200年目（2087年）に世界が終わるというもので、歴史的事件や定期的な天体観測記録を正確に石碑に刻んだ。

中南米に栄えた文明の変遷図

地域	紀元前1000年頃 ～ 紀元0年 ～ 500年 ～ 1000年 ～ 1500年
メキシコ	オルメカ → テオティワカン → トルテカ → アステカ
ユカタン半島	マヤ
ペルー北部	チャビン → モチカ → チムーなど
ペルー中部	ワリ → インカ
ペルー南部	パラカス → ナスカ → イカなど

天が静かに垂れ下り大地が深く水中にかくれていた頃、まさしく天の心、地の心によって、大地は初めて造られたのであった。（『ポポル・ヴフ』第1章、林屋永吉訳）

南米インカの太陽崇拝

南米のペルー（アンデス地帯）では、紀元前900年頃からチャビン文明が現れた。この文明でもジャガー信仰がさかんで、ネコ科動物の装飾を施した巨大な神殿がつくられた。100年頃にはモチカ、ナスカ*5などの文明が成立。モチカでは農業神アイアペック、ナスカでは農耕神、軍神としてジャガーが信仰された。

15世紀に広大なアンデス一帯を統一したのは**インカ帝国**だった。インカでは政治と結びついた太陽崇拝が行われ、皇帝はインティ（太陽）の子とされた。都クスコの太陽神の神殿の屋根には太陽を象徴する巨大な黄金の円盤がつけられ、祭司と太陽の処女と呼ばれる女性祭司が仕えた。来世を信じ死者を崇拝する風習により、歴代皇帝はミイラにされて太陽の神殿に祀られた。

戦士の像／トルテカ文明のピラミッド遺跡の上に建つ。屋根を支える柱だったともいわれている。（メキシコ トゥーラ）

*2 **テオティワカン**／整然とした都市計画にもとづき、神殿や宮殿のほか、居住区などが建設された。

*3 生贄を選ぶにあたっては、球技会が開催され、その勝者を神に捧げたという。

*4 **コルテス**／1485頃～1547年。1519年にメキシコ沿岸遠征に出、モクテスマを捕らえるが、インディオが蜂起したためにいったん撤退をする。2度目の攻略で首都を陥落させた。

*5 **ナスカ文明**／ペルー南部の海岸地帯を中心に発達した文明で、高い灌《かん》漑《がい》技術や壮大なピラミッドなどをつくり上げた。巨大な地上絵でよく知られている。

column

消えた世界宗教、マニ教

3世紀のペルシア（イラン）で、ゾロアスター教をベースとし、キリスト教（とりわけグノーシス主義）や仏教などとも融合した、マニ教という特異な宗教が誕生した。

4世紀後半にはピークを迎え、西はイベリア半島に至る地中海沿岸、東はインドや中央アジアを経て唐代の中国にまで至る広範囲の地域に伝わった。

キリスト教の神学者で後に聖人とされる*アウグスティヌスも改宗以前は熱心なマニ教の信者であったことが知られている。

創唱者のマニは２１６年、北バビロニアの王家の一族として生まれた。24歳のときに神の啓示を受けて布教を開始。ササン朝ペルシアのシャーブール1世の厚遇を得て、精力的な伝道活動を行った。しかし後のバフラム1世が宗教政策を転換したため捕らえられ、２７６年に処刑されてしまう。

マニは『シャーブーラガーン』、『いのちの書』といった聖典を自筆で残し、後継者に伝えている。これはキリスト教や仏教などほかの創唱宗教とは大きく異なった特徴である。聖典の一部は残っており、そこから創唱者自身の考えを直接知ることができるのである。

これらの聖典では、宇宙の創世から終末に至るまで、光と暗闇、善と悪…といった徹底した二元論が展開されている。人もまた光と闇という2つの要素からなり、光を本質とする魂は闇（悪）である身体に閉じ込められ、本来の姿を見失っているとし、マニは禁欲、断食などによって魂の浄化に努め、光の国に帰れと説いた。

また、人は絶えず罪を犯す危険にさらされていることに着目し、ひとたび罪を犯したら、二度と許しは得られないと〝くさび〟を打ち込んでいる。

教団は仏教の出家者に相当する義者（出離者）と、俗人の聴聞《ちょうもん》者《しゃ》で構成され、前者には禁欲、無一物《むいちもつ》であることなどの戒律が課せられた。

マニ教最大の祭をベーマ大祭という。マニの殉教と昇天を祝う祭で、キリスト教の復活祭に相当する。祭に先立ち教徒には1か月の断食などが要求されたが、これは後にイスラム教に大きな影響を与えたといわれている。

東西に広く勢力を拡大したが、イスラム教が進出してくると次第に衰退し、少なくとも14世紀には消滅したと考えられている。

＊３５４～４３０年。はじめ悪の問題を解決しようとするマニ教の信者であったが、後にキリスト教に回心し、マニ教に厳しく対抗した。『告白』『神の国』の著書がある。

第2章 ユダヤ教

ダビデの墓（イスラエル）

トーラを覆う布（イスラエル）

ユダヤの成人式バル・ミツバーを祝う人々（イスラエル）

シナゴーグで聖典を読む人

関連年表

紀元前		紀元	
2000頃	アブラハム、カナンに到着	66～	第1次ユダヤ戦争（～70）
1600頃	ヤコブとその一族がエジプトへ逃れる	135	第2次ユダヤ戦争終結、ユダヤ人世界へ離散
1250頃	モーセが十戒を授かる	1078	教皇グレゴリウス7世、ユダヤ人を公職より追放
	エジプトのイスラエルの民、モーセに率いられてカナンの地に帰る	1492	スペイン、ユダヤ人を追放
1020頃	サウル、イスラエル王国の初代王に即位する	1881	ロシアでユダヤ人の大量虐殺、ポグロムが起こる（～1921）
997	ダビデ、イスラエル王国の王に即位する	1894	ドレフェス事件。反ユダヤ感情が高まる
965頃	イスラエル王国、ソロモン王のもとで全盛を迎える	1897	第1回シオニスト会議を開催
926頃	イスラエル王国、北イスラエル王国と南ユダ王国に分裂	1914	第1次世界大戦（～18）
722	北イスラエル王国滅亡	1939	第2次世界大戦（～45）
597	バビロンの捕囚（～前538）	1942	ヴァンゼー会議でユダヤ人大量虐殺を決定
587	南ユダ王国滅亡	1947	パレスティナ統治分割案が国連で採択される
515	エルサレムに第二神殿完成	1948	イスラエル建国宣言
475	ペルシア帝国がバビロニアを滅ぼす	1948	第1次中東戦争（～49）
397頃	エズラの宗教改革	1956	第2次中東戦争
167	シリア・セレウコス王朝のアンティオコス4世がユダヤ教禁止令を出し、ユダヤ教を弾圧	1967	第3次中東戦争
		1973	第4次中東戦争

早わかり ユダヤ教

ユダヤ教とは何か

ユダヤ教とユダヤ人の位置づけ

ユダヤ教の成立は非常に古く、**モーセ**[*1]がエジプトからイスラエル[*2]の民を率いてパレスティナの地に入る紀元前13世紀から紀元前12世紀頃には、その根幹となる思想がおおむねでき上がっていたと考えられている。そして**バビロン捕囚**（47ページ参照）後の紀元前397年頃、エズラ[*3]によって宗教改革がなされ、今日のユダヤ教の基礎が築かれた。

その成立の歴史から民族宗教に位置づけられているが、エチオピアのファラシャ[*4]といったアフリカ系ユダヤ人もおり、外見での区別はつけにくい。

ではユダヤ人とはどのような人々をいうのだろうか。この問いに対する答えは容易ではないが、少なくとも「ユダヤ教を信仰する共同体の一員」という意識で結びついた人々といえるだろう。[*5]

逆にいえばユダヤ教とは、ユダヤ人であるというアイデンティティーを築くために不可欠な〝民族〟結合の要なのである。

契約の民として何をなすべきか

ユダヤ教の大きな特徴は、神（ヤハウェ[*6]）は唯一絶対の存在であるとしたことだ。古代宗教が一般に多神教であったことを考えると、彼らはまったく異質の宗教を生み出したといえる。

偶像崇拝を否定しているという点でもユダヤ教は徹底している。また、キリスト教が基本的にはイエスを神の子としているのに対し、ユダヤ教ではイエスを人の子としている。

『旧約聖書』によると、神は次の言葉をイスラエルの民に伝えよとモーセに命じた。「あなたは、あなたの神、主の聖なる民である。あなたの神、主は地の面にいるすべての民の中からあなたを選び、御自分の宝の民とされた」（申命記7-6）。このことは神がある種の特権を与えたとも受け取られ（**選民思想**という）、過去において誤解や対立を生む要因ともなった。[*7] また神はイスラエルの民に対し、神への絶対帰依《きえ》と引き換えに彼らを守

*1 **モーセ**／紀元前1250年頃に登場した偉大な指導者。エジプトの奴隷として苦しむ人々をカナンの地まで導いた。

*2 **イスラエル**／ヘブライ語で「神と戦い勝つ」を意味し、アブラハムとモーセの契約に忠実な選ばれた民をさす。

聖地伝　シナイ山

エジプト人を殺害して追われる身となったモーセが燃え尽きない柴の幻を見、神より「イスラエルの民をカナンに導け」と命じられた山。また紀元前9世紀頃に活躍した預言者エリヤもこの山で神の啓示を受けた。シナイ山はシナイ半島南部にある一大山岳群、とりわけジェベル・ムーサ（モーセの山）と同定されている。現在その山麓には、キリスト教最古の修道院とされる聖カテリーナ修道院が建っている。

あなたには、わたしをおいてほかに神があってはならない。（出エジプト記20-3）

護し、魂の救済をするという契約（シナイ契約）を結ぶ。

　ユダヤ教においてはほかの宗教のような複雑な教義は発達せず、生活規範ともいえる律法が発達した。これはユダヤ教が来世における救いではなく、現世における人の行動・生きざまを大切にしているからである。

ユダヤ教の特徴	
聖　典	『旧約聖書』、『タルムード』
宗教施設	教会や寺院などは基本的にはなく、会堂（シナゴーグ）がある。会堂では祈りや律法朗読がなされる
聖職者	聖職者は存在しない。律法研究者ともいえるラビが指導する
祈りの言葉	ユダヤ教徒が毎日口にする祈りの言葉に次のものがある。「聞け、イスラエルよ。我らの神、主は唯一の主である。あなたは心を尽くし、魂を尽くし、力を尽くして、あなたの神、主を愛しなさい」（申命記6-4・5）
ユダヤ教の神	唯一の神、ヤハウェ

　実際、ユダヤ教には多くの戒めがあるが、それらは人が平安に生きるための指針であることが多い。たとえば盗みをした者がそれを被害者に返したとき、被害者がその者を盗人呼ばわりすることは罪とされる。これなどは共同体で生きるユダヤ人が、快適に過ごすための知恵ともいえるだろう。

　なお、一枚岩と思われているユダヤ教だが、現在のところ改革派、正統派、保守派、再建派の4つの宗派があり、それぞれの立場によって戒律（44ページ参照）などに対する考え方が若干異なっている。改革派ではより柔軟な対応をしている（左表参照）。

ユダヤ教の宗派	
改革派	時代に合わせてユダヤ教をラディカルに変革しようとする一派で、両親のどちらかがユダヤ人であれば子どもをユダヤ人としている。最近では一部の人々が同性同士の結婚も認めている
正統派	トーラ（45ページ参照）に永遠の妥当性を認めている。世界の全ユダヤ教徒のなかでもっとも数が多い。黒い帽子に長いひげといった特徴的ないでたちは正統派の敬虔主義者の一派
保守派	正統派よりも柔軟に社会や経済的な変化に応じた修正をしようとする一派。アメリカのユダヤ教徒のなかではもっとも多い
再建派	現代の思想と流れに則したユダヤ教の再検討を提唱する一派。活動は自主参加のハブラーと呼ばれる一種の講社で行われる。組織化されたグループは少ない

『旧約聖書』

　天地創造、アダムとイブ、ノアの方舟、モーセの出エジプトなどは『旧約聖書』でよく知られている物語である。39の書物から構成され、大きくは創世記を含む五書、歴史書、知恵文学、預言書などに分けられる。ちなみに聖書は『旧約聖書』と『新約聖書』に分かれるが、この場合の約は神との契約を示している。『新約聖書』はキリスト教のみの聖典だが、『旧約聖書』は、ユダヤ教、キリスト教、イスラム教の3つの宗教の聖典となっている。

*3 **エズラ**／紀元前4世紀頃、バビロン捕囚後に登場したユダヤ教の指導者。

*4 **ファラシャ**／1973年にユダヤ人と認定され、5万人余りがイスラエルに移住した。

*5 トーラによれば母親がユダヤ人でなければならないことになっていたが、現代では改宗者もユダヤ人。

*6 **ヤハウェ**／神の名。ユダヤ教の神であると同時に、キリスト教、イスラム教の神でもある。

*7 過去の歴史のなかで、異民族に対する信仰の強制や武力による改宗などがなされたことが『旧約聖書』からもうかがえる。

ユダヤ教徒の伝統的生活

律法がすべての行動を律する

安息日　過越祭　カシュルート

ユダヤの伝統と慣習

ユダヤ教徒の生活においては、日々の祈りや安息日[*1]、祭など、ユダヤの伝統と慣習を守ることが非常に重視されている。

暦も独自のもの（ユダヤ暦）が用いられ、1日は日没から数える。たとえば祝祭日でもっとも重要な安息日（シャバット）は、金曜日が終わった夜から始まる。このとき人々はシナゴーグと呼ばれる会堂に集まって祈祷《きとう》したり、蝋燭《ろうそく》をともし、家族全員が祝福の祈りを唱えて大切な時間を共有するのである。

祭も多く、おもなものに過越祭《すぎこしさい》、シャブオット（ペンテコステ）、仮庵祭《かりいおさい》（スッコト）などがある。それぞれに歴史的な由来があり、とりわけ過越祭はモーセの出エジプト（46ページ参照）を祝うものとして重要である。人々は祖先の苦難をしのび、マッツァーと呼ばれる種なしパンと苦菜を食べるのがならわしである。そのほか、ハヌカ祭、プリム祭などがある（左表参照）。

ユダヤの祝祭日は楽しいものばかりではない。新年から贖罪《しょくざい》の日（ヨーム・キップール）までの10日間は、悔い改めの期間である。とりわけ神の許しを乞う贖罪の日は飲食や水浴、革靴を履くことなども禁止されており、人々はシナゴーグに足を運んで祈る。

厳しい戒律

ユダヤ教は戒律が厳しいことで知られており、『**旧約聖書**』に書かれているものでも613個と数が多い。もっとも基本とする戒律はモーセの**十戒**[*2]だが、男子に割礼《かつれい》[*3]を義務づけているのも、神との契約である『旧約聖書』の記述に由来する。そのほか、カシュルートと呼ばれる食べ物に関する戒律なども『旧約聖書』に記されているものである。

カシュルートでは、豚肉を食べてはいけないことになっているが、これは聖書に「蹄《ひづめ》が2つに分かれており、かつ反芻《はんすう》する動物以外はダメ」とあるからだ。うろことひれのない魚、タコなどの軟体動物やエビやカニといった甲殻類《こうかくるい》を食べることも同様に禁じられている。また肉とミルクをいっしょに料理してはならない

ダビデの星はイスラエル国旗にもあるユダヤの象徴

聖地伝　ネボ山

40年にも及ぶ長い荒野の放浪を導いてきたモーセは、約束の地カナンの近くにたどり着いたとき、すでに120歳になっていた。モーセはこの山に登ってカナンの地を見届け、ここで息を引き取った。モーセが息を引き取ったとされるネボ山は、現在はヨルダンにあるジェベル・エン・ネバ山とされており、山頂にはモーセ終焉の地を記念した聖堂が建っている。

*1 **安息日**／神が天地創造にあたり6日間働いて1日休んだという物語にちなみ、週の最後の土曜日を休むというもの。

*2 **十戒**／あなたには、私をおいてほかに神があってはならない、あなたはいかなる像もつくってはならないなど、神が授けた10の戒律。

し、血をすべて抜き取った肉しか食べてはならない、食べられる動物や鳥であっても、シェヒター[*4]という特別な方法で殺されたものでなければならない、というように細かく規定されている。

　聖書以外に戒律を示したものには**タルムード**がある。口伝による律法をまとめたもので、日常生活のこまごまとしたことにまで及び、その数は非常に多い。

ユダヤ教のおもな祭		
ハヌカ祭	紀元前165年、神殿を異教徒から取り戻したとき、聖火は1日分しかなかったが、8日間燃え続けたことを祝う祭	冬の8日間。8本の枝があるハヌキヤと呼ばれる燭台*に、毎夜1灯ずつ火を増やしていく
プリム祭	ペルシアのクセルクセス王の時代、ユダヤ人絶滅の危機を救ったペルシア王の妃エステルをしのぶ祭	春先に行われ、『旧約聖書』のエステル記が朗読される。仮装行列が街を練り歩いたり、お菓子の贈り物が交換される
過越祭《すぎこしさい》（ペサハ）	ユダヤ人の祖先が、モーセに率いられてエジプトから脱出したことを祝う祭	春の祭。奴隷時代の苦難をしのぶため、種なしパン（マッツァー）と苦菜を食べる
シャブオット（ペンテコステ）	モーセが神より十戒を授かったことを祝う祭	初夏に行われ、春まきの小麦の収穫と最初の果実の収穫を祝う。『旧約聖書』のルツ記が朗読される
仮庵祭《かりいおさい》（スッコト）	エジプトから約束の地カナンまでの苦難の日々をしのぶための祭	1年をしめくくる収穫の祭で7日間続く。人々は仮小屋を建て、家族がその小屋で寝食をともにする

＊通常の燭台はメノラーと呼ばれ、枝は7本である。（48ページ参照）

あなたはいかなる像も造ってはならない。（出エジプト記20-4・抜粋）

トーラとタルムード

　トーラとは『旧約聖書』の五書（創世記、出エジプト記、レビ記、民数記、申命記）をさし、モーセの五書ともいう。とりわけモーセが神から授かった十戒は、ユダヤ教のもっとも中心となる律法である。トーラは巻物になっており、ユダヤ教徒は子どもの頃からこのトーラを繰り返し読む（ユダヤ教徒は読むとはいわず、研究するという）。

　またユダヤ教徒はこうした古い律法に、それぞれの時代で解釈や注釈を加えていった。これらはユダヤ教の教師であるラビに口伝されてきたが、やがてそれが集大成され、タルムードとして書物にまとめられた。タルムードはユダヤ教徒の日常を照らす指針ともいえるもので、全20巻に及ぶ膨大なものとなっている。

ユダヤ教のトーラ。

ユダの荒野／エルサレムの南に位置する砂漠。ユダヤ教を育んだのはこのような厳しい自然であった。（イスラエル）

***3割礼**／性器の包皮を切ること。神はイスラエルの民に、カナン（現在のパレスチナ）の土地を与えようと約束する代わりに、契約のしるしとして義務づけたという聖書の記述による。

***4シェヒター**／動物の苦しみを和らげるため、鋭利なナイフで気管と食道を一気に切り裂くと同時に、大動脈を切断する方法。

『旧約聖書』の時代

紀元前1250年頃：エジプト脱出　紀元前965年：ソロモンの栄華
紀元前597年：バビロン捕囚

神は多くの試練をイスラエルの民に課した

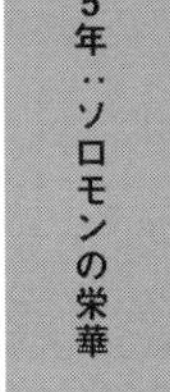

石板はモーセの十戒を象徴

アブラハムから出エジプトまで

ユダヤ人の祖と仰がれている人物がアブラハム[*1]である。『旧約聖書』創世記には彼は神への信仰が篤《あつ》く、神の祝福を受けてイシュマエルとイサクという2人の子を授かった。イシュマエルは奴隷のハガル[*2]が生んだ子、イサクは妻サラの子である。神はアブラハムに「あなたと子孫にカナンの地を授ける。その契約のしるしとして男子には割《かつ》礼《れい》をせよ」と命じた。先に生まれたイシュマエルは、その母とともに砂漠に追放されるが、後にエジプト人と結婚しアラブの民の祖となった。イサクはヤコブ[*3]、ヨセフ[*4]へと続くユダヤの民の祖となった（系図参照）。

ヤコブに寵愛《ちょうあい》されたヨセフは、兄弟の嫉妬《しっと》から隊商に売られてエジプトに連れて行かれるが、その地で根を張った。彼の子孫はエジプトで大いに栄えたが、やがて増え続ける人口に危機感を抱いたエジプトは、彼らを奴隷にして酷使した。エジプト脱出を指導したモーセ[*5]は、奴隷となったヨセフの兄レビの子孫である。

神の啓示を受けたモーセは、しいたげられていたイスラエルの人々を率い、神が示したカナンの地をめざした（紀元前1250年頃）。この途中モーセはユダヤ教の中心となる律法、**十戒**を神から授かっている。

モーセに率いられた一行は、40年にもわたる荒野の放浪の後、ようやく約束の地カナンに到着し、その地を侵略した。先住民との攻防でよく知られているのがエリコ[*6]の戦いである。ヨシュア記では神がモーセの後

マクペラの洞窟／聖地伝参照。アブラハムのほか、イサク、サラ、ヤコブらが葬られているという。洞窟の周囲には城壁がめぐらされた。（イスラエル　ヘブロン）

聖地伝　マクペラの洞窟

ユダヤ人の初祖、アブラハムが定住したイスラエルのヘブロンにあり、アブラハムやイサクなどの墓がある。ヘブロンは現在パレスティナ自治区となっており、つねに軍事的な緊張にさらされているが、洞窟は熱心なユダヤ教徒によって守られている。なおアブラハムはイスラム教徒にとっても始祖にあたる。そのためユダヤ教徒とイスラム教徒は、時間を分けてマクペラの洞窟に向かい礼拝している。

*1 **アブラハム**／紀元前2000年以後。ノアの子孫にあたる。信仰の父とも呼ばれ、ユダヤ・イスラム・キリスト教徒から尊敬を集めている。

*2 **ハガル**／アブラハムに仕えていた女奴隷。イシュマエル誕生後、アブラハムの妻サラに対し横柄な態度をとったため、子とともに追放される。

継者となったヨシュアを助け、エリコ陥落に手を貸したとある。

イスラエルの栄光の日々とバビロンの捕囚

やがてダビデ王が登場する（紀元前1005年頃）。ダビデは強敵ペリシテ人を倒してイスラエルを建国、都をエルサレムに定めた。ダビデはイスラエル人の理想の王として、メシア[7]の原型となった人物である。

紀元前965年、ダビデに次いで王位を継承したソロモンは、エルサレムに大規模な神殿と王宮をつくり、イスラエルの黄金時代を築いた。しかし周辺諸国から多数の妻妾《さいしょう》を迎えたのにともなって、異教を容認したため、神の怒りに触れ、紀元前926年頃、王国はイスラエルとユダに分断されてしまう。

そして紀元前597年にはバビロニアの攻撃を受け、多くのユダヤ人がバビロニアに連行された。これが有名な**バビロン捕囚**である。バビロニアでは強制労働を強いられたが、人々は割礼《かつれい》や律法を守り、これまで以上に強いアイデンティティーを築いていった。

この後ペルシア帝国がバビロニアを滅ぼし（紀元前538年）、イスラエルの支配者となった。ユダヤ人はエルサレムに帰還し、破壊された神殿を復興（**第二神殿**）した。後、偉大な指導者エズラを得、シナゴーグをつくって**トーラ**を読み聞かせるなどしてユダヤ教の改革に努め、今日のユダヤ教の基礎をつくった。

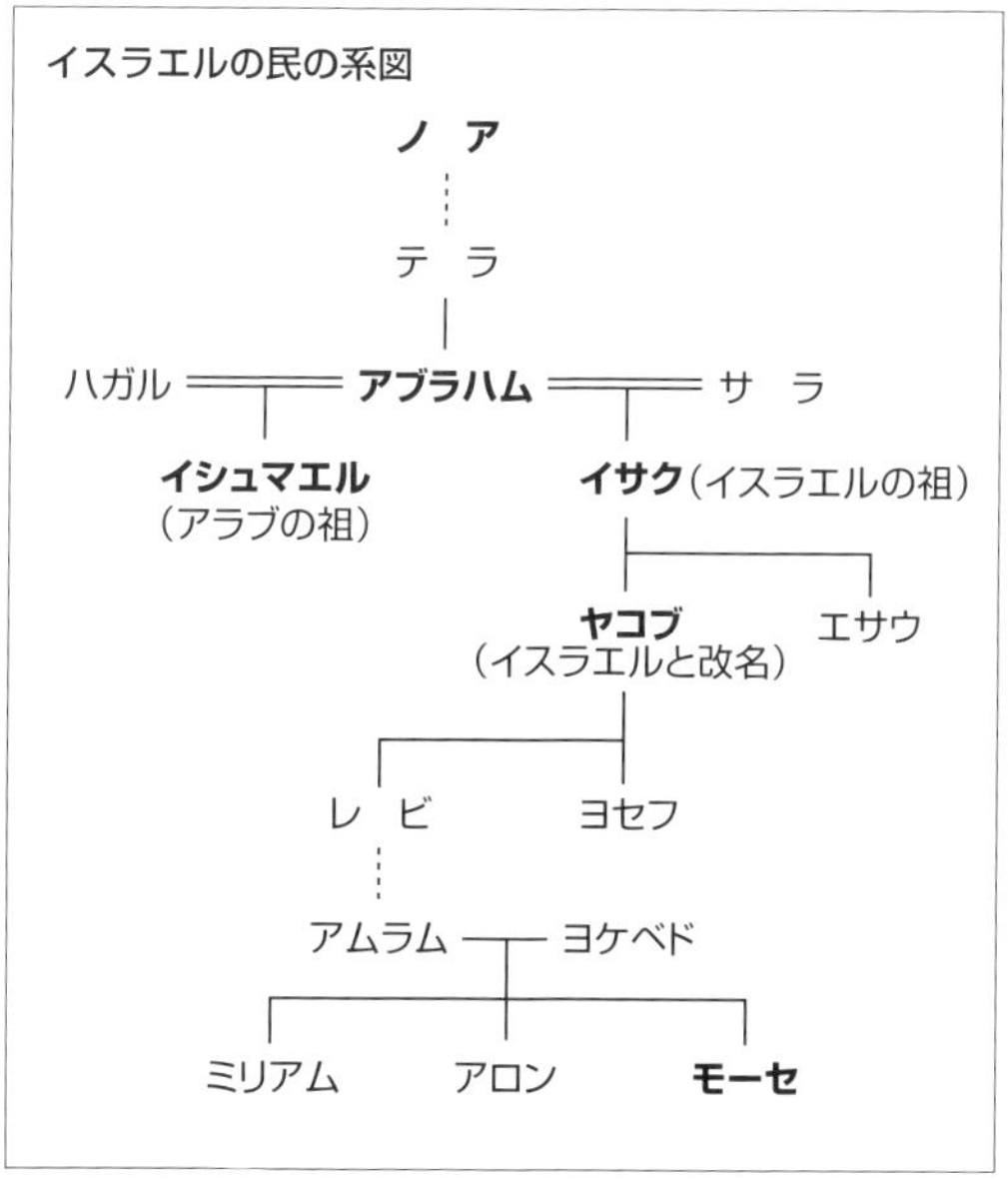

第二神殿の模型／ユダヤ人の心の故郷。栄光の時代をしのぶことができる。

もし同胞が貧しく、あなたに身売りしたならば、その人をあなたの奴隷として働かせてはならない。（レビ記25・39）

*3 **ヤコブ**／イサクの2番目の子。夢で神から祝福を受けるシーンは「ヤコブの階段」として絵画のモチーフに好んで使われた。

*4 **ヨセフ**／ヤコブの末子。隊商に売られてエジプトに行くが、そこでファラオの寵愛を受け出世する。

*5 **モーセ**／奴隷の子として生まれるが、エジプト王女の養子として育てられる（42ページ参照）。

*6 **エリコの戦い**／カナンでの最初の先住民との戦い。堅固な城壁を持っていたが、神はそれをたやすく崩壊させ、イスラエルの民に勝利をもたらした。

*7 **メシア**／52ページ参照。

ユダヤの民の苦難の歴史

離散と迫害

1881年〜：ポグロム　1942年：ヴァンゼー会議

離散の民、ディアスポラ

聖書時代にもエルサレムはバビロニア、ペルシア帝国、エジプト、シリア、ローマと列強に翻弄《ほんろう》された。バビロン捕囚から帰還が許されたとき、エルサレムに帰還するユダヤ人もいたが、ギリシアなど近隣諸国に移住したユダヤ人も少なくなかった。

こうしてユダヤ人は20世紀になるまで長く国を持たない民として、世界に離散していた。離散したユダヤ人を**ディアスポラ**[*1]というが、バビロン捕囚が行われた紀元前597年頃には、すでに最初の離散があったと考えられている。

そしてエルサレムがローマの支配下にあった66年頃、ローマの圧政に怒ったユダヤ人は、ついにローマに対し反乱の火の手をあげた。

反乱は2回に及んだ。第1回の反乱は66年から70年、第2回の反乱は135年である。いずれもローマの圧勝で終わり、エルサレムの街も神殿も徹底的に破壊され尽くした。かくして多くのユダヤ人がローマに連行されたり、さらに各地に四散していったのである。

キリスト教徒による迫害

ユダヤ教は第3章で述べるキリスト教を生み出した宗教であるが、イエスと『新約聖書』を認めていないという点で、決定的にキリスト教とは違っていた。またユダヤ人の伝統的な律法重視の生活は、キリスト教社会には容易に溶け込めないものであった。これらの点から、ローマ時代よりユダヤ教徒はキリスト教徒に迫害され続けてきたが、11世紀になって迫害はさらにエスカレートしていった。

ヨーロッパではユダヤ人は土地の所有が禁止されたため、農業に就けず都市生活を余儀なくされた。かといって一般の商業にも就けなかったため、多くのユダヤ人はキリスト教徒が嫌悪した金貸業に従事した。しかし、このことは資本と富をユダヤ人に集中させる結果になり、人々のさらなる憎悪をかきたてていったのである。そして12世紀には、ヨーロッパで最初の隔離された居住区（ゲットー[*2]）がドイツでつくられ、ユダヤ

メノラーは7本の枝を持つ燭台。シナイ山でモーセが木を燃やした故事による

聖地伝　マサダの砦

ユダヤ人にとって特別な場所のひとつ。もともと無類の建築好きだったユダヤの王ヘロデ大王（紀元前73？〜前4）が、断崖絶壁の上に築いた砦《とりで》。ユダヤ戦争では人々がこの砦にたてこもり、ローマ軍に対して徹底抗戦を続けた。ユダヤ人は神殿がローマ軍に破壊された後も、この砦にたてこもり続け抵抗したが、ついに73年に陥落。女、子どもを含めた960人が自決したとされている悲劇の場所。

*1**ディアスポラ**／もともと離散を意味するギリシア語だが、パレスティナ以外に住むこと、または住んでいる者の意味で使われるようになった。ユダヤ人が異国でコミュニティーをつくり、長くユダヤ人としてのアイデンティティーを維持していたことは驚異的である。

ヤ人は強制的に移住させられた。

　歴史上特筆すべき迫害は、1881年のロシア皇帝アレクサンドル2世暗殺事件に端を発するユダヤ人の大量殺戮《さつりく》（ポグロム[*3]）である。この迫害は1921年まで続き、何十万という数のユダヤ人が殺された。この事件をきっかけに多くのユダヤ人がアメリカに移住した。

　やがて第一次世界大戦後、ドイツにヒトラー[*4]が登場する。彼は極端なヨーロッパの人種（アーリア民族）優性を主張し、地上からのユダヤ人抹殺をめざした。そして1942年には**ヴァンゼー会議**が開かれ、ヨーロッパのユダヤ人1100万人を対象にした大量虐殺が決定される。これにより犠牲になったユダヤ人は600万人にものぼった。

離散と迫害の歴史

紀元前597年	•バビロニア軍がエルサレムを陥落 バビロン捕囚→離散の始まり
紀元前538年	•バビロニアの滅亡→エルサレムへの帰還
紀元66～70年	•第1次ユダヤ戦争 エルサレムがローマ軍に陥落、神殿が焼け落ちる →多くのユダヤ人がローマに連行される
132～135年	•第2次ユダヤ戦争 →ユダヤ人、祖国なき離散の民に
1171年	•ヨーロッパで最初のゲットーがつくられる
1179年	•キリスト教の第3回ラテラノ公会議開催 →キリスト教徒の憎悪する金融業にユダヤ人を就けさせる決議をする
1215年	•キリスト教の第4回ラテラノ公会議開催 →ユダヤ人にバッジや色帽子の着用を義務づける •イギリス、フランス、ドイツ、オーストリアなどで迫害続く →東欧に移住
15世紀半ば	•スペイン、イサベル女王の迫害→数十万人殺害 →東欧、中近東に移住
1881年	•ロシアのアレクサンドル2世暗殺 ユダヤ人が犯人であるとし、大虐殺（ポグロム）を行う →1921年までに何十万人ものユダヤ人虐殺 →アメリカに移住
1894年	•フランス、ドレフェス事件
1942年	•ドイツでユダヤ人の迫害を決議するヴァンゼー会議開催 →600万人虐殺 →パレスティナ、アメリカに移住
1948年	•イスラエル建国

過越祭を祝う人々／ユダヤ人はユダヤ教の伝統を守り、戒律に従うことで、異郷にあってもユダヤ人としてのアイデンティティーを保ってきた。

*2 **ゲットー**／ユダヤ人は自主的に居住区をつくっていたが、迫害がエスカレートすると、強制的にユダヤ人を収容隔離する施設がつくられゲットーと呼ばれた。ゲットーは周囲がすべて壁に囲まれ、日暮れとともに門は閉ざされた。

*3 **ポグロム**／もともと集団的な略奪や虐殺、破壊行為を意味する言葉。ロシアのウクライナ一帯でとりわけ激しかった。

*4 **ヒトラー**／1889～1945年。ナチス党を率いてドイツ総統となり、ヨーロッパ全土を戦禍《せんか》に巻き込んだ。ユダヤ人への迫害は熾烈《しれつ》をきわめ、アウシュビッツ収容所などが悪夢の遺産として残されている。

寄留者を虐待したり、圧迫したりしてはならない。あなたたちはエジプトの国で寄留者であったからである。（出エジプト記22-20）

column

シオニズムとイスラエル建国

　ヨーロッパ各地のユダヤ人は、いつの時代も魂の故郷パレスティナへの帰還を強く願っていたが、この思いはやがて19世紀になって、シオニズムという政治運動に結びついていった。

　シオニズムとは、聖地エルサレムの南東にある丘、シオンの丘からとった名称で、提唱者はアハッド・ハ・アムという人物である。彼は「シオンへの愛」という運動を起こし、ユダヤ人がユダヤの精神を失うことのないよう、パレスティナに精神的な拠りどころとなる機関を築こうと主張した。

　やがて1894年、フランスで、ユダヤ人砲兵大尉ドレフェスが、国家機密をドイツに売り渡したスパイ容疑で逮捕される事件（ドレフェス事件）が起こった。これは後に冤罪《えんざい》とわかったが、この事件がきっかけとなってシオニズム運動は一気に盛り上がりをみせ、次第にパレスティナへの移住とユダヤ人国家の建設を願う政治的な運動へと変わっていった。

　ユダヤ人はユダヤ植民信託やユダヤ国民基金といった機関を設立して、ユダヤ人のための土地をパレスティナに購入、多くのユダヤ人が新天地を求めてパレスティナに移住していった。

　第二次世界大戦当時パレスティナはイギリスの統治下にあったが、増え続けるユダヤ人に危機感を抱いたアラブ側の住民が強く反発。各地で暴動を起こした。イギリスはアラブ人の反発をおそれ、激しい迫害を逃れてきたユダヤ人難民を船ごとドイツに送り返してしまうといった政策をとったため、ユダヤ人はもちろん、アメリカなどの国際世論の反発を招いた。

　戦後（1947年）、国連総会でアラブとユダヤによるパレスティナ分割が承認されたが、アラブ側はこれを認めずユダヤ人を攻撃してきた。イギリスは事態を収拾できず、翌年にはパレスティナの統治を放棄してしまった。こうした状況のもと、1948年5月14日、ユダヤ人指導者ダヴィッド・ベン・グリオンは独立を宣言し、イスラエル国を樹立した。

現在イスラエルは、宗教の自由をうたっているが、国民の大多数がユダヤ教徒であるため、実質的にはユダヤ教が国教となっている。

嘆きの壁／ユダヤ教徒の聖地となっており、熱心なユダヤ教徒の祈りが絶えない。（口絵12ページ参照）

第3章 キリスト教

キリストのモザイク画（トルコ）

ランス・カテドラル（フランス）

ドゥオモ（ミラノ）

セント・ヴィンセントの祭（フランス）

リオ・デ・ジャネイロのキリスト像（ブラジル）

関連年表

紀元前6頃	イエス誕生
紀元28頃	イエス、ヨハネから洗礼を受ける
30頃	イエス処刑される
33頃	パウロ回心
313	ミラノ勅令、キリスト教が公認される
392	キリスト教がローマの国教に定められる
395	ローマ帝国が東西に分裂
726	東ローマ皇帝レオ3世、聖画像（イコン）禁止
988	ロシア正教会、キエフ公ウラジミールによりロシア国教に定められる
1054	東西教会の相互破門
1077	カノッサの屈辱
1099	第1回十字軍、エルサレムを占領
1265	トマス・アクィナス『神学大全』執筆開始
1309	教皇クレメンス5世アヴィニョンに入城（アヴィニョンの捕囚。～77）
1517	ルター、「95か条の提題」を貼り出す
1534	ヘンリー8世、イギリス国教会の首長に
	イエズス会の創設（16～17世紀植民地政策にともなう布教）
1541	カルバン、ジュネーブで宗教改革を遂行
1544	トリエント公会議（～63）
1549	ザビエル来日
1562	ユグノー戦争（～98）
1572	聖バルテミーの虐殺
1598	ナントの勅令（1685廃止）
1618	30年戦争（～48）
1620	ピルグリム・ファーザーズ、アメリカに渡る
1637	島原の乱
1642	清教徒革命
1729	イギリスでメソジスト派が説教を開始
1865	救世軍の設立
1906	アメリカでペンテコステ運動が起こる
1986	アッシジで世界の主要宗教の代表者会議開催

キリスト教の基本思想

イエスの教えと「神の国」

キリスト教には、**カトリック**[*1]と**プロテスタント**[*2]の2つの大きな流れがあり、その両者の間で教義が大きく異なることがある。さらに、東方教会（セルビア正教会、ロシア正教会など。64ページ参照）と西方教会（ローマ・カトリック、プロテスタント教会）の間にも、教義の解釈において違いが見られるが、イエスの死と復活により神が世界に対する救いを定めた（この知らせを**福音**[*3]という）という信仰は、全キリスト教徒が共有していると考えてよいだろう。

イエスはユダヤ人たちが待望していた神の国の到来が近いことを告知し、主への祈りのなかでその実現を祈るべきと説いた。そのうえで彼は、神の支配に直面した人々にそれを受容するか拒否するかの決断を迫ったのである。

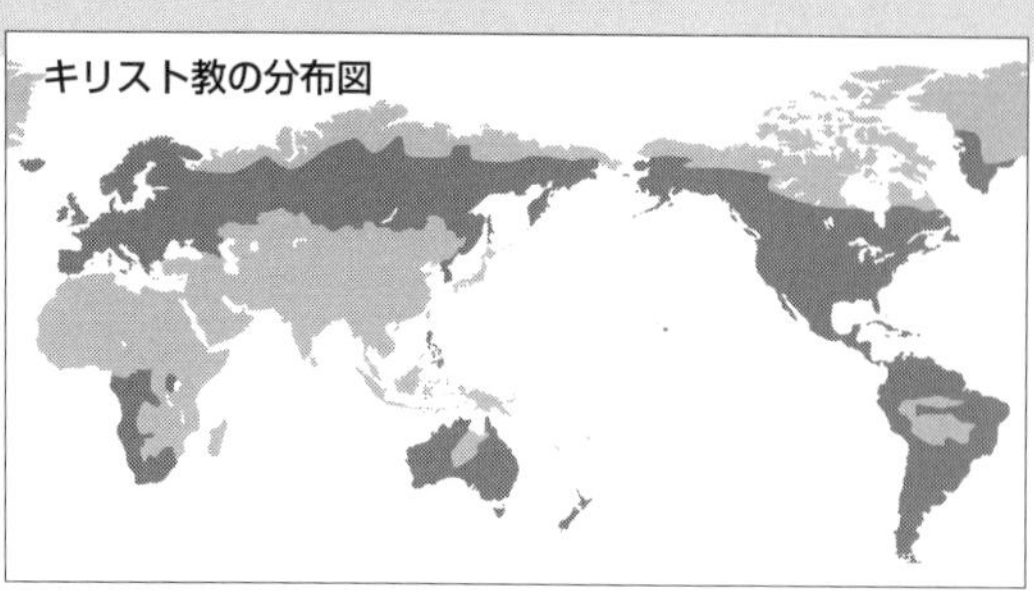

キリスト教における神とは、宇宙の創造主であり、イエスにとっての父なる神のことである。神の国とはイエスが王として主権的統治をする国のことであり、イエスの出現とともに始まり、この世の終わりに今とは異なる次元において完成したかたち（**千年王国**[*4]）で実現すると信じられている。キリスト教徒にとって、神の国と永遠の生命とは同じ意味を持つ。

十字架をかつぐイエス。

死後の世界についても、信仰の有無によって、その行き先が異なるとされる。つまり、肉体が滅びた（第一の死）後、神の裁きを受け、神の国に迎えられ永遠の生命を受ける者と、そこから漏れ落ちて霊的な死

---

*1 **カトリック**／62ページ参照。

*2 **プロテスタント**／66ページ参照。

*3 **福音**／神が救いの啓示を完成させるために示した「よき知らせ」。①十字架による罪からの救い、②キリストの復活によって保証された死者からの復活、③キリストによる新しい命を意味する。

*4 **千年王国**／終末にキリストが再臨し、1000年間統治するという至福の王国。誰ひとりとして見逃されない最終的な神的審判（最後の審判）が行われるとされる。

*5 **メシア**／注油は本来エジプトの官吏任命時の慣習だったが、旧約時代には神が聖別した

（第二の死）を迎える者とに分かれるとされている。

教会・神学の基本的な考え

キリストとは「油注がれた者」の意であるが、終末観の強かった旧約聖書時代から待望されていた救い主（**メシア**[5]）のことである。人類の祖先であるアダムとイブの罪と堕落によってもたらされたのが原罪[6]であり、その罪を贖《あがな》うために受肉した神としてのイエスが、十字架上で死を遂げたと信じられている。

もっとも、イエスをいかなる意味で救世主と考えるかについては、教派によって異なり、それがゆえにキリスト論（Christology）というものが生まれ、現在も神学者の間で議論されている。

神は、父なる神、子なる神、聖霊なる神という3つの位格（**ペルソナ**）を持ちながら、しかもひとつの神格であるとするのが、**三位一体説**[7]である。これはアウグスティヌス（4世紀から5世紀）などの護教家たちの手によって、正統派神学を確立するために編み出された教説（dogma）のひとつであるといえる。

イエスを抱く聖母マリア。上に聖霊のシンボル鳩が描かれている。

神は、その独り子をお与えになったほどに、世を愛された。（ヨハネによる福音書3・16）

キリスト教史には、正統と異端のせめぎ合いといった一面があるが、何を正統な信仰とみなすかは、きわめて主観的かつ相対的なものである。基本的には使徒信条（CLIP参照）という信仰告白を受け入れる者が正統者とみなされる。

歴史的には、神的本質が自己に内在すると考えるグノーシス主義者[8]、神との合一体験を重視する神秘主義者、キリストを完全な人間だとするネストリアニズム[9]、現代では、モルモン教、エホバの証人（ものみの塔）、統一協会などが異端とされる。かつてはカトリックの目から見れば、プロテスタントそのものが、破門されるべき異端であった事実が示すように、異端論争は歴史的背景によって大きく異なる。

（町田宗鳳）

使徒信条

「天地の創造主、全能の父である神を信じます。父のひとり子、わたしたちの主イエス・キリストを信じます。主は聖霊によってやどり、おとめマリアから生まれ、ポンティオ・ピラトのもとで苦しみを受け、十字架につけられて死に、葬られ、陰府《よみ》に下り、三日目に死者のうちから復活し、天に昇って、全能の父である神の右の座に着き、生者《せいしゃ》と死者を裁くために来られます。聖霊を信じ、聖なる普遍の教会、聖徒の交わり、罪のゆるし、からだの復活、永遠のいのちを信じます。アーメン。」

者を王に任じるという意味で用いられた。後に救世主として期待された。

*6 **原罪**／アダムとイブが禁じられた木の実を食べ、神に罰せられて以来、人は生まれながらにして罪を持つに至ったという観念。

*7 **アウグスティヌス**／40ページ参照。

*8 **グノーシス主義**／キリスト教と同時期に地中海世界で興った宗教思想運動。グノーシスとはギリシア語で知識、とりわけ人間を救済に導く究極の知識をさす。

*9 **ネストリアニズム**／5世紀頃のコンスタンティノープル主教ネストリウスの教えを発展させ、キリストにおける神性と人性の独立性を強調した。

キリスト教徒の信仰生活

神の恩寵を授かる多彩な儀礼

キリスト教では宗派により儀式や祈りの作法が異なるが、神の恩寵を授かる儀式[*1]としては、**洗礼**と**聖体拝領**がどの宗派にも共通しており、カトリックと東方正教会はこれを含む7種類（左表参照）を定めている。プロテスタントは伝統的な教会のあり方を否定したところから生まれたため、他宗派に比べて少なくなっている。

洗礼は入信の儀式であり、水によって罪を浄め、神の力で生まれ変わることを意味する。カトリックや東方正教会では**幼児洗礼**が行われており、実の親と代父[*2]、代母が立ち会う。また聖人の名にちなんだ洗礼名がつけられる。プロテスタントは自覚的な信仰告白を重視するため幼児洗礼を認めていない。

聖体拝領はイエスが最後の晩餐の際に弟子たちとともに食事をし、パンを手に取って「食べるがよい、これが私の体」、ぶどう酒を取って「これが私の血」と述べた話にもとづき、聖職者よりパンとぶどう酒を拝領する。聖体拝領を目的とした儀式は、カトリックでは**ミサ**、プロテスタントでは**聖餐式**、東方正教会では**聖体礼儀**と呼ばれている。この儀式はキリスト教徒にとって、イエス（神）と一体になる重要な意味を持つ。人々は主の日である日曜日に教会で祈りを捧げ、聖体拝領を受ける。

キリスト教の祝祭

聖人の数が多いカトリックや東方正教会では、ほぼ365日、どこかで祝祭日があるといっても過言ではない。

なかでもイエスの復活を祝う**復活祭**は重要で、春分の次の満月に続く日曜日を主日とする移動祝祭日である。前40日間を**四旬節**、主日を含む50日間を**復活節**と定めている。復活祭直前の金曜日は、イエスの十字架の贖罪《しょくざい》を記念する日とされ、厳粛な礼拝が行われる。主日の前日は夜を徹して礼拝が行われる。カトリックや東方正教会では復活のシンボルである卵を聖堂に持参し、聖別（神の聖性に結ばれるための儀式）を受ける。プロテスタントにおいても復活祭は重要である。このほか**ペンテコステ**、**降誕祭**などおもな祝祭のくわしくは左表を参考にされたい。

カトリックのミサ。

*1 カトリックでは秘蹟（サクラメント）、プロテスタントでは聖礼典（サクラメント）、東方正教会では機密（ミステリオン）という。

*2 **代父・代母**／ゴッド・ファーザー、ゴッド・マザーと呼ばれる。

父と子と精霊の御名によって、あなたに洗礼を授けます。（洗礼の際に司祭が述べる言葉）

神の恩寵を得る儀礼を構成するもの

カトリック	プロテスタント	東方正教会	内容
洗礼	洗礼	聖洗	イエスがヨハネから洗礼を授かったことに由来し、水によって罪を浄め神の力によって生まれ変わること。カトリックでは額に3度水をかけ、聖油が塗布される。東方正教会では幼児には全身浸水が行われる
堅信	堅信（一部）	傅《ふ》膏《こう》	洗礼後一定の年齢に達した者が信仰を固めるために行う。東方正教会では聖洗の直後に行われる。プロテスタントでもルター派などでは堅信を行う
告《こっ》解《かい》	—	痛悔	過ちや罪を犯したとき、それを悔い改め、神に許しを乞うこと。カトリックでは教会内に告解室が設けられている
聖体	聖餐	聖体	最後の晩餐でイエスがパンと杯を取り弟子たちに「これが私の体。これが私の血」と告げたことにちなむ。もっとも崇高な秘蹟と位置づけられている
婚姻	—	婚《こん》配《はい》	男女が生涯の愛と忠誠を誓い夫婦となる儀式。神の秘蹟が下るためカトリックでは離婚を認めていないが、正教会では正当の理由があれば認められることがある。プロテスタントでは婚姻そのものに神の恩寵《おんちょう》が下るとはみなしておらず、離婚、再婚も認められている
叙階	—	神品	聖職者となるための儀式。この儀式を経て聖職者*として聖別される
塗油	—	聖《せい》傅《ふ》	信者の額に聖油を塗る儀式。東方正教会では病を癒す祈りと位置づける。カトリックでは終油と呼ばれ臨終のときに恵みをもたらすものとされてきたが、今日では病者の塗油と呼ばれ、病気の癒しや罪の赦しを願う

—はないもの
＊聖職者／カトリックでは司教・司祭・助祭、東方正教会では主教、司祭、輔祭となり、いずれも3種類。

キリスト教のおもな祭

名称			時期	内容
復活祭にまつわるおもな移動祝祭日	**四旬節**		復活祭前40日間	イエスの荒野での40日の断食をしのび肉などを断つ行事。四旬節に先立ち行われるのが笑いと飽食の祝祭、謝肉祭（カーニヴァル）である。東方正教会は四旬大斎と呼ぶ
		枝の主日	四旬節第6日曜日	イエスのエルサレム入城を記念して行われる祭。棕櫚の葉を道に敷いたことにちなむ
	復活節	**復活祭**	毎4月上旬（春分の次の満月に続く日曜日）	イエスの復活を祝う祭。もともとは毎日曜日が主の日とされたが、次第に年に一度になった。英語のイースターはゲルマンの春の女神アウストロに由来するといわれる。欧米では彩色された卵（イースター・エッグ）を贈るならわしなどがある
		精霊降臨祭（ペンテコステ）	復活日から50日目の日曜日	イエスの死後、ユダヤ教の五旬節の日に集まった弟子たちの上に精霊が降り、世界中の言語で福音を語り始めたという言い伝えにもとづく祭日
固定祝祭日	**降誕祭（クリスマス）**		12月25日	イエスの誕生を祝う祭。ツリーを飾ったり、サンタ・クロース*にちなむ贈り物の慣習などがあるが、前者は古代ゲルマン人の樹木崇拝、後者は旅人や子どもの守護聖人の伝説から発展した。復活祭と同じようにこの前後に降誕祭にまつわる固定祝祭日がいろいろある

＊サンタ・クロース／小アジア出身。ミュラの司教で、婦人、子ども、船乗りの守護聖人、聖ニコラウス（3世紀頃）と同一。オランダ語のSint Klaesがなまってサンタ・クロースになった。ドイツやオランダでは、祝日の12月6日前夜にニコラウスに扮した者が現れ、子どもたちに贈り物を届ける慣習があった。

キリスト教の成立

47〜56年頃：パウロの布教　392年：ローマの国教に制定

世界宗教となったキリスト教

魚はキリスト教のシンボル

ユダヤ教を母として

キリスト[*1]教はユダヤ教（第2章参照）を母体として成立した。キリスト教の創唱者イエスは、現在のパレスティナの地を中心に、人々の病を癒《いや》すなど多くの奇跡を示し、神の国の到来を説いて回った。

しかし、律法を重視するユダヤ教に対し、「わたしは人間の手で造ったこの神殿（ダビデの神殿のこと。ユダヤ教）を打ち倒し、三日あれば、手で造らない別の神殿（神の国のこと）を建ててみせる」と、そのあり方を激しく攻撃したことから、ユダヤ教司祭らの反感を買い、十字架にかけられて処刑される（58ページ参照）。布教の期間はわずか2年だった。

ところがほどなくして、イエスが弟子たちの前に姿を現すという奇跡を示した。イエスが十字架にかけられたこと、そして復活を果たしたことは、キリスト教の教義のうえでも、またその後の布教においても、もっとも重要かつ象徴的な出来事になっている。

これを境に彼の弟子たち（**ペトロ**[*2]など。**12使徒**という）は熱くイエスの教えを語り始め、教団を組織し始めた（**原始キリスト教団**の成立）。

ただしこの時期のキリスト教団は、ユダヤ教の律法や伝統を否定してはおらず、ユダヤ教との区別が明確ではなかった。やがて教団はユダヤ系ギリシア人など、ディアスポラ[*3]と呼ばれる異邦人に委《ゆだ》ねられるようになるが、なかでも目ざましい活躍をしたのが**パウロ**だった。

パウロはおもにユダヤ人以外の異教徒に布教をしていくが、その過程でユダヤ教の伝統である割礼《かつれい》（45ページ参照）の壁に直面する。

これを解決するため、**エルサレム**に赴《おもむ》いてユダヤの伝統を重んじるペトロらと話し合い、異教徒の信者に割礼をしないなどの合意を得た。パウロが原始キリスト教団に受け継がれていたユダヤ教的伝統を排除した功績は大きい。

これによってキリスト教は民族の垣根を越えた世界宗教へと発展していった。またこのことからパウロは、キリスト教の事実上の創始者と位置づけられている。

*1**キリスト**／メシア、救世主の意。

*2**ペトロ**／1世紀。イエスから天国の鍵を預かり（後事を託されることを、比喩的に表している言葉）、原始キリスト教団を組織。65年頃ローマで迫害にあい殉教する。ヴァティカンのサン・ピエトロ大聖堂はペトロの墓の上に建っている。

聖人伝　パウロ（？〜65年頃）

10年頃トルコのタルソスに生まれる。はじめはキリスト教徒を迫害していたが、突然処刑されたはずのイエスが現れ、目が見えなくなる。数日後イエスの託宣を受けたアナニアにより視力を回復してもらってからはキリスト教に回心し、地中海沿岸を布教して回った。65年頃ユダヤ人に捕らえられローマで斬首《ざんしゅ》される。ローマのサン・パウロ・フォーリー・レ・ムーラ教会はパウロの墓の上に建つ（60ページ参照）。

十字架から降ろされるイエス。
（イタリア　サン・マルコ寺院）

迫害を乗り越えて

キリスト教徒はローマの神々やローマ皇帝の崇拝を拒んだ。そのため、ローマの社会秩序を乱すとして、ローマからも激しい迫害を受けた。なかでもローマ皇帝ネロ[*4]のそれは生きたままライオンの餌食《えじき》にするなど凄惨《せいさん》をきわめた。パウロやペトロらの殉教もネロの迫害による。

しかし、ローマが信者たちを迫害すればするほど、彼らの結束を強める結果になった。そこでローマは、これまでの方針から一転して、国家統一のためにキリスト教を利用しようと考え、313年**ミラノ**[*5]**勅令**《ちょくれい》を発してキリスト教を公認。次いで392年にはついにローマの国教に定めた。

こうしてキリスト教は、ローマ帝国の承認と保護を受けて、ヨーロッパをはじめとして、広い地域に広がっていくことになった。また、その拡大の過程で、**カトリック**（62ページ参照）、**プロテスタント**（66ページ参照）や**東方正教会**（64ページ参照）などの宗派が誕生していった。

今日、キリスト教を信仰する者の数は、世界で19億人、おおむね3分の1を占める。

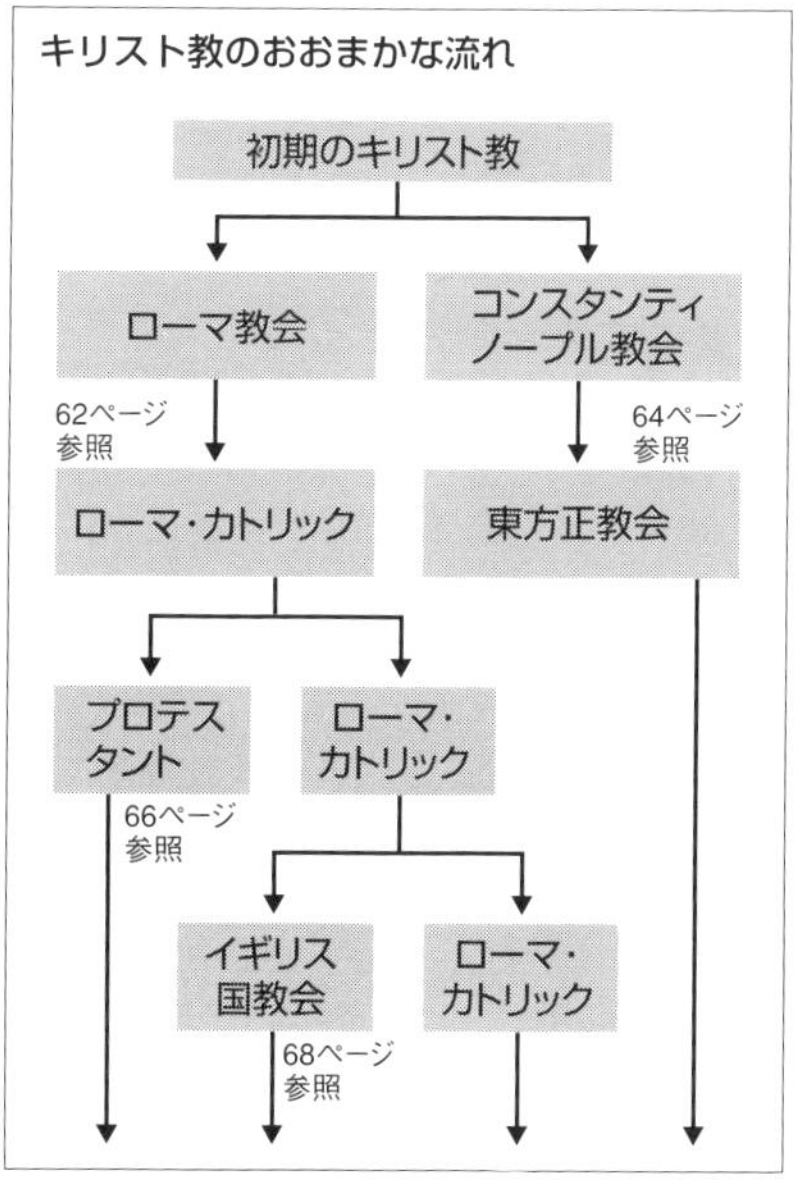

「あなたはわたしの愛する子、わたしの心に適う者」（マルコによる福音書1・11）

『新約聖書』

『旧約聖書』がユダヤ教、イスラム教、キリスト教共通の聖典であるのに対して、『新約聖書』はキリスト教だけの聖典である。内容は大きく分けてイエスの生涯とその教えをまとめた福音書《ふくいんしょ》、使徒の言行をまとめた歴史書、パウロの書簡などで構成される書簡、そして預言書（『新約聖書』ではヨハネの黙示録《もくしろく》のみ）の4つで構成される。成立ははっきりしていないが、50年頃から徐々にまとめられていき、200年頃には、ほぼ現在のかたちにでき上がったと考えられている。

*3 **ディアスポラ**／ギリシアやエジプト、トルコなど各地に離散したユダヤ人をいう（48ページ参照）。

*4 **ネロ**／37～68年。残忍な性格で知られるローマの皇帝。64年、自身でローマの町に火を放ち、その責任をキリスト教徒になすりつけて虐殺した。

*5 **ミラノ勅令**／313年ローマ皇帝コンスタンティヌス1世が発布。これによりキリスト教徒迫害の歴史に終止符が打たれた。

イエスの生涯

30年頃：イエスの処刑と復活

兄弟愛と神への信頼を説く

星はキリストの降誕を示す

イエスの布教

イエスは紀元前6年頃、ベツレヘムで大工ヨセフとマリアの子として誕生した。28年頃ヨハネ[*1]から洗礼[*2]を受け、人々に神の国の到来が近いことを説いて回った。イエスの教えはユダヤ教のそれとよく似ていたが、兄弟愛や神への信頼を強調したところに特徴があった。

またイエスは病人を癒《いや》し、死者を蘇《よみがえ》らせ、かめをぶどう酒で満たす（カナの婚礼）など、数々の奇跡を示したため、人々はイエスこそ待ち望んだメシア[*3]（52ページ参照）であると迎え入れた。

布教の途中、ペトロをはじめとする12人の弟子（**12使徒**）を従えるようになった。

ユダの裏切りと磔刑

イエスはユダヤ人として生まれたが、形骸化したユダヤ教に対しては批判的、挑戦的な言動をしばしばとった。そのため次第にユダヤ教の司祭らと対立を深めていった。やがて自らユダヤ教と対決するために、イエスは、**エルサレム**へと向かう。エルサレムに入城したイエスは、これまでにない激しい口調でユダヤ教を批判した。これに対しイエスに反感を持つユダヤ教の司祭らは、「イエスはユダヤの王としてローマに反逆しようとしている」という罪をでっち上げたのだった。

折しもエルサレムの町は過越祭[*4]《すぎこしさい》の最中だった。イエスは弟子たちと食事をともにし、「このなかに私を裏切る者がいる」と爆弾発言をする（**最後の晩餐《ばんさん》**）。自らの運命を予言したその晩、イエスが町はずれのゲッセマネの丘でひとり神に祈りをささげていたそのとき、ローマ兵を引き連れて弟子のユダが丘をあがってきた。ユダ[*5]がイエスにキスをしたのが合図だった。イエスはローマに対する反逆を企てたかどで逮捕され、十字架に磔《はりつけ》にされる。

イエスが処刑された場所は**ゴルゴタの丘**とされ、聖墳墓教会

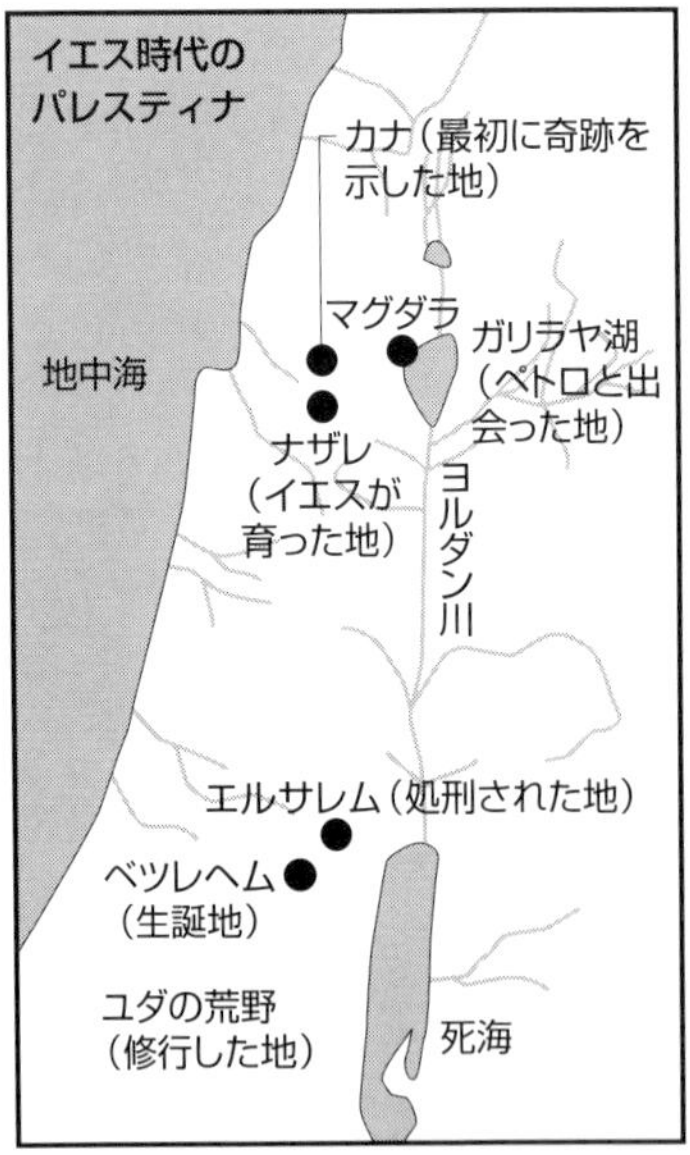

*1**ヨハネ**／1世紀。イエスの従兄弟にあたり、バプテスマ（洗礼の意）のヨハネといわれる。28年頃捕らえられて斬首され、その生首がサロメに与えられた。この物語は絵画や小説のモチーフとして、好んで描かれている。

*2**洗礼**／バプテスマという。水に浸ることを意味する言葉。イエスの時代、一部のユダヤ

が建てられている。また彼が処刑地まで十字架を背負って歩いた道は、ヴィア・ドロローサ（悲しみの道）と呼ばれ、キリスト教徒の聖地として、今も多くの巡礼者が訪れる。

しかし、イエスは処刑後マグダラのマリアや弟子たちの前に姿を現し、復活をする。そして人間的な弱さを持っていた彼らに洗礼を施した。この日を境に、弟子たちは力強い布教者に変身を遂げた。ちょうどユダヤの収穫祭であるペンテコステの日にあたることから、*6**ペンテコステの奇跡**といわれている。イエスはその後も弟子たちの前にしばしば現れ、メッセージを伝え、やがてエルサレム郊外で昇天したと聖書は伝えている。

山上の垂訓

イエスはガリラヤ湖をのぞむ山上にあがって、イエスにつき従ってきた大勢の人々を前に、自らの教えのエッセンスともいえる説教を行った（これを山上の垂《すい》訓《くん》という）。このときイエスは「こころの貧しい者は幸いである」に始まる8つの「幸い」をはじめ、「狭き門」「地の塩・天の光」など、数多くの珠玉の言葉を残した。山上の垂訓はマタイによる福音書5〜7に収められている。

求めなさい。そうすれば、与えられる。探しなさい。そうすれば、見つかる。門をたたきなさい。そうすれば、開かれる。（マタイによる福音書7・7）

イエスの受難／イエスはエルサレムのはずれにあるゴルゴタの丘で2人の罪人とともに十字架にかけられ処刑された。

ベツレヘム生誕教会／イエスが生まれたとされている場所には教会が建てられ、多くの信者が訪れる。上は教会内にあるイエス誕生の場所。（イスラエル）

イエス関連年表	
紀元前6年頃	イエス誕生
紀元6年	ユダヤがローマの属州になる
28年頃	ヨハネよりヨルダン川で洗礼を受ける ガリラヤ領主ヘロデ・アンティパス、洗礼者ヨハネを処刑
30年頃	ユダの裏切り イエス、エルサレムで処刑される

人集団によって、浄化儀礼として行われていた。後にキリスト教に入信するときに営まれるようになった。

*3イエスが行ったこれらの奇跡は、『新約聖書』の福音書にくわしく記載されている。

*4**過越祭**／モーセの出エジプトを記念して行われるユダヤ教の祭（44ページ参照）。

*5**ユダ**／1世紀。銀貨30枚でイエスを裏切る。後にその金で土地を買ったが、そこにさかさまに落ち、はらわたを出して死んだとされている。

*6**ペンテコステの奇跡**／この日はキリスト教会の創設の日となっている。

イエスの死後の布教活動を担う

33年頃：12使徒、パウロの回心

イエスに選ばれた12人

イエスは布教活動を続けるなかで、12人を弟子として選んだ[*1]（**12使徒**という）。最初に選んだのが、ペトロとアンデレ、ヤコブ、ヨハネの4人である。4人はガリラヤ湖畔の漁師だった。そのほかフィリポ、ナタナエル、マタイ、イスカリオテのユダなどがあげられる（左表参照）。

12使徒はイエスに従って行動をともにしたが、信仰にはまだ迷いがあった。たとえばイエスが弟子たちに奇跡を見せたときそれを疑ったり、イエスが捕らえられたとき巻き添えを恐れて「イエスなど知らない」とローマ兵に答えたりする。[*2]しかし復活したイエスを目にしてからは信仰を確固なものとした。精霊による洗礼を受けた後には、世界中の言語を操れるようにもなったという。こうして宣教に身を投じ、その多くが信仰に殉じていった。

鳩は聖霊のシンボル

聖人伝　ペトロ（1世紀）

本名はシモン。ペトロとは岩の意。岩のような風貌と頑固さからイエスがつけたあだ名である。イエスの死後は師イエス同様に、病人を癒《いや》したり死人を生き返らせるなどの奇跡を数々起こし、布教と教会の確立に努めた。ローマで迫害にあい殉教するが、イエスと同じ方法ではおそれ多いとし、さかさまになって十字架に磔《はりつけ》にされた。現在その墓の上にはサン・ピエトロ寺院が建っている。

パウロの布教と思想

イエスの死後加わった**パウロ**は生前のイエスには会っていないが、イエスの幻を見たことで熱心なキリスト教の信者になった。彼は地中海沿岸を中心に3度にわたり精力的に伝道して回った。[*3]

パウロはイエスの死を教えの中心に置き、神とイエスを信じる者は、罪を犯しても神が告訴を取り下げたり無罪を申し出てくれるというような、裁判の制度などを引き合いにして、その思想をわかりやすく語った。

*1 **12使徒**／12という数字は、ユダヤの12部族を示している。すべてのユダヤの民を救いたいというイエスの意志を示したものといわれている。

*2 ペトロは捕らえられたイエスの身を案じて後をついて行ったが、イエスのことを尋ねられると、「イエスなど知らない」と3度答えた。ちょうどそのとき鶏が

パウロの墓の上に建つサン・パウロ・フォーリ・レ・ムーラ教会／ローマ郊外のトレ・フォンターネにある。1823年に火災で焼失、現在の建物は再建されたもの。

一粒の麦は、地に落ちて死ななければ、一粒のままである。だが、死ねば、多くの実を結ぶ。（ヨハネによる福音書12・24）

12使徒	
ペトロ（シモン）	ガリラヤ湖の漁師でイエスの筆頭使徒となった。初期教会の筆頭指導者となり、ローマで殉教する。後に初代ローマ教皇となる
ゼベダイの子ヤコブ（大ヤコブ）	ヨハネの兄弟。イエスより雷の子とあだ名される。ヘロデ・アグリッパにより処刑され、使徒のうち最初の殉教者になった。スペインのサンティアゴには彼の廟所《びょうしょ》があり、世界中から巡礼者が訪れる
ヨハネ	ゼベダイの子。イエスからもっとも信頼され、母マリアの世話を頼まれる。伝説では『黙示録《もくしろく》』を執筆した人物とされる
アンデレ	ペトロの弟で漁師。洗礼者ヨハネからイエスの話を聞き弟子になった。伝説ではギリシアで殉教
フィリポ（ピリポ）	バルトロマイをイエスに引き合わせた。伝説によるとスキタイで殉教
バルトロマイ（ナタナエル）	ヨハネによる福音書のナタナエルと同一人物と考えられている。伝説によるとアルメニアで生きたまま皮をはがれ殉教した
マタイ（レビ）	アルファイの子。当時の人々から蔑《さげす》まれていた徴税人から使徒になった
トマス（ティドモ）	双子のトマスとも呼ばれる。イエスの復活を信じず、復活したイエスから叱られる。インドに宣教したという伝説がある
アルファイの子ヤコブ（小ヤコブ）	アルファイとその妻マリアの子。イエスの兄弟ともいわれている。原始教団の指導者
タダイ（レバイ）	ヤコブの子ユダともいう。詳細は不明
シモン	もと熱心党*の一員。詳細は不明
イスカリオテのユダ	イエスの会計係をしていたともいわれている。金貨30枚でイエスを裏切り、後に自殺する
マッテヤ	ユダ死亡後12使徒に補充された人物。詳細は不明

（　）内はまたの呼び名。
＊熱心党／ローマ支配下にあったユダヤで、ローマ帝国からの独立を熱心に望んでいたユダヤ教の一派。ローマに対する抵抗運動を指導していた。

そしてパウロの「ローマの信徒への手紙」には、「神はこのキリストを立て、その血によって信じる者のために罪を償《つぐな》う供え物となさいました。それは、今まで人が犯した罪を見逃して、神の義をお示しになるためです。このように神は忍耐してこられたが、今この時に義を示されたのは、ご自分が正しい方であることを明らかにし、イエスを信じる者を義となさるためです。」（3・25・26）とあるように、神はイエスの死をもって、人々に〝新たな契約〟を示したと説いた。

さらにユダヤ教では神との契約[*4]は、神とユダヤの民、つまり神と集団との間でなされたのに対し、新たな契約では、神は信仰するひとりひとりを救済すると語った。

ここに律法から信仰へ、集団の救済から個人の救済へというキリスト教の教義の根幹ができあがり、キリスト教が民族や国を越えて、広く世界に受け入れられる下地が用意されたといえる。

鶏鳴教会。（イスラエル）

鳴いたので、「鶏が鳴くまでに私を3度知らないと言うだろう」と告げた師の言葉を思い出し、ペトロは激しく泣いた。

*3 パウロの宣教旅行は①47年、②49年から52年、③53年から56年頃の3回（ローマに罪人として護送されるものを含めると4度になる）。その距離は延べ4000㎞に及ぶ。

*4 ユダヤ教における神との契約とは、神を敬い律法にある正しい行いをすれば、神は人々に繁栄をもたらすというもの（43ページCLIP参照）。

ローマ・カトリックの成立

１０７７年：カノッサの屈辱　１３０９年：アヴィニョンの捕囚　16世紀：宗教改革

ヴァティカンを頂点とする最大の宗派

ぶどうの木はキリストのシンボル

ローマ教会からローマ・カトリックへ

ローマ帝国の国教に定められたローマ教会は、ローマの繁栄とともに発展していったが、帝国が東西に分裂した３９５年頃から、東のコンスタンティノープル教会との間で、不協和音が生ずるようになった（64ページ参照）。

ローマ教会は自ら「普遍的な」という意味を持つギリシア語のカトリックを称して、コンスタンティノープルに対抗。また、聖ペトロを初代教皇にたてて、各地の教会に正統性と指導性を主張した。

そして8世紀にフランク王国から広大な領地をもらい受けて経済的基盤を固めると、ヨーロッパ全土に絶大な権勢をふるうようになった。その象徴的な事件が11世紀に起きた**カノッサの屈辱**[*1]である。カノッサの屈辱とは神聖ローマ帝国の皇帝がローマ教皇[*2]にはだしで許しを乞うたというもので、この時期、ローマ教皇の力がいかに大きかったかがうかがえる。

しかし、台頭するイスラム勢力から聖地エルサレムを奪回しようとして行った**十字軍**（74ページ参照）の失敗によって教会の力は次第に衰え、14世紀にはローマ教皇が70年間にわたってフランスのアヴィニョンに幽閉される事態にもなった（**アヴィニョンの捕囚**[*3]）。

その後、ローマ・カトリック教会はサン・ピエトロ大聖堂の建築資金集めのために免罪符[*4]を発行するが、免罪符では罪は贖《あがな》えないとして、ルターやカルバンらが抗議の声をあげた。彼らはローマ教会と訣別《けつべつ》し、**プロテスタント**（抗議する者の意味）と呼ばれるようになった（宗教改革。66ページ参照）。ローマ教会は反（対抗）宗教改革という立場から改革に着手して宗教的権威の復権に努め、今日に至っている。

現在ローマ市内にあるヴァティカンはカトリック教会の最高権威である。ヴァティカン市国は世界最小の独立国（面積約44万㎡、人口約１０００人）だが、世界に及ぼす影響は少なくない。代表的な教派にベネディクト修道会、フランシスコ会、イエズス会などがあり、信者の数は世界で10億人といわれている。

聖人伝　**聖母マリア**（？～63年頃）

ナザレの大工ヨセフと婚約中に天使ガブリエルのお告げを受けてイエスを産み（処女懐胎）、イエスの処刑を見届ける役目も果たした。後にイエスの弟子たちとともにキリスト教会の確立に力を注ぎ、エルサレムで生涯を終えるが、その3日後に復活したという言い伝えがある。マリア信仰はカトリックではとりわけ篤《あつ》く、美しく彩色されたマリア像が教会や信者の家など至るところで見られる。

*1 **カノッサの屈辱**／１０７７年、神聖ローマ帝国（ドイツ）皇帝ハインリヒ4世が教皇グレゴリオス7世の廃位を企て、逆に教皇から破門された。皇帝は教皇がいたイタリアのカノッサ城の前で許しを乞い、ようやく破門を解いてもらった。このとき皇帝は修道の衣をまとい、雪の上にはだしだったという。

疲れた者、重荷を負う者は、だれでもわたしのもとに来なさい。休ませてあげよう。（マタイによる福音書11・28）

修道院

修道士（修道女）が清貧・純潔・服従を厳格に守り、集団生活を送る修道院はエジプトで生まれ、まず東方の国々に広まった。東方では俗世界から離れて隠遁《いんとん》生活を送ったのに対して、後に広まった西方では孤児院や病院を開くなど、社会的な活動を活発に行った。

神学の研究もさかんに行われ、[*5]トマス・アクィナスなど、著名な神学者を輩出している。また、宗教改革後は、台頭するプロテスタントに対抗するため、布教活動にも力を入れるようになった（70ページ参照）。

サン・ピエトロ広場／ローマの一区画にあり、広場の奥（写真手前）にサン・ピエトロ大聖堂がある。

ローマ帝国の分裂

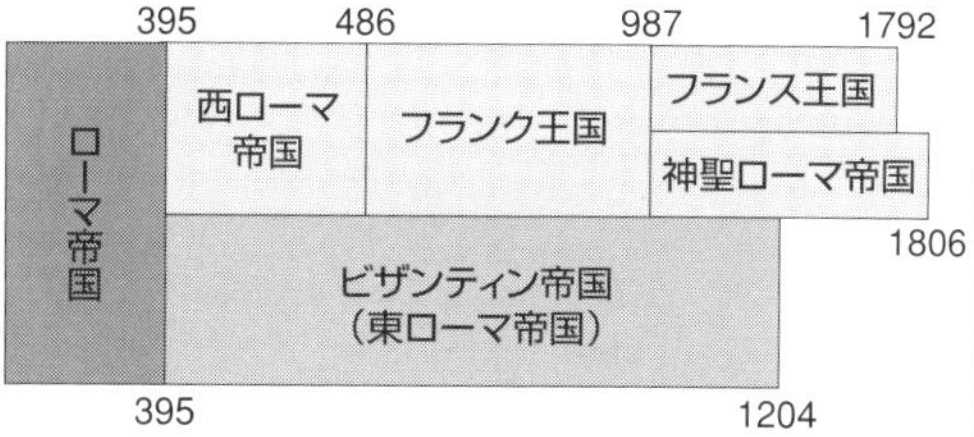

カトリックのおもな教派	
アウグスティヌス会	4世紀に司教アウグスティヌスによってヒッポに創設された修道会。清貧、貞操、従順を重視。個人の財産の放棄などを特徴とする
ベネディクト修道会	ベネディクトゥスによって4～5世紀にモンテ・カッシーノに創設された。10世紀に建てられたクリュニー修道院はヨーロッパ初の修道院。祈りと労働を義務づけている
シトー会	厳しい戒律の遵守《じゅんしゅ》を重視し、手仕事によって生計を立てる修道会
カルメル会	パレスティナのカルメル山の修道士を起源とし、祈りに身を捧げる托鉢《たくはつ》修道会*で、説教を重視する。古い戒律を守る履靴カルメル会と、はだしでサンダル履きの跣足《せんぞく》カルメル会がある
フランシスコ会	アッシジ（イタリア）の聖フランシスコにより創設。個人的または集団的な財産を拒否し、自らの労働によって生活し、必要があれば托鉢する。説教を重んじる托鉢修道会。清貧、質朴と神への回心を説き、貧者や病人などの世話を積極的に行う
ドミニコ会	13世紀初頭にトゥールーズで発足。ローマ教皇の認可を受けて正式発足した、説教を重視する托鉢修道会。創設者はドミニクス。祈りと兄弟愛を説いた。モットーはひたすら神と語り、神についてのみ語る
イエズス会	1534年パリ・モンマルトルで創設。イエズスとはイエスの軍隊を意味するスペイン語。ヨーロッパ以外の国々への布教を最初に行った修道会で、1549年わが国に来日したフランシスコ・ザビエルはこの会の所属だった

＊**托鉢修道会**／清貧と施し（喜捨）によって生きる修道会をいう。

*2**ローマ教皇**／ローマ法王とも呼ばれる。カトリックの最高位。教皇は枢機卿《すうききょう》（教皇が任命する高位聖職者）の選挙で選ばれる。

*3**アヴィニョンの捕囚**／1309年、教皇クレメンス5世がフランスのリヨンで国王フィリップ4世の臨席のもと、戴冠式を行った。以降法王庁はその地に70年間とどめ置かれ、フランス王の干渉を受けた。

*4**免罪符**／購入することで、罪が贖えるとしてローマ教会が売り出した札（66ページ参照）。

*5**トマス・アクィナス**／1224～74年。修道会出身の神学者。キリスト教の教義を体系化した。

東方正教会（オーソドックス）の成立と変遷

セルビア正教会、ロシア正教会など多彩

395年：ローマ帝国の分裂
1054年：東西教会の相互破門

鍵は聖ペトロの持ち物

キリスト教の東西分裂

原始キリスト教は、エルサレムほか、ローマやコンスタンティノープル（現在のトルコ、イスタンブール）など地中海沿岸のいくつかの都市を拠点としていた。**東方正教会**[*1]はコンスタンティノープルを中心とした教会で、正統なキリスト教という意味を込めて、オーソドックスやギリシア正教などとも呼ばれている。

ところでこのキリスト教の二大拠点、ローマとコンスタンティノープル[*2]は、復活祭（イースター）の日や聖画像（**イコン**。CLIP参照）、教義などをめぐって、しばしば意見が対立していた。

395年にはローマ帝国が東西に分裂するが、東ローマ（ビザンティン）帝国の皇帝は、自身が教会の首長であるとの思いから、お膝元のコンスタンティノープルは言うに及ばず、各地の教会に対しても干渉を繰り返し、ローマ教会の反感を買っていた。

726年には東ローマ皇帝レオ3世が、突如聖画像崇拝の禁止令を出した（これを**イコノクラスム**という）。聖画像を崇拝するローマ教会側は強く反発。ローマ教皇はレオ3世に対し「皇帝は宗教に口出しをすべきでない」と抗議した。

863年に東方正教会のフォティウス総主教[*3]の就任

聖ソフィア大聖堂／トルコ、イスタンブールの旧市街にあり、かつて東方正教会の総本山だった。（脚注＊2コンスタンティノープル参照）

*1**東方正教会**／ギリシア語典礼を用いたところからギリシア正教とも呼ばれているが、後にギリシア正教会という民族宗教が誕生し、混同しやすいことから、東方正教会の名を用いるのが一般的。

*2**コンスタンティノープル**／東ローマ帝国の都。聖ソフィア寺院（上写真参照）は総主教が君臨する場所（総主教座）として東方正教会の中心に位置づけられていたが、1453年、東ローマ帝国がオスマントルコに滅ぼされると、イスラム教の寺院になってしまった。そのため以降の総主教座は、モスクワに移った。

に関して、ローマ教皇ニコラウス1世が干渉したことで、両者の対立はピークに達した。そして1054年、ローマ教皇のレオ9世と東方正教会のミカエル・ケルラリオス総主教が、お互いに相手を破門し合うという事件が起きる。この事件をきっかけに、ついに東西の2つの教会は袂《たもと》を分かつことになった（1965年12月7日、事件後9世紀近く経って、はじめて双方の教会が破門を解き、このときの事件を遺《い》憾《かん》としている）。

政治と一体化し発展

東方正教会は東ローマ帝国の皇帝を教会トップにいただき、国と密接に結びついて発展していった。後に教会は、勢いを増しつつあるイスラム勢に押されるようにして、ロシアなどスラブ方面に活路を見出していくが、このときもそれぞれの国王が教会に君臨するかたち（**皇帝教皇主義**という[*4]）は、そのまま受け継がれていった。

このことは東方正教会のもっとも大きな特徴といえるが、反面、国の興亡やロシア革命といった政治的なうねりのなかで翻《ほん》弄《ろう》される結果にもなった。

東方正教会は原始キリスト教に近いといわれており、正教十字[*5]を用いる点や在俗司祭の妻帯を認めているなど微妙な違いはあるものの、基本的にはカトリックと重なる部分が多い。

また東方正教会の教会装飾や儀式は、ビザンティン文化の影響を受けて、壮麗できらびやかだ。金色に彩られたイコンと呼ばれる聖画像がよく用いられるのも特徴である。

イコン

ギリシア語の形象、肖像を意味する語に由来。古くは聖画像全体をさしていたが、今日では東方正教会で礼拝に用いられる板絵形式の聖画像をいう。木板や石板などにイエスや聖母、聖人などがきらびやかに彩色されており、教会のみならず一般信者の家庭にも安置され尊崇されている。

イコン禁止令により一時下火になるが、9世紀に復権。布教のため積極的に用いられるようになった。

東方正教会のおもな教派

ロシア正教会	988年キエフ公ウラジミールによりロシア国教に定められる。1589年以降はモスクワが東方正教会の総主教座となる
セルビア正教会	9世紀後半バルカン半島のセルブ族（セルビア）に受け入れられたが、他方、同じ地域のクルバート族（クロアチア）がカトリックであったため、民族紛争の要因になっている
ブルガリア正教会	9世紀後半以降、コンスタンティノープル総主教座との間で帰属、離反を繰り返す
ルーマニア正教会	13世紀にはコンスタンティノープル総主教座の管轄下に入るが、19世紀後半に自治を宣言
コプト教会	コプトはエジプト民族をさす言葉。エジプトの1割が所属する
エチオピア教会	エチオピア国王公認の教会。国民の約半分を占める

コプト教会やエチオピア教会は、イエスの人性と神性のうち、神性のみを認めるという教派で、単性論派教会といわれている。

*3総主教／コンスタンティノープル、アレクサンドリア、アンティオキア、エルサレムなど各教会の最高位者。

*4皇帝教皇主義に対して、ローマ・カトリックの「教会が国の上にある」という立場を教会国家主義という。

*5正教十字／十字に小さな横木を2本つけたものなど十字架の形状は文化圏によって異なる。

ロシア十字

ギリシア十字

光は、いましばらく、あなたがたの間にある。暗闇に追いつかれないように、光のあるうちに歩きなさい。
（ヨハネによる福音書12・35・抜粋）

プロテスタントの誕生

〝聖書にかえれ〟でカトリックに対抗

1517年：ルターの「95か条の提題」
1536年：カルバンの改革

球体は世界を支配するキリストを意味する

ルター、カルバンの宗教改革

16世紀初頭、サン・ピエトロ大聖堂の建設資金集めのために、ドイツで**免罪符**が販売された。販売を委託されたのはドミニコ会修道士ヨハン・テッツェルである。テッツェルは「箱の中でお金がチャリンとなると、魂は天国に行ける」と言葉巧みに人々をあおったため、免罪符は飛ぶように売れた。また彼は身分や収入、罪の内容によって免罪符の金額を変えるなどの工夫をしたため、その効果も大きかった。

それに対してアウグスティヌス修道会の**マルティン・ルター**[*1]は、免罪符などで罪は贖《あがな》えないとして、1517年にヴィッテンベルク城の教会の扉に「95か条の提題」と名づけた文書を貼り出した。

この文書は、教皇が免罪符の購入に免じて信徒の罪を赦《ゆる》す特別な力を備えていると思うのは誤りであり、真の悔い改めと神の恩寵《おんちょう》への全面的な信仰によってしか魂は救われないとし、免罪符の批判だけでなく、教皇や教会、信仰のありようなどにかかわる重大な論点を含んでいた。

「95か条の提題」は大量に印刷され[*2]、またたく間に神聖ローマ帝国全土に広まって、多くの人々の支持を集めたが、ルターはローマ教会から破門、異端審問にかけられて国外に追放されてしまう。

ところが彼が起こした改革の小さな火の手はヨーロッパ各地に飛び火し、すでに大きな炎となりつつあった。神聖ローマ皇帝カール5世は彼らの改革を否認したが、ルターの支持者は激しく抗議した。新しく登場したキリスト教の勢力を**プロテスタント**[*3]と呼ぶのは、このときの〝抗議（プロテスト）する者〟に由来する。

ルターの影響を強く受けた人物のひとりに**ジャン・カルバン**がいる。カルバンはルターの考えをさらに徹底し、聖書重視、神への絶対的な服従を訴えた[*4]。はじめフランスで宗教改革に加わったが、迫害を避けてスイスに逃れ、ジュネーブの市会に迎えられてその地で宗教と政治の両面から厳格な改革を行う。

*1**ルター**／1483～1546年。神聖ローマ帝国を追放後、彼を支持する領主、ザクセン選帝侯にかくまわれ、ドイツ語訳の『聖書』を完成させた。

*2ドイツのグーテンベルクが改良した印刷術。宗教改革で、ルターやカルバンの著書を大量に印刷し、その迅速な伝播《でんぱ》に貢献した。

*3イギリス国教会をプロテスタントに含めることもあるが、本書では分けて解説している。

カルバンが開いたジュネーブ大学の構内にある宗教改革者たちの像。左から2人目がカルバン。

彼は教会規則と信仰の手引を作成し、市民の生活に至るまで指導した。また選挙で選ばれた信徒の代表（長老）と聖職者などから構成される長老制*5を教会に導入し、政治と宗教が一体化した宗教政治を行った。

人は信仰によってのみ救われる

プロテスタントの大きな勢力に、**ルター派**（ルーテル派）と**カルバン派***6（改革派）がある。そのほかにも多くの教派が生まれているが、いずれにおいてもプロテスタントでは、個人の信仰を重視しており、信仰によってのみ救われると考える。またカトリックが聖書と伝統を重んじるのに対し、聖書のみを信仰の拠りどころとした。カトリックのような教皇、枢機卿《すうきけい》、司祭といったピラミッド型の組織を否定し、神を信じる者は（聖職者であろうと一般の信者であろうと）、神の前に立つと考える（**万人祭司主義**）点も大きく異なる。そのため聖人や聖者もとくにはない。また聖職者の妻帯を認めているなどの特徴がある。

ルター派と改革派

ルター派教会（ルーテル教会）	ルターの「人は信仰によってのみ義とされ、すべての教義は聖書にもとづく。万人が祭司である」という主張にもとづく。ドイツ、ノルウェー、デンマーク、スウェーデンなど北ヨーロッパに多く、世界のプロテスタントの3分の1を占める
カルバン派（改革派）教会	「神は絶対的な権威であって、人間は神に絶対的に服従しなければならない。そして神を知ることは聖書によってのみ可能となる」というカルバンの聖書中心主義に従う宗派。スイスやフランス、南ドイツ、オランダ、スコットランド、アメリカに多い
長老派	改革派の一派で、牧師と信徒を代表する長老が同等の立場に立って教会を指導する教会のあり方に特徴がある。スコットランドに多く、カトリックを信仰するアイルランドとの紛争の種となっている

そのほかにも、フレンド派など多数の教派がある。（73ページ参照）

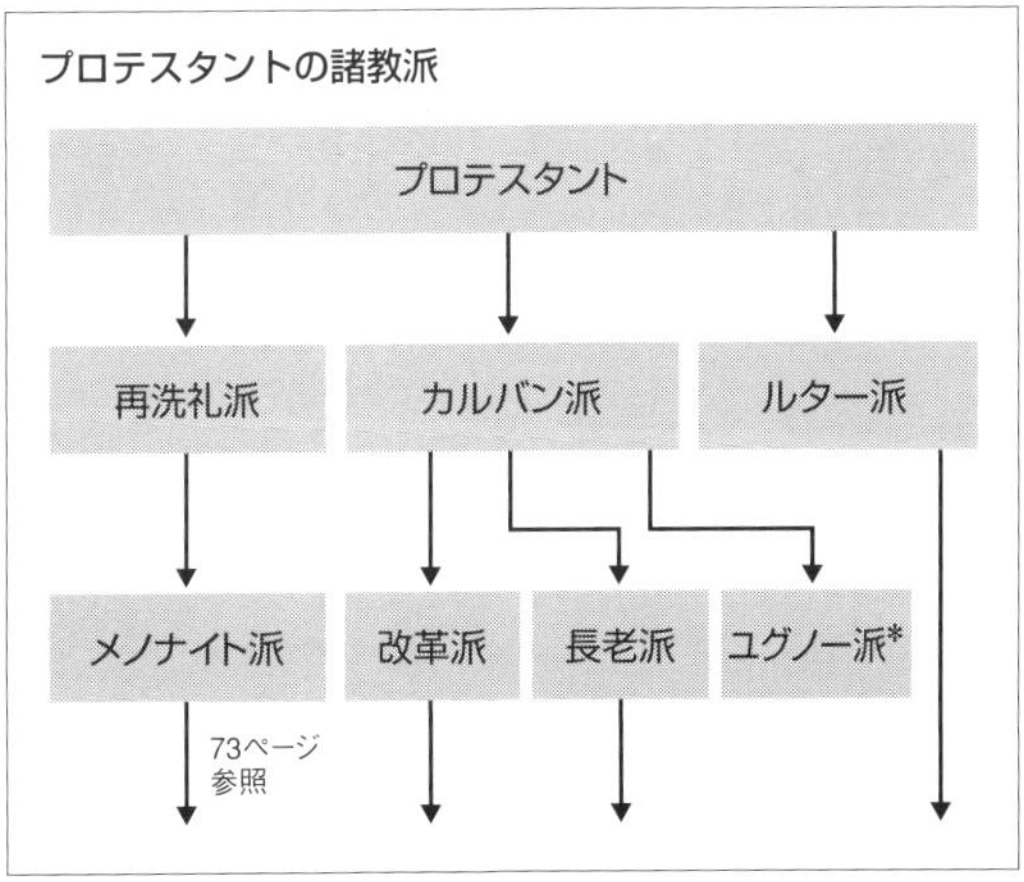

ユグノー派／宗教改革からフランス革命に至る時期のフランスのカルバン派。中世の小説『ユグ王』にちなみ名づけられたという。1562年以降カトリックとの間で宗教戦争（ユグノー戦争）に突入。1572年には、カトリックにより10万人が虐殺された（聖バルテミーの虐殺）。1598年にカトリックを容認するナントの勅令が出されたことにより、ようやく収束する。

*4カルバンによって唱えられた考え。神によって救われる者は予定されており、それを選択するのは神であるとした。

*5**長老制**／教会の運営のあり方をいう。牧師のほかに、教会員から一定数の長老（プレスビター）が選出され、運営にも参加した。

*6**カルバン派**／スコットランドでは長老派、イギリスでは清教徒（68ページ参照）、フランスではユグノーと呼ばれた。

正しい者は信仰によって生きる。（パウロ『ローマの信徒への手紙』）ルターに大きな影響を与えた言葉

イギリス国教会の成立

国王の離婚問題がきっかけ

1534年：宗教改革議会
1620年：ピルグリム・ファーザーズのアメリカ移住
1642年：清教徒革命

十字架は聖なる印で復活の象徴

ローマ・カトリックとの訣別

イギリス国教会は、アングリカン・チャーチや英国聖公会などとも呼ばれる。当初教義面でもカトリックの伝統を受け継いだが、後にプロテスタントの影響を強く受けた。教会のしくみはカトリックにならって主教、司祭といったピラミッド型の構造をし、総本山はカンタベリー大聖堂（左写真参照）に置かれている。

イギリス国教会誕生のきっかけは、国王ヘンリー8世の離婚問題だった。

国王は当初熱心なカトリック信者として新教を批判していたが、王妃の侍女であったアン・ブーリンと結婚するため、王妃との離婚の許可を時の教皇クレメンス7世に求めた。ところが教皇はそれを拒絶。国王は1534年、宗教改革議会を招集し、そこで国王をイギリス国教の首長とする**国王至上法**を通過させた。

これによりイギリスは、カトリックとの訣別《けつべつ》を果たし、独自の宗教の道を歩むようになったのである。ただし教義はカトリックの伝統を踏襲《とうしゅう》するというように中道的であった。

その後ヘンリー8世の娘で、熱心なカトリック信者であるメアリが女王に即位し、イギリス国教会の信者を迫害（クランマー大主教の殉教など）した時期があったが、メアリの異母妹エリザベスが即位すると、再びイギリス国教会に戻したという経緯がある。

メアリ女王時代の迫害を避け、国外に逃れていた人々は、これを機に帰国し、国内のカトリック色の払《ふっ》拭《しょく》に努めた。彼らはカルバンの改革派の影響を強く受け、厳格な生活態度を守っていたため、**清教徒**（**ピューリタン**）と呼ばれるようになった。

オリバー・クロムウェル[*1]を中心とした清教徒は議会で国王派と対立し内戦に突入（**清教徒革命**）、1649年に国王チャールズ1世を処刑するが、その原因のひとつに、国王によるピューリタンの排除があったとされている。

またその少し前、国王が教会に君臨するイギリス国教会に対し、教会の自立と独立を訴える人々が出現した（**ピルグリム**[*2]または分離教徒と呼ばれる）。彼らは国内での迫害から逃れるため新教国オランダに亡命したが、生活は苦しかった。1620年、ピルグリムを

*1 **オリバー・クロムウェル**／1599〜1659年。熱心な清教徒支持者で、王党軍と議会軍が衝突すると、議会軍の中心的メンバーとして王党軍と戦う。国王リチャード1世を処刑し、王党派の粛清をした後共和制をしき、国会議長に就任した。

*2 **ピルグリム**／本来の意味は巡礼。

*3 このときのメイフラワー号の乗組員などを含めた102人を、ピルグリム・ファーザーズという。

含む102名は新天地を求めて、小さな帆船メイフラワー号でアメリカに渡った。[*3] マサチューセッツに上陸した彼らは、最初の植民地プリマスを建設。彼らに続いて多くの入植者がアメリカに渡っていった。

だれも、二人の主人に仕えることはできない。
（マタイによる福音書6・24・抜粋）

イギリス国教会関連年表

1527年	ヘンリー8世	•離婚の承認をローマ教皇に求める →ローマ教皇が拒否（1532年）
1529年		•英訳『大聖書』を公認。修道院を廃止し財産を没収
1533年		•国王、王妃と離婚しアン・ブーリンと結婚 →教皇、ヘンリー8世を破門
1534年		•宗教改革議会を招集 •国王至上法が成立→イギリス国教会の成立
1536年		•アン・ブーリン処刑される
1549年	エドワード6世	•英語による祈祷書を公認
1553年	メアリ女王	•カトリック復活 •メアリ、イギリス国教会の300名を迫害 →ブラッディ・メアリの異名をとる
1558年	エリザベス1世	•イギリス国教会の復権 •信仰箇条「39箇条」を表明→教義の確立
1603年	ジェームズ1世	•ピルグリムのオランダ移住
1620年		•メイフラワー号でピルグリムがアメリカに移住
1649年	チャールズ1世	•清教徒革命でチャールズ1世処刑

生涯に6人の妃を持ったというイギリス国王、ヘンリー8世とその妻たち。（ロンドン　マダム・タッソー蝋人形館）

カンタベリー大聖堂／567年イギリスにキリスト教を伝えた聖オーガスティンによってつくられた。イギリス国教会の大主教座が置かれている。（イギリス　ケント州）

アン・ブーリン

国王離婚騒動の原因となったアン・ブーリンは、フランス王妃の侍女をしていたが、帰国後ヘンリー8世の妃、キャサリンに仕えた。フランス仕込みの優雅なしぐさで国王を魅了したといわれる。

女児エリザベス（後のエリザベス1世）を出産するが、第二子を流産。落胆した国王は、1536年不義密通を理由にアンをロンドン塔で処刑した。ただし本当のところは、国王が3人目の妃になるジェーン・シーモアに心変わりしたためだとか。

イギリス国教会の教派

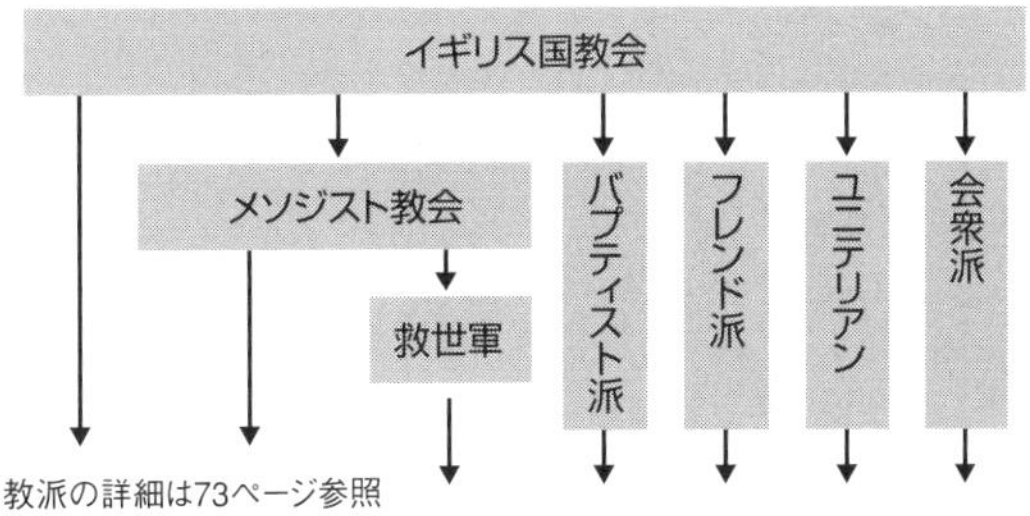

教派の詳細は73ページ参照

3 Ω 神の永遠性を示すアルファとオメガ

イエズス会の活躍

1534年：イエズス会の創設
1544年：トリエント公会議

植民地政策と結びついた布教

ローマ・カトリック内の改革の動き

プロテスタントなどの動きに対抗して、カトリック内部でも改革の機運は高まってきた（カトリック宗教改革、対抗改革などといわれている）。

そのひとつの動きが1544年から1563年にわたり行われた**トリエント公会議**[*1]である。この会議においてカトリックは、免罪符に対する反省から、そうしたものの販売自粛を確認したほか、プロテスタントに対するカトリックのあり方を明確にした。トリエント公会議で確認された内容については、左表にまとめているので参考にしていただきたい。

イエズス会などの活躍

イエズスの軍隊という意味の修道会、**イエズス会**はローマ・カトリックの復権に大きく貢献した。そのひとり**フランシスコ・ザビエル**は、マラッカなどで布教に奔走《ほんそう》した後、1549年には日本へも来ている。

16世紀ザビエルによって開かれたアジア布教の道は、ヨーロッパの植民地政策と一体化し、活発になっていった。イエズス会のほか、フランシスコ会やドミニコ会なども参入し、アジア、アフリカ、中南米、ポリネシアといった広範囲な地域に進出したのである。彼らの活動により、カトリックは急速に拡大していった。キリスト教が名実ともに世界宗教となっているのは、彼らの功績に負うところが大きい。

しかし、その多くは武力を背景にした強引なもので、征服地の人々を強制的に改宗させていった。その結果ペルーのインカ文明やメキシコのアステカ文明など、その土地固有の文化や信仰を駆逐《くちく》していったのである。

他方、後にそれぞれの土地の習俗とも混じり合い、独特のキリスト教文化を生み出している。

日本においても当初多くの信者が生まれたが、巨大な宗教勢力になるのではとのおそれから、為政者に敵視されるようになって弾圧され、ローマ時代に匹敵するといわれるほどの殉教者を出している。

聖人伝　フランシスコ・ザビエル（1506〜52年）

スペインの貴族出身で、ロヨラとともにイエズス会の創設にかかわった。ポルトガル王ホアン3世が、ローマ教皇にアジアでの布教を願い出て認められたことにより、教皇からアジアにおける教皇の代理に任命される。彼は数々の困難を乗り越え、アフリカの喜望峰を回ってインドに到着し、インド、マラッカなどで布教後日本にもやってきた。中国へも渡ったが熱病により広東で病死。1622年に聖人となった。すべての布教活動の守護聖人とされ、「東洋の使徒」とも呼ばれている。

*1 **トリエント公会議**／神聖ローマ帝国（現ドイツ）の皇帝カール5世の呼びかけにより、ドイツのトリエントで開催された。トレント公会議ともいう。カール5世はドイツにおけるカトリックとプロテスタントの対立打破を目的にしていたが、集まったのはカトリックだったためその中身はカトリックの改革に終始した。

あなたがたは地上に富を積んではならない。（マタイによる福音書6-19・抜粋）

16世紀頃のキリスト教の拡大図

イエズス会

*2イグナティウス・デ・ロヨラによって1534年に創設された男子修道会。イエズスとは“イエスの軍隊”という意味のスペイン語で、ロヨラが軍人出身であったことからこの名がつけられた。熱烈な布教と慈善活動、社会奉仕に特徴があった。日本の上智大学は、イエズス会の大学として知られている。

トリエント公会議で確認されたカトリックのあり方

カトリック	プロテスタント
聖書と伝統を重んじること	聖書のみ
ラテン語訳の聖書のみを認める	母国語の訳による聖書を認める
『旧約聖書』の外典を認める	『旧約聖書』の外典を認めない
カトリック教会のみが聖書を正しく解釈する権限を委ねられている	聖書は万人に開かれている
洗礼、堅信、聖餐、告解、終油、叙階、結婚を典礼とする	洗礼と聖餐を典礼とする
信仰と正しい行いが神の前に義とされる	信仰のみ神の前に義とされる
聖遺物、聖人、聖画像崇拝を認める	聖遺物、聖人、聖画像崇拝に対しては批判的立場
神と個人を仲介する神父が存在	教会の指導者、まとめ役としての牧師

マカオにある聖ポール天主堂跡／17世紀初頭に設計された。正面にはイエズス会の聖人像などが据えられている。建設には日本人信徒も加わり、イエズス会の布教活動の拠点となっていたが、1835年、正面の壁と階段を残し焼失した。

*2 **イグナティウス・デ・ロヨラ**／1491〜1556年。スペインの貴族の子弟で、軍人になったが負傷。療養中にイエスや聖人らの伝記を読んで修道院に入った後、パリ大学に入りザビエルらとイエズス会を創設する。

宗教戦争とキリスト教の分裂

さまざまな教派の誕生

1618年：30年戦争

キリスト教の新しい潮流

プロテスタントの登場により、ヨーロッパの各地でプロテスタント対カトリックの宗教戦争が勃発した。とりわけ1618年に起こった**30年戦争**[*1]は、ヨーロッパ全土を巻き込む戦争となり、国土の荒廃を招いた。ヨーロッパ各国は、この教訓から政治と宗教を分離し、信仰の自由を認めようという機運が高まっていったのである。こうして、プロテスタントやイギリス国教会から、多様な教派が生まれることになった。

たとえば1609年には、イギリス国教会を脱退したジョン・スミス[*2]が自覚的な信仰告白を重視し、幼児洗礼を否定した**バプティスト派**[*3]を築いた。アメリカの最大教派であり、マーチン・ルーサー・キング牧師[*4]もこの教派の牧師だった。

また17世紀半ばにはジョージ・フォックス[*5]という人物が、神との霊的な交わりを説く**フレンド派**をつくった。信者は小刻みに体を震わせることからクエーカー教徒とも呼ばれている。

同じく17世紀のイギリスでは、規則正しい宗教生活を送ろうとするメソディズムという運動が起こった。これは後にジョン・ウェスリー[*6]によって推進され、プロテスタント最大の教派**メソジスト派**となった。

アメリカで発達した新教派

新大陸アメリカでは、新しい教派の動きはさらに活発になっていった。キリストの再臨を信じるエホバの証人（ものみの塔）、インディアンをイスラエルの失われた支族とし、ソルトレークを拠点に布教している末日聖徒イエス・キリスト教会（モルモン教[*7]）、激しく祈ることで精霊がつくと信じられているペンテコステ派、信仰による癒《いや》しをめざすキリスト教科学など、多くの教派が誕生した（左表参照）。

街頭に立って募金活動を行う救世軍／軍隊風の衣装と社会鍋は日本では年末の風物詩ともなっている。

INRI

INRIはイエスの十字架に書かれた文字「ナザレのイエス、ユダヤ人の王（Iesus Nazarenus Rex Iudaeorum）」の頭文字をとった

*1 **30年戦争**／ボヘミア（チェコ）の王宮で、プロテスタントが反プロテスタント政策を推進する国王に抗議し、国王の代理人を窓から投げ出したことに端を発した。

*2 **ジョン・スミス**／1570頃～1612年。イギリス国教会司祭だったが、オランダに逃れ、バプティスト教会をつくった。

*3 **バプティスト**／洗礼を施す者（58ページ参照）。

*4 **マーチン・ルーサー・キング牧師**／1929～68年。バプティスト派牧師の息子に生まれ、黒人の公民権運動の指導者となった。テネシー州メンフィスで暗殺される。

さまざまな教派

種類	おもな指導者	特徴	おもな地域
ユニテリアン派	ファウスト・ソッツィーニ	歴史は古く、12世紀頃にはすでにポーランドで認められていた。三位一体を否定して神の単一性を主張し、修養を重んじる	アメリカなど
バプティスト派（バプティスト教会）	ジョン・スミス	幼児洗礼ではなく、自覚的な信仰の告白による洗礼を主張。全身を水に浸す「浸礼」洗礼を行う。本文参照	アメリカ、イギリス、ドイツなど
会衆派	ロバート・ブラウン	16世紀にイギリス国教会から分離。教会の自立、独立性を前面に出した。教育に力を入れ、ロンドン大学やハーヴァード大学などの設立に貢献。アメリカではキリスト合同教会に発展	イギリス、アメリカ、オーストラリアなど
メノナイト派（メノー派）	メノー・シモンズ	発祥は16世紀のオランダ。福音書を信仰の基盤とするが、教会組織や幼児洗礼を否定。集会で長老により聖餐が施される	アメリカ、オランダなど
フレンド派（キリスト友会）	ジョージ・フォックス	発祥は17世紀のイギリス。本文参照。「真理は内なる光に見出されるのであり、その光によって神と霊交できる」と信じられ、信徒は集まって心に神の言葉を感じる。奴隷解放、戦争反対、徴兵拒否などで知られている	おもにアメリカ
メソジスト教会（メソジスト派）	ジョン・ウェスリー、チャールズ・ウェスリー	発祥は18世紀のイギリス。本文参照。規則正しく（メソジスト）宗教行事を行うことからこの名がついた。福音書を信仰の基盤とし、社会福祉などを積極的に行った。禁酒運動などでも知られている	アイルランド、オランダ、アメリカ、イギリスなど
救世軍（サルベイション・アーミー）	ウィリアム・ブース、キャサリン・ブース	発祥は19世紀のイギリス。軍隊組織でブラスバンドなどで派手に集会し、貧民や犯罪者の救済などにあたる。日本でも年末の募金活動でおなじみ	アメリカ、イギリスなど
セブンスディ・アドベンチスト教会	ウィリアム・ミラー	発祥は19世紀のアメリカ。キリストの再臨を待ち望む集団で、キリストの再臨の日を予言（実際には再臨はなかったが）。人体には精霊が宿ると考えているため、禁酒禁煙などの節制などが特徴	アメリカなど
エホバの証人（ものみの塔）	チャーチル・T・ラッセル	発祥は19世紀のアメリカ。キリストの再臨や最後の審判の日を予言。千年至福の期待から多くの信徒を集めた。ちなみに「ものみの塔」は雑誌の名前	アメリカなど
クリスチャン・サイエンス（キリスト教科学）	メアリ・ベイカー・エディ	病気に悩まされ、それを克服した自らの体験によって信仰によって病気は治ると確信し、宗教団体として組織した。「クリスチャン・サイエンス・モニター」誌を発刊	アメリカ
末日聖徒イエス・キリスト教会（モルモン教）	ジョセフ・スミス	発祥は19世紀のアメリカ。スミスが発見したモルモン経にもとづく宗教。アメリカにイスラエルが復活し、キリストが再臨するといった内容。布教活動に力を入れている	アメリカなど
ディサイブル教会（キャンベル派）	アレキサンダー・キャンベル	発祥は19世紀のアメリカ。聖書を唯一の拠りどころとし、日曜ごとの聖餐、浸礼を特徴とする。教会は会衆派と同様に組織されている	アメリカ、オーストラリア、ニュージーランドなど
ペンテコステ派（異言派）	ジョージ・ジェフリーズなど	20世紀初頭にロサンゼルスで起こった異言現象（ペンテコステ運動）に由来。精霊を受けて恍惚状態となり、不可解な言葉を発する	南北アメリカ、スカンジナビア、イギリスなど

人はパンだけで生きるものではない。神の口から出る一つ一つの言葉で生きる。（マタイによる福音書4・4）

*5 ジョージ・フォックス／1624〜91年。19歳のときに召命を感じ、以降は聖書を片手に国中をさまよい、迫害と投獄の連続だった。

*6 ジョン・ウェスリー／1703〜91年。イギリス国教会の司祭だったが、弟チャールズとともにメソジスト派の布教に努めた。

*7 モルモン教／インディアンの歴史を記したモルモン経（預言者モルモンによって書かれたとされる）の名に由来する俗称。

column

異教と異端との戦い——十字軍と魔女狩り

11世紀後半、東ローマ帝国がイスラム教国であるセルジューク・トルコにアナトリア（現トルコ）を奪われ、ローマ教会に助けを求めてきた。ちょうどこの頃イスラム教は、スペインにまで勢力を広げてきており、キリスト教を脅かしていた時期でもあった。そこで教皇ウルバヌス2世は、イスラム勢に奪われた聖地エルサレムの奪回を名目に、1095年十字軍の結成を呼びかけ、対イスラム戦争を始めた。そして1099年には聖地を奪い取り、エルサレム王国をつくった。

　ところが十字軍による進撃は、それまで結束がゆるかったイスラム勢を団結させる結果になった。やがてエルサレムも奪い返され、ローマ教皇の威信を大きく失墜《しっつい》させることになった。

ジャンヌ・ダルク像／1412？～31年。フランスとイギリスが戦った百年戦争のおり、天使のお告げを受けたジャンヌはオルレアン解放軍を任され、イギリス軍を退却させた。像はジャンヌが白い甲冑《かっちゅう》に身を包み、自らの旗を掲げてオルレアンに入ったという伝説にもとづく。

十字軍は13世紀の後半まで8回にわたり続けられたが、異教徒への攻撃へと拡大解釈され、ヨーロッパ各地にいたユダヤ人の追放に向かったり、第4回十字軍では同じキリスト教国の東ローマ帝国を攻撃するなど、当初の目的とは異なる戦争も行っている。

　また中世には、魔女狩りや異端審問が容赦なく行われた。魔女とは悪魔の憑依者《ひょういしゃ》をさす。呪術を用いて人を惑わすとされ、当初は男の魔女もいた。異端者はカトリック教会から思想や言動が逸脱している者をさし、プロテスタントも異端とみなされた。魔女や異端とみなされると激しい拷問を受け、かたちばかりの裁判の後、処刑された。オルレアンの乙女ジャンヌ・ダルク（写真）も異端審問にかけられ火あぶりになっている。

　十字軍をキリスト教以外の宗教、つまり外へ向けての攻撃とすると、中世のヨーロッパで行われた異端審問や魔女狩りは、キリスト教世界内部の敵への攻撃だったといえる。

第4章 イスラム教

アブ・アッバス・モスク（エジプト）

タージ・マハール（インド）

ミナレット（ウズベキスタン）

関連年表

570頃	預言者ムハンマド誕生
610頃	ムハンマド、神の啓示を受ける
622	ムハンマド、メディナへヒジュラ（聖遷）＝イスラム暦紀元元年
625	ウフドの戦い
632	ムハンマド没
	アブー・バクルが初代カリフになる
650頃	『コーラン』完成
656	ウスマーンが暗殺され、アリーが第4代カリフになる
661	アリー暗殺される（ウマイヤ朝成立）
680	カルバラーの惨劇
692	ウマイヤ家が内乱を終結し、イスラム世界を再統一
749	アッバース朝が成立
830	アッバース朝、バグダードに「智恵の館」を設立、ギリシア語の書物をアラビア語に翻訳
969	ファーティマ朝がエジプト、シリアを征服
1038	セルジューク朝が成立
1187	聖地エルサレムを十字軍より奪回
1206	モンゴルでチンギス・ハーンが即位
1258	モンゴル軍がアッバース朝を滅ぼす
1299	トルコのアナトリアでオスマン朝が勃興
1453	オスマン帝国がコンスタンティノープルを征服、ローマ帝国滅亡
1526	インドでムガル帝国が興る
	オスマン帝国がハンガリーを併合、最盛期を迎える
1571	レパントの海戦（オスマン帝国海軍がキリスト教徒連合艦隊に敗れる）
1744	サウード家（現サウディアラビア王家）ワッハーブを保護
1811	ムハンマド・アリー、エジプト全土支配へ
1858	インドのムガル帝国滅亡
1914	第1次世界大戦（～18）
	この頃アラビアのロレンス、トルコ支配下にあったアラブ民族の独立を指導
1921	イラク王国の成立
1922	エジプト王国の成立
1923	オスマン帝国滅亡、トルコ共和国成立
1932	サウディアラビア王国の建国
1948	イスラエル建国、第1次中東戦争（～49）
1956	第2次中東戦争
1962	イランで白色革命
1967	第3次中東戦争
1979	ホメイニー、イランへ帰国（イラン革命）
	ソ連軍によるアフガン侵攻

イスラム教の基本思想

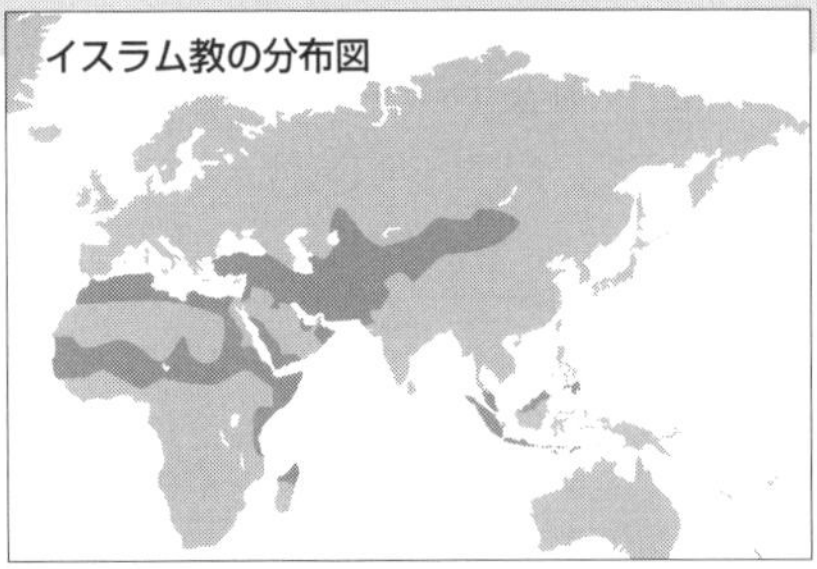
イスラム教の分布図

唯一神アッラーとムハンマドへの帰依

イスラム教は正式には**イスラーム**[*1]と呼ばれるべきであるが、それは唯一神である**アッラー**に絶対服従することを意味する言葉である。アッラーは人格神であるが、世界を超絶した存在であるがゆえに、一切の姿形を持たない。イスラム教徒（以下ムスリム[*2]とする）が断固として偶像崇拝を否定する理由も、そこにある。

アッラーは、慈悲深い宇宙の創造主であると同時に、最後の審判で人間の信仰や行為を容赦なく裁く厳格な神でもある。背信者に対して、神は激しい怒りを示す。イスラム教に限らず、一神教の信仰の本質には、断罪の神への深刻な畏怖《いふ》が共有されていると考えてよい。

イスラム教は、聖書の預言者アブラハムの宗教的伝統を受け継ぐユダヤ教およびキリスト教とは、兄弟関係にある。ムスリムにとっては、モーセもイエスも預言者であるがゆえに『モーセ五書』『詩篇』『福音書』の価値を認め、ユダヤ教徒やキリスト教徒とともに「啓典の民」と呼ばれる。

アッラーの言葉を直接聞いたのが、最後の預言者**ムハンマド**[*3]（マホメット）であり、その啓示が人間の言葉で記されているのが**『コーラン』**[*4]である。そこに記された神の意志を忠実に守って、現実世界で行動していくことこそが、ムスリムに課せられた最大の義務となる。ムスリムにとっては、『コーラン』は神の言葉そのものであり、その聖なる存在に対するいかなる冒涜《ぼうとく》的な行為も許されるものではない（『コーラン』に示された信徒が信仰すべきもの、および義務については左の六信、五行を参照）。

ムスリムの強い絆

ムハンマドの死後、イスラム圏が拡大するようになると、信者の多様な生活様式を規定するために、神の言葉が記された『コーラン』だけでなく、預言者の言動である『ハディース』（85ページ参照）が必要とされるようになった。

*1**イスラーム**／アラビア語で「唯一の神アッラーに絶対的に服従すること」を意味する。これ自体が、教の意味を含んでいるが、本書ではイスラム教とした。かつてはマホメット教、清真教、回教などと呼ばれたこともあったが、現在では用いない。

*2**ムスリム**／アラビア語で「絶対的に服従する者」の意味を持つ。

*3**ムハンマド**／570?～632年。日本語ではマホメットになる（80ページ参照）。

*4**『コーラン』**／アラビア語で『クルアーン』という。

慈悲あまねく慈悲深きアッラーの御名において。（『聖クルアーン』各章冒頭）

さらに細かくムスリムの生活を規定しているのが、「永遠の救いに至る道」という意味がある**シャリーア**（**イスラム法**）である。それは、法学者（ウラマー）が『コーラン』と『ハディース』（預言者ムハンマドの伝承）を演繹《えんえき》的に解釈し、特定のルールを定めたものである。シャリーアは、宗教的行為にかかわる儀礼的規範と、イスラム社会における相互の権利や義務にかかわる法的規範に大別される。神の命令であるシャリーアに反する者には、厳しい刑罰も定められており、イスラム国では政権担当者にイスラム法を施行する責任があるとされる。

イスラム法にかなった生活を実現するために、ムスリムは共同体（**ウンマ**）の役割を重視するが、その連帯感には民族や国家を超えるほど強いものがある。そこから**ジハード**（聖戦）という考えも生まれてくるが、その本来的な意味はアッラーの教えを実現するための意志的な努力をさす。

ジハードといえば、ムスリムが好戦的に異教徒にしかけていく宗教戦争というニュアンスで受け取られている面があるが、実際には、自分たちの信仰を脅かす者には立ち上がらなければならないという『コーラン』の教えがあるにすぎない。

現代世界においてイスラム人口が増える傾向にあるのは、その教えがわかりやすいという理由のほかに、超大国アメリカの価値観がグローバルな影響を持つことへの反動という一面があると思われる。（町田宗鳳）

六信（ムスリムの信仰箇条）	
アッラー	唯一絶対神アッラーを信じること。アッラーは万物の創造主であり、あらゆる事象の根源、慈悲の神、最後の審判の主宰者である
天　使	アッラーの天使（マラーイカ）たちの存在を信じること。天使はアッラーが創造した霊的存在であり、アッラーと人間の中間的な存在である
啓　典	アッラーにより啓示された諸啓典（『旧約聖書』『新約聖書』『コーラン』など）を信じること
預言者	アッラーにより遣わされた預言者たち（アダム、ノア、アブラハム、モーセ、イエス、ムハンマド、ダビデ）を信じること
来　世	審判の日と、死後の世界の存在を信じること
予　定	人にはアッラーにより定められた運命があると信じること

五行（ムスリムの実践的義務）	
シャハーダ（信仰の告白）	「アッラーのほかに神はなく、ムハンマドはアッラーのみ使いである」という言葉（カリマ）を礼拝のたびに唱え、アッラーへの信仰を不動のものとする
サラート（礼拝）	1日に5回、神に礼拝を捧げることで、その信仰をより強固なものにする（78ページ参照）
サウム（断食）	イスラム暦の9月（ラマダーン）の29日間、ないし30日間、日の出の約1時間半前から日没までの間、飲食をはじめ喫煙など、さまざまな欲望を断つこと
ザカート（喜捨《きしゃ》）	1年間に蓄えた財産の一定割合を喜捨すること。貧しい人々や困窮者、孤児、神のために努力する者に施さなければならない
ハッジ（メッカ巡礼）	イスラム暦の第12月（ズー・アル・ヒッジャ）の8日から10日にかけて、決められた道順に従いイスラムの聖地メッカにあるカアバ神殿を訪れること。少なくとも一生のうち一度はこれを実行することが望ましいとされる（口絵16ページ参照）

早わかり イスラム教

ムスリムの信仰生活

天国への鍵　礼拝（サラート）

前述のようにイスラム教では礼拝[*1]、喜捨（ザカート）、断食、巡礼などがムスリムに義務づけられている。ムスリムはこれらを行うことで信仰をより強いものとする。なかでも礼拝（**サラート**）は「イスラームの柱で、天国への鍵」であるとして重視されてる。

礼拝は毎日行い、早朝のファジュル、正午過ぎのズフル、遅い午後のアスル、日没後のマグリブ、就寝前のイシャーと5回あり、それぞれで何回行うかといった礼拝の単位（ラクア）が定められている。時間になると、礼拝の呼びかけ（**アザーン**[*2]）がなされる。人々はアザーンを謹聴し、心身を清浄にするため**タハーラ**と呼ばれる洗浄を行う[*3]。

巡礼のためアラファトに集まった人々／白く映っているのは巡礼者のテント。（サウディアラビア）

タハーラにもいろいろな種類があるが、その核ともいえるのが小浄（ウドゥー）で、手、口、鼻孔、顔、腕、頭、耳、足と、一定の手順で行う。ウドゥーの後に睡眠や放屁《ほうひ》、排便、嘔吐《おうと》、失神などがあればウドゥー自体が無効となるのでやり直さなければならない。タハーラを終えたら礼拝である。

礼拝は正しく**メッカ**に向かって、「アッラーを称えて○○の礼拝を○ラカート行います」と唱え、一定の所作（日本イスラミック・センターでは1ラカートを11プロセスとしている）で行わねばならない。

さらに毎週金曜日にはジュムア[*4]と呼ばれる金曜日の礼拝がある。人々は礼拝堂（モスク）に集まり、昼の礼拝を捧げる。まず各自が任意の礼拝を行ってから導師（イマーム）の説教を傾聴し、義務の礼拝を行うというもので、男性には参加が義務づけられている（女性は任意）。

断食・巡礼と祭（イード）

[*5]イスラム暦第9月（ラマダーン月）は、ムハンマドが[*6]ヒラーの洞窟で神の啓示を受けた月である。この神の啓示を記念して、すべてのムスリムにはこの月1か

*1メッカに向かうこと、心身を清浄にすること、定められた時間帯で、定められた礼拝をすること、意志表明（ニーヤ）をすること、男性は最低限臍《へそ》から膝までの部分を覆うこと、女性は手と顔以外は衣服で覆うことといった注意がある。

*2**アザーン**／必ず男性が行う。

*3水が求められない場所だったり病気などで水を使えないときには、代わりの清めが定められている。

*4**ジュムア**／ズフルの代わりになる。

*5**イスラム暦**／聖遷（ヒジュラ）を記念して定められたイスラム独自の暦で、ヒジュラ暦ともいう。

月間の断食が義務づけられている。断食月には毎日夜明けから日没まで、飲食はもちろん喫煙など、すべての欲望を断たねばならず、水を飲むことさえ認められていない。ただし病人や妊婦、子どもなどはその限りではなく期間の短縮も認められている。

断食が明けた第10月（シャウワール月）の1日から3日までは、断食明けの祭が行われる。無事に断食をなし遂げたという達成感で、町中がにぎわう。子どもたちは新しい洋服をプレゼントされ、家族でご馳走《ちそう》を食べたりして楽しく過ごすのがならわしだ。

断食とならび、ムスリムに課された重要な宗教的義務に巡礼がある（口絵18ページ参照）。聖地メッカへの巡礼は生涯に一度は出かけることが望ましいとされており、毎年巡礼月にあたるイスラム暦第12月の8日から10日の3日間を中心に行われる。この最終日が犠牲祭で、供物《くもつ》として連れて行った家畜を捧げる。巡礼に出ない者もこの日はモスクに礼拝に出かけ、羊の肉を貧しい人々に分け与える。

イスラム教の礼拝

種類		時間	回数（義務）
毎日行う礼拝	ファジュル（早朝の礼拝）	日の出1時間半前〜日の出10分前	2ラカート
	ズフル（昼の礼拝）	11時45分〜15時30分	4ラカート
	アスル（遅い午後の礼拝）	日没2時間半前〜日没10分前	4ラカート
	マグリブ（日没後の礼拝）	日没5分前〜日没1時間後	3ラカート
	イシャー（就寝前の礼拝）	日没1時間半後〜深夜	4ラカート
ジュムア（金曜日の集礼）		ズフルと同じ	2ラカート

礼拝の手順

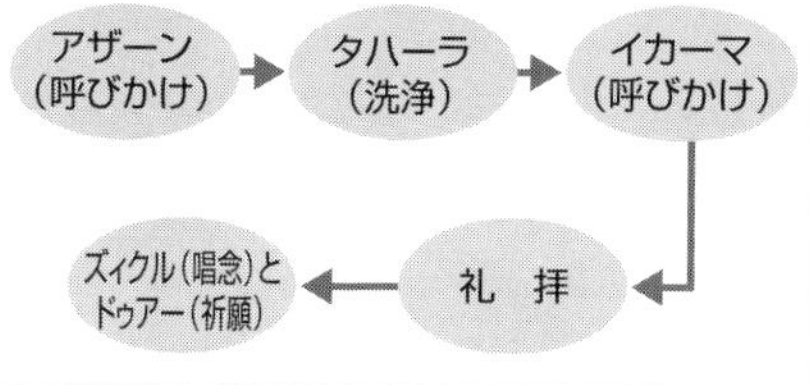

ムスリムのあいさつ

イスラム世界ではあいさつも『コーラン』に従う。それによると時間、相手にかかわらず、ムスリム同士は「アッサラーム・アライクム（あなたに平安を！）」と呼びかけ、「ワ・アライクム・アッサラーム（そしてあなたの上にこそ平安を！）」と答える。異教徒の相手に対するときには進んでは言わないが、相手があいさつをしたら「ワ・アライクム（そしてあなたにも）」と返す。

握手をするときは、左手はタブーとされているので、必ず右手を差し出す。また腰を曲げてのあいさつは禁じられている。

おもな祭（イード）

名称	内容
イード・アル・フィトル（断食明けの祭）	小祭ともいう。断食が明けたシャウワール月（第10月）の1日から3日まで行われる。この日のためムスリムは貧しい人々に施しをし、晴着を着て朝からモスクに出かけ礼拝を行う。人々はご馳走を食べ、友人、縁者と互いに贈り物を交換したり訪問し合う
イード・アル・アドハー（犠牲祭）	大祭ともいう。ズー・アル・ヒッジャ月（第12月）の8日から10日のメッカ巡礼の最終日に行われる。巡礼の参加者はこの日にメッカ郊外のミナの谷で家畜（羊、山羊、牛、ラクダ）の犠牲を捧げる。また家庭でも早朝にモスクで礼拝を行い、羊やラクダを犠牲に捧げてそれを親戚や貧しい人々に配る

*6 **ヒラー**／メッカ郊外にある小さな山。

ムハンマドの生涯
最後の預言者

６１０年頃：預言者ムハンマド誕生　６２２年：メディナ聖遷

預言者のモスク／ムハンマドが建設したイスラム初のモスク。ムハンマドの住居も兼ねていた。（サウディアラビア　メディナ）

神の啓示を受けて預言者に

イスラム教を説いた**ムハンマド**[*1]は５７０年頃、アラビアの**メッカ**[*2]に生まれた。肉親を相次いで失い孤児となったムハンマドは、伯父のアブー・ターリブに養育され、商人となった。

25歳になったムハンマドは、裕福な未亡人ハディージャの仕事を請け負ったのが縁で彼女と結婚する。ハディージャは彼よりも15歳ほど年上で、子どもも何人かいたが、彼の誠実な人柄を愛した。一家はメッカで安定した幸福な生活を送った。

40歳になった頃、ムハンマドはしばしばメッカ郊外のヒラー山で瞑想《めいそう》にふけるようになった。ある夜、いつものように彼が瞑想していると、天使ジブリール（ガブリエル）が現れ、**アッラー**の啓示を授けられる。この日を境にムハンマドは、アッラーの言葉を伝える預言者としての人生を歩むようになる。

迫害との戦い

ムハンマドが説いた教えを信じ、最初に帰依《きえ》したのは妻のハディージャだった。そして従兄弟の**アリー**[*3]、友人**アブー・バクル**[*4]などが従った。

次に神は「布教を公開せよ」とムハンマドに命じる。ムハンマドはそれに従ってメッカ郊外のサファーの丘で神はアッラーのみであること、すべての者は平等であることなどを説いた。しかしメッカの人々（クライシュ族）は多神教を信仰していたため、布教を妨害したり信者を拷問するなど、さまざまな迫害を加えた。

そしてついにムハンマド自身が命を狙われるようになったため、メッカでの布教を断念、[*5]６２２年に**メディナ**[*6]に脱出する。イスラム教ではこれを聖遷（**ヒジュラ**）という。ムハンマドはここで住宅兼礼拝所（後の「預言者のモスク」、上写真参照）を建設。彼を長とする共同体（**ウンマ**）を形成し、イスラム教の基盤を築いた。

しかし、ムハンマドを敵視するクライシュ族との軋《あつ》轢《れき》は大きく、伝統的な多神教を奉じ**ウフドの戦い**[*7]（6

ジブリールはムハンマドにアッラーの啓示を伝えた天使

*1 **ムハンマド**／『旧約聖書』によると、アブラハムとハガルの間に生まれ、砂漠に追放されたイシュマエルを祖とする。神はイシュマエルを祝福し、やがてアラブの民の祖になると告げた（76ページ参照）。

*2 **メッカ**／イスラム第一の聖地。伝説ではイシュマエルは、アブラハムとともにメッカにカアバを建設してアッラーの住処とし、子孫のひとりを使徒として遣わすよう祈念した。それに応え、遣わされたのがムハンマドである。

*3 **アリー**／?～661年。ムハンマドの従兄弟。早くからイスラム教に帰依し、ムハンマドを支えた。ムハ

25年）をはじめ幾度かの戦闘がなされた。630年ムハンマドは大軍を率いてメッカに進軍、ついにメッカの無血征服を果たした。メッカに入城したムハンマドは、カアバ神殿（口絵16ページ参照）のすべての偶像を一掃した。しかしメッカの人々には寛大な態度で臨んだため、彼らは大挙してイスラム教に改宗した。

メディナに帰還したムハンマドは、632年、メッカのカアバ神殿へ巡礼（後に**別離の巡礼**と呼ばれる）に出かけた。このとき彼の呼びかけに応じて巡礼に従った者は11万人にものぼったという。

この巡礼から数か月後の6月8日、ムハンマドはメディナでその生涯を静かに閉じた。

ムハンマド関連年表

時期		できごと
570年頃		・ムハンマド、メッカに生まれる
576年頃	6歳	・ムハンマドの母アーミナ死去
595年頃	25歳	・ムハンマド、ハディージャと結婚
		この間、ヒラー山の洞窟でしばしば瞑想
610年頃	40歳	・大天使ジブリールから神アッラーの啓示を受ける ・ムハンマド、友人と親族から布教を開始
614年	44歳	・メッカ郊外のサファーの丘で公開布教を行う
		迫害を受けながら布教を続ける
619年	50歳	・妻ハディージャ死去
622年	52歳	・メッカの異教徒、ムハンマド暗殺を企てる ・ムハンマド、メッカからメディナに移住（ヒジュラ）。この年をイスラム暦元年と定める ・アーイシャと再婚
623年	53歳	・メッカ軍がメディナに進軍
624年	54歳	・バドルの戦いでメッカ軍に勝利 ・メッカ軍がメディナに再び進軍
625年	55歳	・ウフドの戦いでメッカ軍に敗北するも、かろうじてメッカ軍を追い返す
628年	58歳	・ムハンマド、メッカのカアバ神殿に巡礼。メッカとの間でフダイビーヤの和平条約を結ぶ
629年	59歳	・メッカ軍が和平条約を破り、イスラム同盟部族を攻撃
630年	60歳	・イスラム同盟、メッカに進撃し無血入城する ・ムハンマド、カアバ神殿の偶像をすべて破壊
632年	62歳	・ムハンマド、最後の巡礼（別離の巡礼）を行う ・ムハンマド死去（イスラム暦4月12日）

ムハンマドの昇天（ミウラージュ）

ある夜、妻ハディージャを亡くし落胆していたムハンマドのもとに天使が現れた。天使は彼の心臓を取り出して洗い、再び彼の体に戻した。このときムハンマドの魂は知恵で満たされた。

次に天使ジブリールに連れられ、ムハンマドはエルサレムに向かう。そこで彼は天界に昇天（ミウラージュという）し、アダム、イエスとヨハネ、ヨセフ、エノク、アロン、モーセ、アブラハムに出会う。ムハンマドが昇天したとされる場所が、岩のドーム（右写真参照）である。

岩のドーム（黄金のドーム）／ムハンマドの魂が昇天したとされている岩が内部にある。（エルサレム）

アッラーのほかに神はなく、ムハンマドはアッラーの使徒なり。
（信仰の告白の言葉）

ンマドの娘ファーティマと結婚した。第4代カリフ（86ページ参照）。

*4 **アブー・バクル**／573?〜634年。ムハンマドの死後、初代カリフとなった（82ページ参照）。

*5 ムハンマドの暗殺計画が明るみになり、ムハンマドはアブー・バクルとメッカを脱出。このときアリーは彼の身代わりとなり、ベッドに横たわったという。

*6 **メディナ**／イスラム第二の聖地。聖遷はメディナからの招待による。

*7 **ウフドの戦い**／メディナ北方5㎞のウフド山近くで、メッカのクライシュ族と戦い、かろうじて追い返した。

宗教を核とした共同体の誕生

7世紀：正統カリフの時代　749年：アッバース朝樹立
1299年：オスマン・トルコ帝国建国

ラクダ。メディナへの聖遷を行ったムハンマドは、最初の礼拝堂（モスク）建設地をラクダに導かせた

イスラム世界の拡大

ムハンマドがメディナで形成した宗教共同体（**ウンマ**）は、アラビア半島を征服し、アフリカ、中央アジア諸国などを呑み込んで広大なイスラム国家へと発展していく。その興亡史を見てみよう。

まずムハンマド没後、ムスリムたちは新しい指導者として、ムハンマドの友人**アブー・バクル**を後継者（カリフ）[1]に定めた。アラビア半島ではムハンマドの死を機に謀叛《むほん》が起きたが、アブー・バクルに制圧される。第2代カリフ、**ウマル**は軍事に抜きん出ていた。彼はイランやエジプトなどへ大規模な遠征（**ジハード**）を行ってササン朝ペルシア[2]を滅ぼし、エルサレムを占領する。なおウマル以降、**ウスマーン**、**アリー**[3]までの4代を**正統カリフの時代**[4]と呼ぶ。

第4代カリフのアリーが殺害（87ページCLIP参照）されると、アリーと対立したムアーウィヤがウマイヤ朝[5]を開いた（661年）。ウマイヤ朝は中央アジア、北アフリカまでを支配する。749年にはムハンマドの叔父の子孫にあたるアッバース家が**アッバース朝**[6]（サラセン帝国）を樹立し、ウマイヤ朝を倒した。「平安の都」という意味で名づけられた首都バグダードは、宗教、文化の中心として繁栄した。

その後チュニジアで興った**ファーティマ朝**[7]は969年にエジプトを征服、1038年にはトルコで**セルジューク朝**[8]が成立するなど、10～11世紀にかけてウンマの拡大・分裂が見られたが、1299年には**オスマン帝国**[9]が建国され、北アフリカから東ヨーロッパに至る広大な地域を支配下に置いた（左図参照）。

寛大な占領政策

イスラム国は占領地の住民に対しては、比較的寛大な態度で臨んだ。降伏した者には土地の所有を認め、租税を払えば信仰の自由も認めた。抵抗する者に対しては土地を没収し、小作人に格下げしたが、基本的には共存が原則だったのである。『コーラン』には、次のような記述がある。

「またかれらは、かれを敬愛するために、貧者と孤児と捕虜に食物を与える。（そして言う。）『わたしたちは、アッラーの御喜びを願って、あなたがたを養い、

*1 **カリフ**／ウンマの最高指導者。ハリーファともいう。

*2 **ササン朝ペルシア**／224～651年。イスラム以前に、イランを中心とした地域を支配していた。

*3 **アリー**／80ページ参照。

*4 **正統カリフの時代**／632～661年までのおよそ30年間、アブー・バクル、ウマル、ウスマーン、アリーの4代。この場合の正統とは正統な手続きを経て成立したという意味。

*5 **ウマイヤ朝**／661～750年。後にイベリア半島に移り、独自のイスラム文化を開花させた。

使徒に従う者は、まさにアッラーに従う者である。（『聖クルアーン』第4章第80節・抜粋）

トプカプ宮殿／15世紀イスタンブールに建設されたオスマン朝の宮殿。現在は博物館として公開されている。（トルコ　イスタンブール）

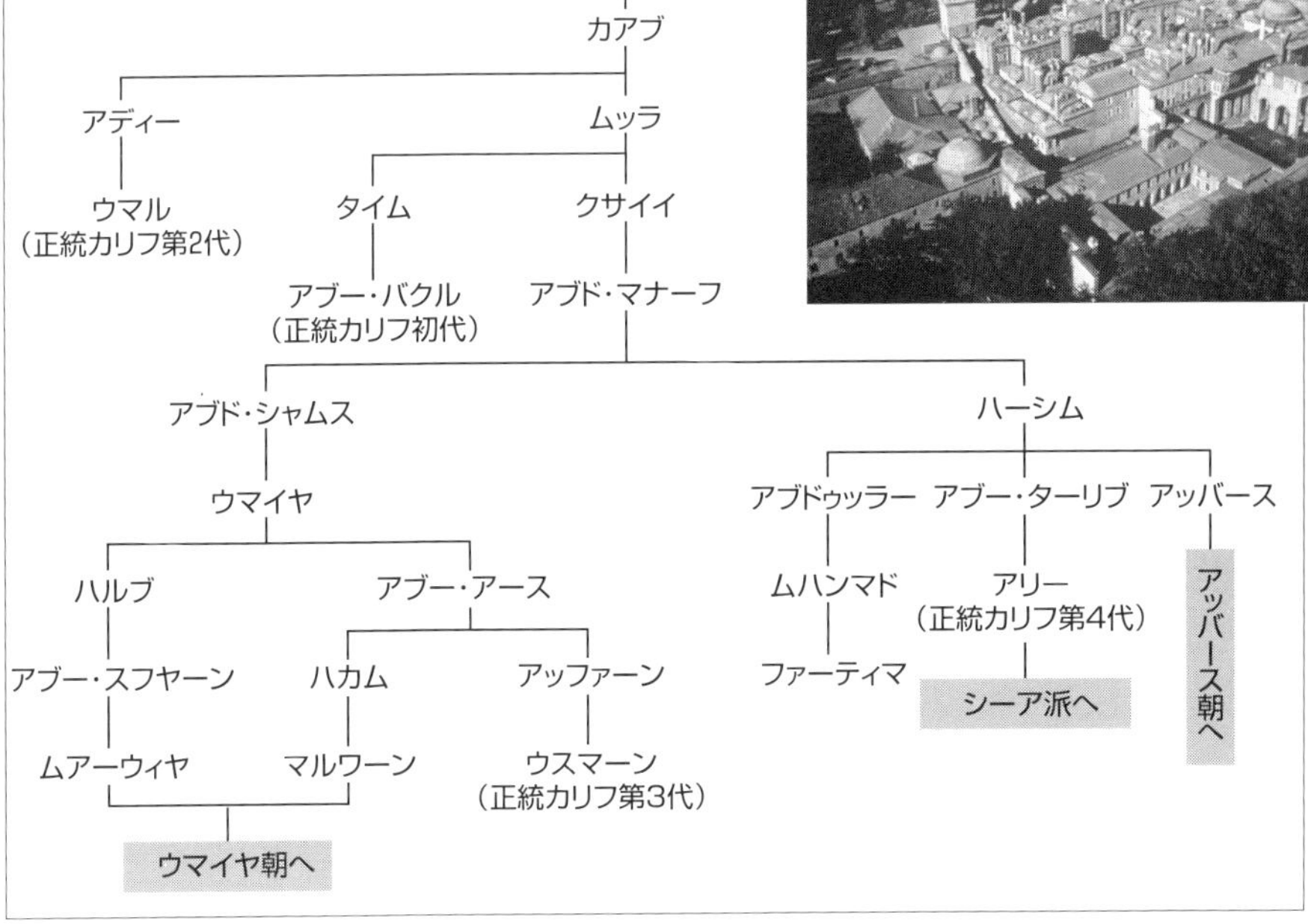

あなたがたに報酬も感謝も求めません』」（第76章第8・9節）

やがてイスラム教はインド、中国にも伝わっていった。13世紀初頭に成立したモンゴル帝国は1258年にアッバース朝を滅ぼしたが、帝国内ではイスラム化が進み、13世紀末にはイルハーン国のように国ごと改宗するモンゴル国家もあった。

またインドでは1526年**ムガル帝国**が成立する。

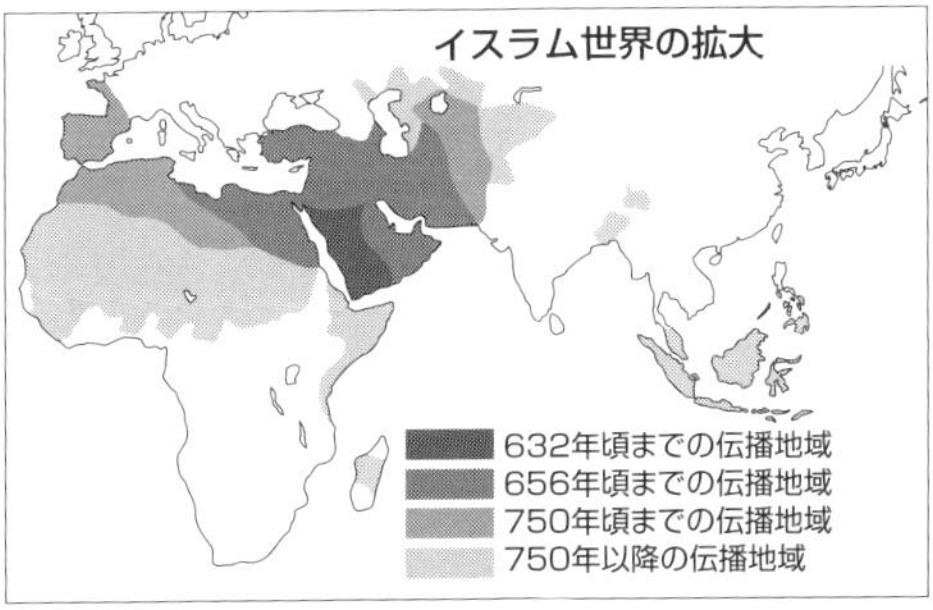

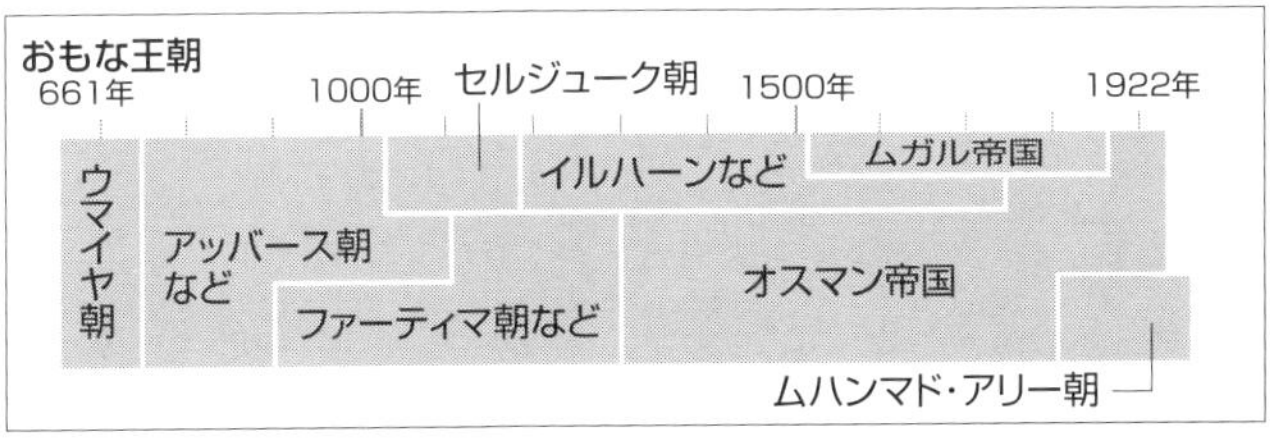

*6 **アッバース朝**／749〜1258年。国際的な繁栄を見せたイスラム帝国。北アフリカのモロッコから中央アジア西部に至る広大な領土を支配した。

*7 **ファーティマ朝**／909〜1171年。北アフリカのシーア派の一派イスマーイール派が建てた王国。

*8 **セルジューク朝**／1038〜1194年。スルタン・カリフ制を導入した。スルタン・カリフ制とは、世俗的権力者であるスルタンが宗教的権威であるカリフを兼ねる制度のこと。

*9 **オスマン帝国**／1299〜1922年。トルコ系のオスマン朝が樹立した帝国。

『コーラン』とイスラム法
神が定めた人間の行動規範

650年頃：『コーラン』成立
『ハディース』成立

『コーラン』の意匠で建てられたキング・サウード大学の入口。（サウディアラビア リヤード）

神の言葉『コーラン』

イスラム教のもっとも重要な聖典が**『コーラン（クルアーン）』**である。イスラム教において『コーラン』は『旧約聖書』[*1]や『新約聖書』[*2]とならび、神が人類に授けた啓典のひとつとされ、神がムハンマドに与えた啓示がアラビア語で記されている。

最初に啓示がなされたのは、**ムハンマド**が40歳のときである。ヒラー山で瞑想《めいそう》していたムハンマドの前に天使ジブリールが現れ、〝天に護持されている書板〟を「読め」と命じた。「読めません」と言うと、彼を掴《つか》んで覆いかぶさり、再び「読め」と命じた。「読め、創造なされる御方、あなたの主の御名において。一凝血から人間を創られた。読め、あなたの主は、最高の尊貴であられ、筆によって（書くことを）教えられた御方。人間に未知なることを教えられた御方である。」（『聖クルアーン』第96章第1～第5節）。このときのこの言葉が神の最初の啓示であった。

その後も神の啓示は、ムハンマドが死ぬまでの23年間にわたり断続的になされ、別離の巡礼（81ページ参照）の際になされた次の啓示で終わる。

「今日われはあなたがたのために、あなたがたの宗教を完成し、またあなたがたに対するわれの恩恵を全うし、あなたがたのための教えとして、イスラームを選んだのである。」（『聖クルアーン』第5章第3節・抜粋）。

神はムハンマドがこれらの啓示を完全に記憶するまで復唱させ、それを挿入する箇所も指示したという。そのため『コーラン』に記載された内容や順番は、アッラーの意志のままと考えられており、新しい啓示[*3]から古い啓示[*4]へとさかのぼるかたちで記されている。またアッラーが語ったとされるアラビア語以外の言語は認めておらず、読誦《どくじゅ》や引用の際には正確さが求められる。今日多くの国で翻訳もされているが、これらは『コーラン』の解説書ととらえられている。[*5]

『コーラン』という語は、アラビア語で〝読まれる〟という意味である。初期イスラム教では記憶者を選抜し、暗誦させていたが、暗唱者の死による途絶を恐れ

日本ムスリム協会発行『聖クルアーン』の表紙に記された美しいカリグラフィー。聖コーランを意味する

*1『旧約聖書』／神がイスラエルの民を通して人類に与えたとされる啓典。なかでもモーセの十戒はイスラム教でも重視されている。『旧約聖書』に登場するおもな人物をアラビア語で示すと次のようになる。
アブラハム→イブラーヒーム
イシュマエル→イスマーイール
イサク→イスハーク
ヤコブ→ヤアクーブ
ヨセフ→ユースフ
モーセ→ムーサー

*2『新約聖書』／神がイエスをとおして人類に与えたとされる啓典。
イエス→イーサー
ヨハネ→ヤフヤー
というアラビア語になる。

*3**新しい啓示**／メディナ啓示といわ

たカリフは、『コーラン』を書き留めることにした。

こうして650年頃、第3代カリフ、ウスマーンの代に『コーラン』が完成する。

ムハンマドの言行録『ハディース』

神の言葉を記したのが『コーラン』だが、そこには礼拝や断食の仕方など、ムスリムとしての義務を実践するための具体的な内容や細目は記されていない。具体的な内容については、預言者ムハンマドの言行が規範とされた。

ムハンマドの死後は、師から弟子へと伝えられていたが、次第に疑わしいものも混じってくるようになる。そこで、純粋にムハンマドが話したものや実行したものを正しく後世に伝えるため、伝承されてきたものを収集・識別し、ひとつにまとめる作業がなされた。このようにしてできあがったものを『ハディース』*6といい、「アッラーの使徒はこう言われた」という語で始まる。『ハディース』はムハンマドの言行録であるが、イスラム教では『コーラン』に次いで権威のある聖典と位置づけられている。

イスラム教の食のタブー

ムスリムが豚肉を食べないことはよく知られている。『コーラン』には「あなたがたに禁じられたものは、死肉、（流れる）血、豚肉、アッラー以外の名を唱え（殺され）たもの、絞め殺されたもの、打ち殺されたもの、墜死したもの、角で突き殺されたもの、野獣が食い残したもの、（ただしこの種のものでも）あなたがたがその止めを刺したものは別である」（第5章第3節・抜粋）とあり、ユダヤ教ほど厳格ではない。

また牛肉や鶏肉などは許されているが、この場合も"ビスミッラー（神の御名によって）"と唱えながら頸動脈を一気に切った肉（ハラール肉）でなければならないとある。

そのほか、アルコールが禁じられているのはよく知られたところである。

イスラム教の法体系

聖法（シャリーア）
- 信仰（イーマーン）
- 儀礼的規範（イバーダート）
- 法的規範（ムアーマラート）

信　条	六信（77ページ参照）を信仰すること
道徳律	『コーラン』のほか、『ハディース』などにある誠実、神への帰依、謙譲、寛大、忍耐など
勤《ごん》　行《ぎょう》	五行（77ページ参照）を実践すること、および聖戦（ジハード）
和解条項	結婚、離婚、相続、契約、売買、誓言、証言、訴訟、裁判など、人間関係全般にわたるもの
刑　罰	『コーラン』のほか、『ハディース』などにある刑罰

『聖クルアーン』表紙

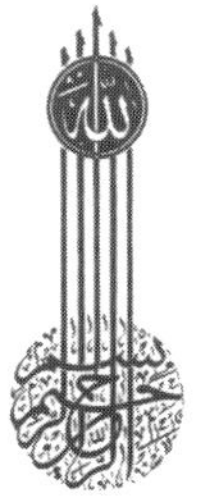

アラビア語で『コーラン』の冒頭の言葉「慈悲深く慈悲あまねきアッラーの御名において」を示すカリグラフィー。

れる。ボリュームのある章が多い。

*4 **古い啓示**／メッカ啓示ともいわれる。それぞれの章は新しい啓示に比べて短い。

*5 『コーラン』はムハンマドが神から啓示を受けたものだが、人間の手がまったく加わっておらず、翻訳は不可能とされている。

*6 **『ハディース』**／話、言葉といった意味を持つアラビア語。信憑性により、①サヒーフ（真正）、②ハサン（良好）、③ダイーフ（脆弱《ぜいじゃく》）といった評価がなされている。従来はハディース学者でなければ扱えなかったが、今日ではデータベース化され、一般の人でも手が届くようになった。

それこそは、疑いの余地のない啓典である。その中には、主を畏れる者たちへの導きがある。（『聖クルアーン』第2章第2節）

シーア派

661年：アリー暗殺　680年：カルバラーの惨劇

アリーの血統を重んじる

ムハンマドが神から啓示を受けた夜、三日月が輝いていた。モスクの屋根の飾りやイスラム国の国旗にモチーフとして用いられている

第4代カリフ暗殺を機に成立

イスラム教の教派のひとつである**シーア派**は、全ムスリムの10分の1を占めると推定され、信者はイラン、イラク、パキスタン、レバノン南部に多く住む。ムハンマドの従兄弟で第4代カリフ、アリーの支持者をシーア・アリー（アリーの党派）と呼んだことに由来し、これが略されて、シーア派となった。

661年、アリーと対立したムアーウィヤ[*1]がアリーを暗殺し、ウマイヤ朝を樹立すると、それを認めない人々はアリー党を結成し、アリーの息子フサイン[*2]（ホセイン）をカリフに擁立しようとした。

680年フサインは人々の呼びかけに応えようと、メッカからアリー党がいたクーファに向かったが、途中カルバラーの荒野でウマイヤ朝軍によって殺害されてしまう（**カルバラーの惨劇**）。以降、一派はウマイヤ朝への反発を強め、団結していった。

今日でもシーア派ではこの日を**アーシューラーの日**[*3]とし、フサインの棺の模型や切断された手などの模型をつくって演劇で再現したり、自分の体を鞭打ったりナイフで傷つけながらパレードすることによって、フサインの苦しみを追体験し、結束を固めるのである。

シーア派は、預言者ムハンマドの権威は、その死後ただちにアリーに引き継がれたと考える一派で、**イマーム**（最高指導者）は、アリーの子孫でなければならないとする。したがって正統カリフについても、アリー以外のカリフを認めてはいない。またウマイヤ朝をはじめ、ほかの宗派の指導者も認めない。そして歴代イマームの言行は『コーラン』や『ハディース』に次いで権威がある啓典とされている。

シーア派も六信五行（77ページ参照）は肯定しているが、シャハーダ（信仰告白）の後に「そしてアリーは神のワリー（友）である」という一句を付け加えること、預言者やイマームの墓への参詣（**ズィヤーラ**）義務などイマーム崇拝にかかわるものを加えている。

シーア派の分派

前述のとおりシーア派では、イマームはアリーの血縁でなければならないとしているが、やがて誰をイマームにするか、誰をイマームとして認めるかによって

*1**ムアーウィヤ**／?～680年。第3代カリフ、ウスマーンと同族。

*2**フサイン**／626～680年。シーア派第3代イマーム。ムアーウィヤの子ヤズィードのカリフ就任を認めず対立。カルバラーで包囲され、一族もろとも殺害された。切り離された頭部はヤズィードに差し出されたが、現在はカイロのフサイン・モスクにあるとされシーア派の参詣地となっている。

*3**アーシューラーの日**／イスラム暦の第1（ムハッラム）月10日をさす。初期には断食の日となっていた（後にムハンマドがラマダーン月に変更）。

分派が生じた。

主流は12代のイマームしか認めないとする**十二イマーム派**だが、『コーラン』には隠された奥義的解釈があり、それがムハンマドからアリーを経て代々のイマームに伝授されたと主張する**イスマーイール派**など、数多くの宗派を生んだ。しかしこのような主張は、イスラム教と無縁な個人崇拝を容認するものとして、多数派であるスンナ派（88ページ参照）からは厳しく非難された。

アリーの暗殺

ムハンマド没後、第3代カリフに就いたウスマーンは一族縁者に有利なかたよった人事を行う。そのため周囲の不満がつのり、ついに過激派の手によって殺害される。アリーはその殺害者たちに推されてカリフに就いたが、ウスマーンの復讐を誓うシリア領主ムアーウィヤと対立し戦いになる。勝敗はなかなか決まらず、アリーは調停で収拾しようとしたが、661年2月かつてアリーに討伐された過激派のひとり、イブン・ムルジャムによりクーファで暗殺された。

シーア派のおもな教派

教派	分布	特徴
十二イマーム派	イラン、イラク南部、レバノン南部、アフガニスタン、パキスタンなど	12代までのイマームのみ認める主流派
ザイド派	イエメン	5代で枝分かれしその後イマームは続いていると考える
イスマーイール派	インド、パキスタンなど	7代で枝分かれしその後イマームは続いていると考える

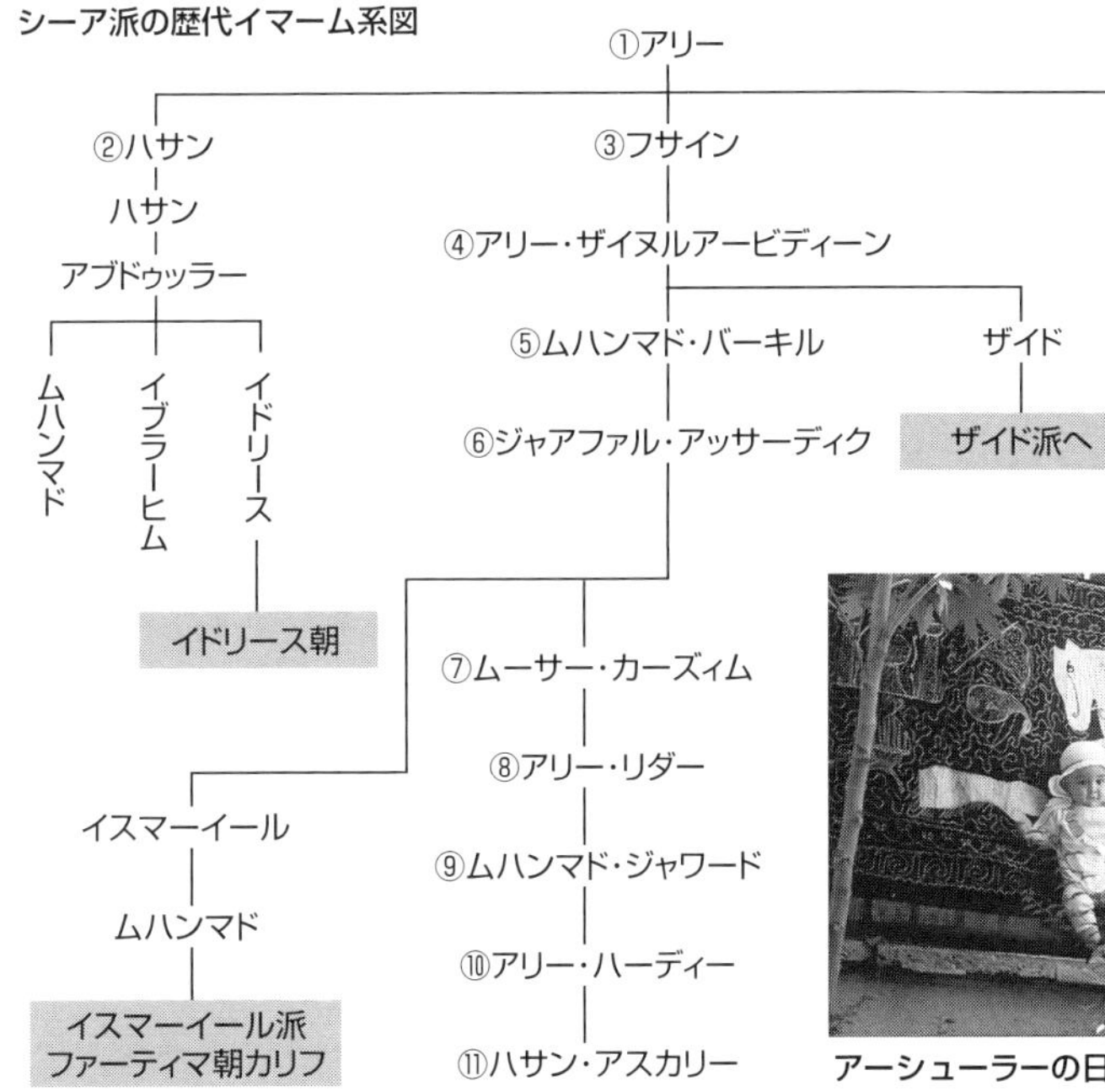

アーシューラーの日／フサインの殉教に倣い、殉教もいとわないという決意の表れとして、幼い子どもに白装束を着せる。（写真：山崎秀司）

主は、あなたを見捨てられず、憎まれた訳でもない。本当に来世（将来）は、あなたにとって現世（現在）より、もっと良いのである。（『聖クルアーン』第93章第3・4節）

スンナ（スンニー）派

イスラム教の主流を占める宗派

12世紀頃：スンナ派成立

「アッラーの他に神はなく、ムハンマドはアッラーの使徒なり」という意味の信仰告白の言葉を表したアラビア語のカリグラフィー。サウディアラビア王国の国旗に用いられているもの。

スンナ派の成立とその立場

現在、イスラム教の主流となっているのが、**スンナ（スンニー）派**で、ムスリムの9割を占めている。シーア派が政治的な理由から、イスラム教の比較的早い時期（7世紀後半）に登場したのに対し、スンナ派が成立したのは、12世紀頃アッバース朝（82ページ参照）の時代と考えられている。スンナとはムハンマドの言動にもとづいたムスリムの守るべき行動規範をいう。

この時代、首都バグダードではギリシアの書物や思想がさかんに研究されていた。ギリシア的な論理をイスラム教に取り入れた学派**ムウタズィラ派**[*1]は『コーラン』も神が創造した被創造物であると主張、時のカリフ、マームーンの支持を得た。これに対し、異を唱えたのがスンナ研究の第一人者であった**イブン・ハンバル**[*2]であった。

イブン・ハンバルは、『コーラン』は神の言葉なのだから、論理的でなくともそのまま理解されるべきであり、『ハディース』の研究で確認されたスンナも神の意志として尊重されるべきであると主張。

またシーア派が正統カリフ[*3]のうち、第4代のアリーしか認めないという極端な立場をとったのに対し、ハンバルらスンナを重視する人々は、ムハンマド以降4代の正統カリフはもとより、以降の歴史も肯定的に受け止めようとする。

むろんこのことは、現実の問題に無関心であるとか、黙認するということではない。現実に不正などがあったときにはそのつど適切に対処し、徐々に理想の社会を実現させるべきであるというのが、彼らの立場である。このようにスンナを堅持し、それにより共同体を

聖人伝　バスターミー（？～874年）

ペルシア出身。瞑想《めいそう》中に神との合一を体験し、「神は我なり」と過激な発言を幾度も繰り返した。陶酔型スーフィー（90ページ参照）の代表格のひとり。

彼の弟子たちは、バスターミーの神をも恐れない発言におびえ、彼を殺そうと意を決して襲いかかった。ところが弟子たちが切りかかった刀は、不思議な力によってすべて跳ね返されてしまい、気づいたときには、それが自分たちの体に突き刺さっていたという。

モスク。イスラム教の礼拝所、礼拝堂。内部は大勢のムスリムを収容できるよう広々としている

*1 **ムウタズィラ派**／イスラム教初の神学派。アッバース朝の初頭に、コーラン創造説を唱えた。

*2 **イブン・ハンバル**／780～855年。ハディース学者で、ハンバル学派の祖となった人物。

*3 **正統カリフ**／82ページ参照。

わたしたちはあなたにのみ崇め仕え、あなたにのみ御助けを請い願う。
（『聖クルアーン』第1章第5節）

維持しようと考える人々をスンナの徒、スンナ派と呼ぶ。

スンナ派の人々は、『コーラン』はもちろん、『ハディース』、そしてイスラーム共同体の合意**『イジュマー』**に宗教上の権威を認めている。

なお、スンナ派の人々は自らを敬虔《けいけん》なイスラム教徒と考えているが、教派としての自覚はとくにない。

共同体の合意『イジュマー』

『イジュマー』とは、『コーラン』にもスンナにも明確に規定されていない問題を処理するため、法学者を中心とするイスラム共同体ウンマの合意にもとづいて解釈、あみ出された対処法をいう。

スンナ派とシーア派の比較

	スンナ派	シーア派
信　者	ムスリムの9割	ムスリムの1割
啓　典	『コーラン』	『コーラン』
	『ハディース』	『ハディース』
	『イジュマー』（合意）	歴代イマームの言行
	法学者（ウラマー）の見解	—
聖　地	メッカ	メッカ
	メディナ	メディナ
	エルサレム	エルサレム
	—	カルバラーなど歴代イマームゆかりの地
最高権威者	カリフ	イマーム

税の徴収を例にとると、イスラム社会では、当初税金はムスリムからは喜捨《きしゃ》（ザカート）、非ムスリムからは地租や人頭税のかたちで徴収していた。ところがイスラム教への改宗者が増えていくと、税収が減少するという問題が生じた。そこでムスリムであっても地租を払うべきであるという考えが出てきた。これはアッバース朝になって広く受け入れられるようになる。こうして成立した合意をまとめたものが『イジュマー』である。

ちなみにシーア派の人々は、『イジュマー』を認めていない。

メッカのカアバ神殿を覆う布地（キスワ）に、『コーラン』の言葉を金糸で刺繍している男性。

イスラム美術

イスラム教では偶像崇拝が厳しく禁じられており、ムハンマドの肖像を描くことも禁じられている。そのため、イスラム教を直接テーマとした彫刻や絵画などはあまり発達しなかったが、歴史物語などを描いた写本絵画は多く制作された。美術工芸にもすぐれ、建築物などを装飾するアラベスク文様がよく知られている。アラベスクは、蔦《つた》や花などをモチーフに、複雑に組み合わさったパターンを繰り返し使う。モスクやイスラム王朝の宮殿などでは、緻密で美しいアラベスク文様を見ることができる。

また、神の啓示『コーラン』を記すための書道（カリグラフィー）が高度に発達した。書道はイスラム美術のなかでももっとも特徴的なもので、芸術性が高い分野である。

スーフィズム

もうひとつのイスラム

9世紀頃：スーフィズムの台頭
12世紀以降：タリーカの成立

トルコの旋回舞踊団（メヴラーナ）／メヴレヴィー教団の特徴となっている旋回舞踊。音楽に合わせて集団で旋回しながらセマー（スーフィーの修行法）を行う。

内面を重視するスーフィズムの台頭

イスラム教は聖法（シャリーア）を重視するため、ともすれば律法主義や、形式主義に陥りやすいという一面があった。そうしたイスラム社会の反動として、9世紀中頃より、内面を重視する**スーフィズム**という思想運動が起こった。スーフィズムは、唯一の神アッラーとの合一（**ファナー**）をめざす神秘主義を核にしているところから、日本では**イスラム神秘主義**[*1]とも呼ばれている。

その運動を推し進めたのが、**スーフィー**[*2]と呼ばれる修行者たちである。彼らはひたすら神を求め神とともに生きることを願い世俗的な虚飾や欲望を一切捨て、瞑想《めいそう》や断食、勤行《ごんぎょう》といった厳しい修行を自らの肉体に課した。そうすることによって、やがてファナーの境地に達すると考えたのである。

この境地に到達したスーフィーには、病気の治療をしたり、予言、透視能力といった超常的な能力が備わると信じられ、実際にこうした奇跡を示し、人々から聖者として崇敬を集めた者も数多くいる。また「我は神である」と公言するスーフィーも出現した。こうした発言は、主流派からは唯一の神アッラーを冒涜《ぼうとく》するものとみなされ、異端として迫害されることも少なくなかった。しかし奇跡と結びついた聖者崇拝はスーフィズムが大衆に受け入れられていく大きな要因となった。

こうしたスーフィズムの台頭は、シャリーアによって硬直しがちなイスラム社会を内部から活性化させるものであったといえる。

*1**神秘主義**／日常世界を超越したところで、絶対者との合一をめざそうとする立場をいう。スーフィズムで多く見られるが、一部シーア派（86ページ参照）にも認められる。

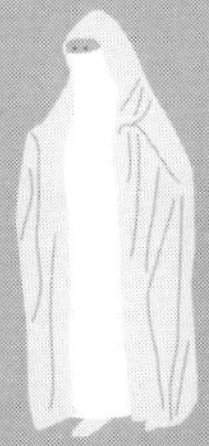

チャドル。既婚の女性が外出時に着用するイスラムの伝統的な衣装。肌を出さないよう体を1枚の布ですっぽりと包む

聖人伝　**ルーミー**（1207〜73年）

ルーミーは特殊な能力の持ち主で、6歳のとき、友だちの目前で消え、空を飛んだというエピソードがある。37歳のとき老スーフィーと出会ったルーミーは、社会的な地位も家族もすべてを捨てて彼に仕えた。後にルーミーはスーフィーとなり、メヴレヴィー教団の創始者となった。また、合間に詩をつくり、イランを代表する詩人でもある。

スーフィズム教団の広がり

スーフィーの修行方法は、師から弟子へと受け継がれるかたちをとっていた。このことから、スーフィーの系譜ごとに教団（**タリーカ**）[*3]が形成されていった。

タリーカは12世紀以降相次いで創設され、イスラム世界の至るところに道場がつくられた。とりわけ16世紀のオスマン帝国では、旋回舞踊で知られた**メヴレヴィー教団**が活躍した。おもなタリーカは、下表にまとめているので参照されたい。

タリーカの教団員たちは異教徒の教化にも熱心だった。彼らは危険を省みず異教徒の地に赴き、唯一の神への信仰を情熱をもって説き聞かせた。内陸アフリカ、トルキスタン、バルカン半島、インド、東南アジアの島々のイスラム化は主として彼らの努力に負うところが多い。

イスラム教の聖地

イスラム教では、メッカ、メディナ、エルサレムは三大聖地（口絵参照）として神聖視されている。とりわけメッカ、メディナは異教徒の立ち入りが許されていないもっとも配慮されるべき聖なる場所であり、ムスリムであっても、さまざまな制約が課せられている。そのほか廟所や洞窟なども霊験あらたかということで、信仰の対象となっているが、このような信仰は一部から異端とされていることがある。

本当にアッラーの使徒は、アッラーと終末の日を熱望する者、アッラーを多く唱念する者にとって、立派な模範であった。
（『聖クルアーン』第33章第21節）

おもなスーフィズム教団（タリーカ）

名称	成立時期	開祖	特徴
カーディリー教団	12世紀頃	アブドゥルカーディル・ジーラーニー	比較的穏健。イスラム圏全域に広がった
スフラワルディー教団	12世紀頃	シハーブッディーン・スフラワルディー	イラクで発生し、シリア、エジプトなどのほか、南アジアに広がった。支配者に協力的な貴族的教団
ヤサヴィー教団	12世紀	アフマド・ヤサヴィー	中央アジアを中心とし、ヤサヴィーの聖廟信仰で知られる。40日間の隠遁《いんとん》を重視し、修行法として鋸《のこぎり》をひく音に似た独特の発声をする
カランダリー教団	12世紀頃		剃髪《ていはつ》し、独特の衣装と法具を身につけて托鉢遊行《たくはつゆぎょう》した
チシュティー教団	12～13世紀	アブー・イスハーク	アフガニスタンで発生し、インドに広がる。とりわけインドのムスリムに大きな影響を与えた
メヴレヴィー教団	13世紀	ジャラールッディーン・ルーミー	音楽に合わせて旋回する舞踊を修行に取り入れている。スルタンの庇護《ひご》を受けた。キリスト教も包摂する寛大さが特徴となっている
ベクタシー教団	13世紀	ハジュ・ベクタシュ	極端な苦行やガラス、蛇を使ったパフォーマンスを行うなど、逸脱的要素が多く、19世紀には大弾圧を受けた
ハルワティー教団	14世紀	ウマル・ハルワティー	アゼルバイジャンに起こる。シャリーアを守る穏健派で、オスマン帝国で発展した

*2 **スーフィー**／もともと染色の施されていない羊毛（スーフ）のぼろをまとい、清貧に甘んじて修行する者をさした。

*3 **タリーカ**／元来は道の意。スーフィーたちは、教祖の教えを伝えるため、道場を開いた。その結果道場を中心にして、信徒の集団が形成されていった。

復興主義と原理主義

『コーラン』に従え

18世紀～：イスラム復興主義　1979年：イラン革命
1970年頃～：イスラム原理主義

ミナレット。信徒に礼拝の時間を告げるアザーンを行うための塔。メッカの聖モスクには7基ものミナレットが建つ

イラン革命／宗教指導者ホメイニーと、彼を取り囲む人々。（UPI・SUN photo by Emile Pavani）

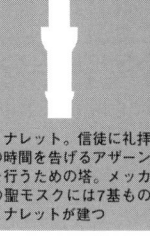

植民地化とイスラム復興運動

18世紀の中頃アラビア半島のナジュド地方では、スンナ派の法学者ワッハーブ[1]が登場する。彼は聖者崇拝を批判し、祖先の時代のイスラム教に立ち返れという**サラフィ（先祖）主義**を唱え、聖者廟《びょう》を破壊した。ワッハーブはサウディアラビアの王族サウード家の保護を受けて運動を展開した。この運動は**ワッハーブ運動**と呼ばれ、サウディアラビア王国の建国（1932年）を促した中心的なイデオロギーとなった。

19世紀になると、アルジェリア、エジプト、レバノン、シリアなどイスラム諸国が次々にヨーロッパ列強の半植民地や植民地になっていった。強大な勢力を誇っていた**オスマン・トルコ**も、帝国存亡の危機を迎えていた。

イスラムでは、政治と宗教が不可分の関係にあるため、ヨーロッパ列強への隷従《れいじゅう》や凋落《ちょうらく》といった政治の危機的状況は、信仰の危機をも意味する。知識人の間に、イスラムへの強い信仰と団結によって列強に対抗しようという主張が生まれた。

19世紀後半に登場した**アフガーニー**[2]は、1884年にパリでアラビア語の政治雑誌「固き絆《きずな》」を刊行し、列強の侵略に抵抗するため、ムスリムたちに揺るぎないイスラム教への信仰と団結を呼びかけた。

さらに1898年に**ラシード・リダー**[3]がカイロで創刊した雑誌「マナール」は、ヨーロッパから学ばなくとも、イスラム世界には独自の民主主義があるという国粋主義を強調し、イスラム社会に大きなインパクトを与えた。

このような、イスラム的価値体系を見直し、イスラム世界の復興をめざす思想潮流や運動を、**イスラム復興運動**（**イスラム主義**）と呼ぶ。

その後第一次世界大戦でオスマン帝国が敗戦[4]、列強の分割統治の危機を迎えたイスラム世界では民族運動

*1**ワッハーブ**／1703～91年。彼が主張した再イスラム化説は、サウード家の支持を得、サウディアラビアの建国理念となった。ワッハーブの子孫は、今日サウディ祖師の一族として崇敬されている。

*2**アフガーニー**／1838?～97年。列強への抵抗運動と、イスラム社会内部の改革を訴えた。

*3**ラシード・リダー**／1865～1935年。北レバノン生まれ。エジプトで活躍したイスラム改革の指導者。

*4オスマン帝国はドイツ、オーストリアと同盟し第一次世界大戦に参戦したが、敗戦。戦勝

アラブ世界研究所／アラブ世界への理解を促進するため、フランス・パリのセーヌ川岸に開設された施設。

が高まっていった。１９２３年に誕生したトルコ共和国は、これまでのスルタン・カリフ制（83ページ脚注8参照）を廃止し、西洋化を推進する。このことはこれまで政教一致を掲げてきたイスラム世界そのものの崩壊を意味した。これをきっかけに、イスラム復興運動は後退していく。

独立運動から原理主義へ

第二次世界大戦後、中東諸国は次々に独立を果たし、豊かな石油資源を背景に、目ざましい経済的発展を遂げた。しかしその一方で、産油国と非産油国の経済的な格差も広がっていく。

経済的な発展から取り残された人々は、社会改革を求め、再びイスラム復興運動に傾倒していった。20世紀後半の復興現象は、聖書無謬《むびゅう》説を唱えるキリスト教の原理主義に似ていることから、欧米からは**イスラム原理主義**と呼ばれるようになった。以下、イスラム原理主義による事件をいくつか紹介しよう。

そのひとつ、イランは１９２５年に独立、パフラヴィー朝イランとなっていた。石油の富は一部の者を潤すだけで、民衆の大半は貧しいままだった。国王は石油の国営化や農地の近代化などの改革を実行したが[*5]、シーア派の法学者**ホメイニー**[*6]は国王の政策に反対し続け、国外追放される。

国王の独裁や貧富の格差に対する民衆の不満はやがて反国王運動になり、ホメイニーは国外からその運動を指導した。そしてついに１９７９年、国王の国外追放を実現する。帰国したホメイニーは、同年イラン・イスラーム共和国を樹立（**イラン革命**）。宗教的指導者（ウラマー）を中心とするイスラム国家をつくり上げた。ホメイニーによるイスラム国家の誕生は、西洋的価値観を常識としていた世界の人々に大きな衝撃を与えた。

そのほか、同じ年サウディアラビア政府を批判してメッカのカアバ神殿に武装グループが立てこもった事件（政府により制圧）、アフガニスタンへのソ連の軍事侵攻[*7]に対する抵抗運動などが起きているが、これらもイスラム原理主義の流れである。

こうしたイスラム原理主義にも、いくつかの潮流があり、武装闘争の可否や伝統的イスラム勢力の評価などをめぐり、穏健路線と急進路線がしばしば対立している。

国による分割統治の危機を迎えた。

*5白色改革と呼ばれる国王主導の改革のひとつ。地主から土地を没収、小作人に与えた。

*6**ホメイニー**／1902〜89年。パフラヴィー政権を批判し、イスラム擁護の立場を明らかにした。白色革命に反対するコム暴動（63年）を指導したとして、国外追放される。

*7 1979年クーデターであやうくなった社会主義政権を支援しようと、ソ連が軍事侵攻した事件。アフガニスタンの人々の徹底抗戦を受け、泥沼化した。ソ連軍が完全撤退を果たしたのは1989年のことだった。

アッラーの道のために戦え。アッラーは全聴にして全知であられることを知れ。（『聖クルアーン』第2章第244節）

column

バーブ教とバハーイー教

19世紀のイランで、ひとりの男が「自分は隠れイマーム[*1]と交信できるバーブである」と主張し、イマームの再臨が近いことを説いた。男の名をセイイェド・アリー・モハンマド（以降バーブという）、その宗教をバーブ教という。

これに対して法学者ウラマーたちは強く反発。彼をアゼルバイジャンに幽閉したが、バーブはさらに自己の主張を発展させ、シャリーアの廃止を宣言。『コーラン』に代わる書として『バヤーン』を提示した。

彼の信徒の一部は政府に抵抗してしばしば反乱を起こしたため、1850年に教祖バーブが処刑される。しかし信徒らはその後も抵抗を続け、1852年には君主の暗殺未遂事件を引き起こす。これをきっかけに政府から激しく弾圧された。

そして信者のひとりミールザー・ホセイン・アリー・ヌーリー（1817〜1892年）は、1863年自らを「神が現したもう者」と宣言し、バーブ教と訣別《けつべつ》。バハーオッラー（アッラーの栄光）と名乗ってバハーイー教（バハイ教）を創始した。

彼は大半のバーブ教徒を受け入れたばかりでなく、世界各国の首脳に書簡を送るなど、活発な布教活動を行った。

バハーイー教は、ムハンマドだけでなく、モーセ、イエス、ゾロアスターらを皆神の顕現とし、そのもっとも新しいものが自身バハーオッラーであるとした。そして『コーラン』に代わりバハーオッラーの著書『至聖の書』を啓典とする。

バハーイー教では1年を19月に分ける独自の大陽暦[*2]を持ち、各月の第1日は集会を開くことが定められている。男女平等、一夫一婦制、あらゆる偏見の排除、禁酒を守るなどの戒律を持つ。

教祖バハーオッラーは、1868年オスマン帝国によってパレスティナに追放され、その地で没したが、バハーイー教はイスラエルのハイファーに本部を置き、人類の平和と統一を究極の目的とし、科学と宗教の調和をめざしている。

ちなみにバハーイー教は、イランでは隠れイマーム、救世主（マフディー）の信仰と抵触することから異端視されている。

*1 **隠れイマーム**／シーア派では第11代イマーム、ハサン・アスカリーには実は2人の子がおり父は一方の子を正式な後継者として指名した。しかしそのイマームはまだ姿を現しておらず、終末時にすべての悪を払拭するために出現するイスラムの救世主（マフディー）であると考えられている。

*2 もともとバーブ教の教祖バーブが考案したもので、1年を19月、1月を19日、正月を春分の日とする。

第5章 ヒンドゥー教

ブランバナン寺院（インドネシア）

踊るシヴァ神（インド）

ヒンドゥー寺院（スリランカ）

お供えを手に歩く女性（インド）

カジュラホの寺院群（インド）

関連年表

紀元前	
2300頃	インダス文明が起こる
1500頃	アーリア人がインド北部に侵入し始める
900頃	聖典『ヴェーダ』成立
800頃	ガンジス川流域にアーリア人が定着し始める
8世紀後半	『ブラーフマナ』成立
7世紀	『ウパニシャッド』が成立（～紀元前6世紀頃）
5世紀頃	仏教やジャイナ教が起こる
383？	仏教の祖、釈迦没
2世紀頃	四種姓の階級制度（後のカースト制度の原型）が成立
	『マヌ法典』の編纂（～紀元後2世紀）
紀元	
紀元頃	国民的叙事詩『ラーマーヤナ』（～紀元2世紀頃）
1世紀頃	『バガヴァッド・ギーター』成立
4世紀頃	国民的叙事詩『マハーバーラタ』成立
4世紀頃	『カーマ・スートラ』編纂（～5世紀頃）
7世紀頃	タントリズムが隆盛
712	イスラム軍によるインド侵入
8世紀頃	ジャワでボロブドゥール建設（～9世紀）
10世紀頃	『バーガヴァタ・プラーナ』成立
	ゾロアスター教徒がイランからグジャラートに移住
1137	ラーマーヌジャ没
12世紀	ヴィーラ・シヴァ派誕生
1206	インドで最初のイスラム王朝、奴隷王朝が誕生
14世紀	インド各地でバクティ運動活発になる
1467	バクティ運動の指導者ラーマーナンダ没
1469	シク教の祖、ナーナク誕生
1498	ポルトガル人ヴァスコ・ダ・ガマ、カリカット到着
1526	ムガル帝国が興る
1538	ナーナク没
1580	イエズス会第1次使節、ファテブル・シークリー到着
1643	タージ・マハール廟完成
1757	ムガル帝国、プラッシーの戦いで破れ、インドがイギリスの植民地に
1877	イギリスによるインドの植民地支配が確立
1836	ラーマクリシュナ誕生
1886	ラーマクリシュナ没
1947	インド、パキスタン独立

ヒンドゥー教の基本思想

ヒンドゥー教の多面性

ヒンドゥー教[1]は古代インドのバラモン教（36ページ参照）が、紀元前6世紀から紀元前4世紀頃にかけて仏教やジャイナ教、さまざまな民間信仰などを取り込んで変化したものをいう。母胎であるバラモン教[2]自体がアーリア人の宗教とインドの土着の宗教との融合であるうえに、中・近世になってイスラム教やキリスト教の影響も受けているため、その内容はじつに複雑多様である。

ヒンドゥー教の分布図

またカースト制度（108ページ参照）などインドの社会制度とも密接にかかわり、民族宗教であると同時に、中東、インドネシア、フィジーなどインド以外の地域でも受け入れられ、世界宗教的な要素もあわせ持っている。

現在、インドを中心に、インドネシア（とりわけバリ島）、スリランカ、ネパールなどで9億人（世界の宗教人口の15％）が信仰しており、キリスト教、イスラム教に次いで信者が多い宗教である。

死生観と人生の目標

ヒンドゥー教では、バラモン教の伝統にもとづき、霊魂は不滅であり、人は死んでも新しい肉体を得て生まれ変わり、生死を無限に繰り返す（輪廻《りんね》）と考える。そして、来世は生きている間に行った行為（カルマン。業《ごう》とも訳す）によって決定し、現世の苦楽は過去世の行為の結果にほかならないとする。この考えが根底にあって、より善い結果（幸福な来世）を得るための現世での日常的行為が重視されるようになった。

ヒンドゥー教徒は一般に、人生の大きな目的を**ダルマ**（法）・**カーマ**（愛欲）・**アルタ**（実利）の3つと定め、三大目標（**トリ・ヴァルガ**）としている（これに**解脱**《げだつ》という最大の理想を加えて四大目標ともいう）。ダルマとは宗教的義務を意味し、神々への礼拝や祖霊祭祀と

*1 **ヒンドゥー**／「インダス川流域の人々」を意味するペルシア語に由来する。後に「インド人」を意味するようになった。

*2 **バラモン教**／司祭者（バラモン）階級を中心に『ヴェーダ』聖典にもとづいて発達した宗教をさす（36ページ参照）。バラモン教も広義のヒンドゥー教に含まれる。

*3『マヌ法典』などに生活全般にわたりこまごまと定められている。

霊魂はそれぞれの長所に従って新しい外観を身にまとう。（『ウパニシャッド』）

いった実践すべき種々の宗教的行為をいう。[*3] 祖霊祭祀を絶やさないためには子孫もまた重要で、ヒンドゥー教は夫婦愛につながるカーマを積極的に肯定する（4世紀から5世紀には性愛の聖典『カーマ・スートラ』がつくられている）。そして、この2つの目的達成のために、土地・金・家畜といった物質的・経済的な裏づけであるアルタを追求するのである。

ヒンドゥー教徒のこうした考え方には、人は生まれながらにして神々や祖霊に対して返済すべき**リナ**（債務）を負っているという『ヴェーダ』以来の伝統的な思想がかかわっている。ヒンドゥー教には男子[*4]の一生を4つの理想的な階梯（アーシュラマ）に区分した、**四住期**（下表参照）という指針があるが、そのなかの学生期から林住期に至る3つの時期で果たすべきさまざまな義務は、この三大目標の成就《じょうじゅ》とリナの返済のためにあるといってよいだろう。

ヒンドゥー教徒の人生の三大目標

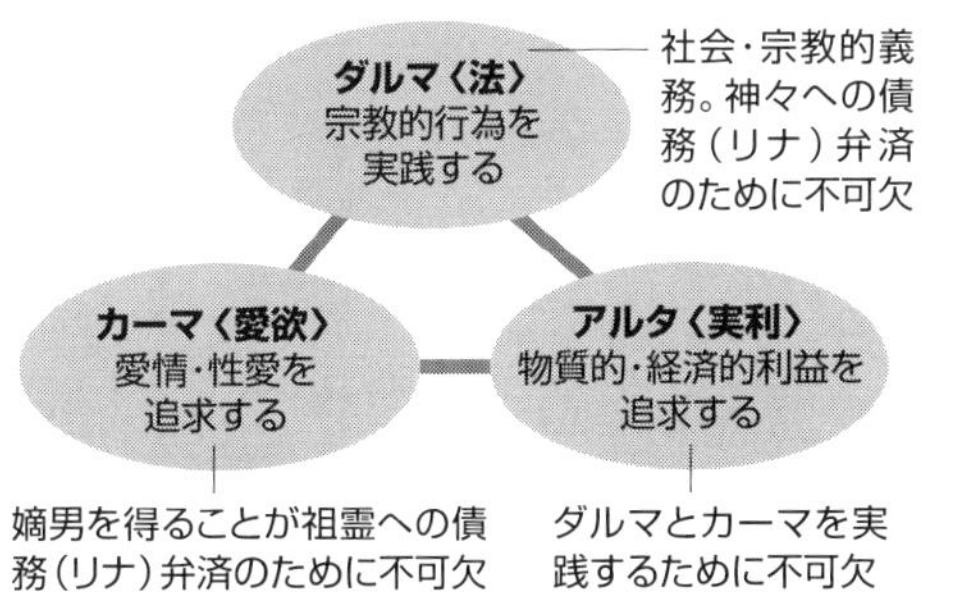
ダルマ〈法〉
宗教的行為を実践する
社会・宗教的義務。神々への債務（リナ）弁済のために不可欠
カーマ〈愛欲〉
愛情・性愛を追求する
嫡男を得ることが祖霊への債務（リナ）弁済のために不可欠
アルタ〈実利〉
物質的・経済的利益を追求する
ダルマとカーマを実践するために不可欠

これらのいわば現世的な三大目的の先に、ヒンドゥー教徒は究極の目的として解脱（モークシャ）を設定している（106ページ参照）。解脱とは、輪廻の苦しみから逃れて自由となることである。四住期の最終期、遊行期はまさにこの目的のためにある。世俗の務めをすべて終え、人生最後のときを解脱というこの上ない幸福の実現に向けて完成させていくのである。[*5]

四住期（チャトル・アーシュラマ）

時　期	内　容
学生期	上位3カーストに属するヒンドゥー教徒の男子は、師に弟子入りし、聖なる伝統と聖典を学ばねばならない。この間学生は清貧と従順の生活を送り、師の身の回りの世話をしなければならない
家住期	男性は結婚し家長としての務めを果たす時期。林住（森住）期や遊行（苦行）期の人には布《ふ》施《せ》をしなければならない。結婚と嫡男をもうけ先祖を祀る儀式を行うことがもっとも重視される
林住（森住）期	家長としての務めを果たしたら、家督を譲って、神々に近づくための巡礼に出る。遊行（苦行）期に備えるための期間
遊行（苦行）期	解脱を求める者が送る人生最後の時期。世間とは完全に接触を絶ち、一日中瞑《めい》想《そう》や聖典の読《どく》誦《じゅ》を行う。この期に入っている者はヒンドゥー社会から崇敬される

*4 **男子**／シュードラを除く上位3姓（108ページ参照）に属する男子をさす。

*5 このほか、解脱に至る方法として苦行やタントリズム（107ページCLIP参照）などが実践されたが、11世紀にはひたすら神を信愛すれば解脱できると説くバクティ運動（101ページ参照）も起こった。

ヒンドゥー教徒の信仰生活

プージャーを中心とした日々の礼拝

ヒンドゥー教は一見多神教の様相を示しながらその一方、全知全能で唯一絶対の神が「万物の心の中に宿る」ものと考える（『バガヴァッド・ギーター』18-61）。それゆえ、神に至る道はまさに万物の数だけ無限にあるといってよい。この観念がヒンドゥー教の多様性を解く鍵であり、したがってヒンドゥー教の宗教行事も多彩で、地域や集落によっても異なる。

家庭内の儀礼（五大祭）

家長が毎日行うべき供養で、調理した食べ物を神、祖霊、聖仙、人などに供物として捧げる儀式

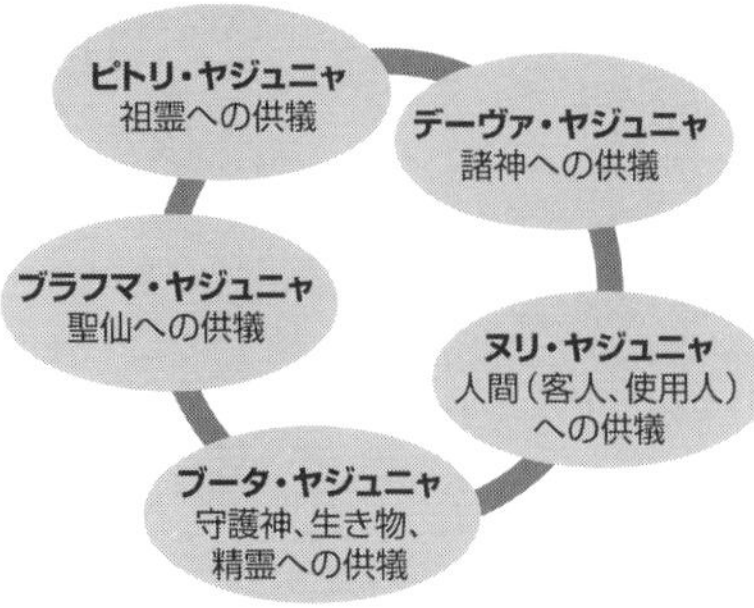

神々への礼拝を一般に**プージャー**（供養祭）と呼び、家庭や寺院で日常的に行う30分ほどのものと、マハープージャー（大供養祭）という2、3時間がかりの大規模なものの2種に分かれる。日常的なプージャーは、たとえば上位カーストでは朝夕の勤行《ごんぎょう》のような儀礼と祈りや瞑想《めいそう》をともない、毎日行うことが義務づけられている。ほとんどは家庭で行われ、自宅に祭壇などをつくり神像や神を象徴するものを置いて礼拝する者もいる。もちろんヒンドゥー教寺院（マンディラ）や辻の祠《ほこら》などでもプージャーは行われている。信徒のなかには、寺院に日参する者もいればときどき行く者もいるし、まったく行かない者もいる。信仰の表れ方は人それぞれである。

マハープージャーのいくつかは特定の神を供養する（左上表参照）。たとえば、富と美の女神ラクシュミー、学問の女神サラスヴァティー、知恵の男神ガネーシャなどを祀る寺院で行われる大供養祭がある。これらはそれぞれの神を祀る寺院で行われる。最高実在である唯一神の信仰と諸神への儀礼が矛盾なく両立しているのは、個々の神々もまた唯一神の無数の変幻のひとつであるという

路地に祀られた神々を一巡し、朝のつとめを果たすバラモン階層の若者。（インド　ヴァーラーナシー）

人が親愛をこめて私に葉、花、果実、水を供えるなら、その敬虔な人から、親愛をもって捧げられたものを私は受ける。
（『バガヴァッド・ギーター』第9章）

おもな祭

時期	名称	説明
2〜3月	ホーリー	代表的な諸神をまつる春の祭。色粉をかけあい春を祝う
9〜10月	ドゥルガー・プージャー	ドゥルガー女神の祭。とくにベンガルでさかん
10月	ダサラー祭	ラーマが悪魔ラーバナを征伐したことを記念する祭
10〜11月	ディワーリー	灯火をともし、富の神ラクシュミーへの供養を行う祭

おもな通過儀礼

種類	内容
命名式	生後10日または12日目に正式の名前をあたえる儀式
入門式	聖紐《せいちゅう》の祝い（ウパナヤナ）という。『ヴェーダ』の入門式で、ヒンドゥー教徒の成人式とも第二の誕生（霊的誕生）ともみなされる。頭を剃って沐浴《もくよく》し、宇宙と結びついた聖紐を身につける。上位3カーストの男子のみ
結婚式	ヒンドゥー教では、重要な宗教的祭儀は既婚の男性のみに認められている。結婚は男性が一人前になるための儀式で、4日間続く
葬式	火の神アグニへの最後の献供として火葬にされる。死者が出るとすみやかに火葬場に向かう行列が出る。葬列ではさまざまな神の名が呼ばれ、無事に荼毘《だび》に付されると参会者は振り向かずに家路に戻る

解釈によるものだろう。

このほか祭には、クリシュナやラーマを祝う祭、友人や親類の安全祈願をする儀礼や村ごとの収穫祭もある。季節と結びついた年祭のうちホーリー（春祭）では、人々が着色された粉や水をかけあって祝う。

通過儀礼と祖霊祭

ヒンドゥー教では、その生涯にさまざまな**通過儀礼**[*1]（サンスカーラ。代表的なものは上表参照）が行われ、とくに上位3カーストの男子で97ページで述べた四住期の規定に沿ったサンスカーラが数多く定められている。たとえば所属カーストに正式な仲間入りをする入門式は学生期に行われ、これをすませた男性は一人前とみなされる。結婚した男性は、家長としてさまざまな宗教的義務を果たしていく。なかでも祖霊、神、聖仙、生き物、人に対し供物を捧げる、**五大祭**（パンチャ・ヤジュニャ。右上図参照）は重要で、毎日行う。

年に一度の祖霊祭（シュラーッダ）も家長により執り行われる。これは、父と祖父、曽祖父の3代の祖霊に対する供養で、米でつくった団子（ピンタ）を供え、祖霊にみたてた僧侶（バラモン）に饗応するものである。

*1 **通過儀礼**／誕生や結婚、死など人生の重要な節目に行われる儀礼のことで、浄法ともいう。その数は個人の一生を通じておよそ40にも達するともいわれている。

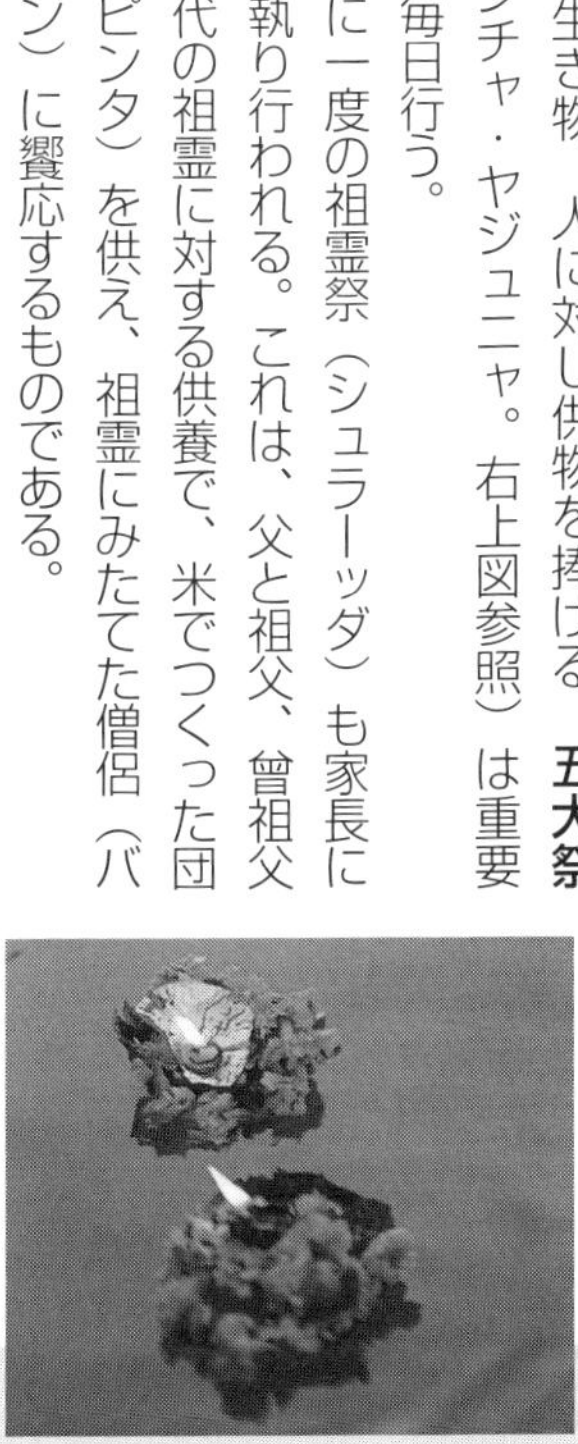

聖なる川ガンジス（ガンガー）に捧げられた花と火。

内なる変貌を続ける宗教

紀元前6〜4世紀頃：バラモン教の変容・大衆化
1526年：ムガル帝国の成立

卍
まんじ。幸福の印として使われる

ヒンドゥー教の成立

36ページで述べたように、インドでは紀元前900年頃までに主要な『ヴェーダ』[*1]聖典が編纂され、バラモン[*2]教全盛時代を迎えた。

しかしその一方で王族の権威が伸び、バラモン教の伝統的な教義に懐疑的な思想も現れるようになった。こうしたなか、反バラモン教的思想に立った仏教（第6章参照）、ジャイナ教（136ページ参照）が成立。これらの新しい教えは、バラモン教にも大きな影響を与えた。そして仏教やジャイナ教の教学研究に呼応するように、バラモン教においてもさまざまな学説が生み出されていった（代表的な学派6つを**六派哲学**[*3]という）。さらに紀元前2世紀頃から紀元2世紀にかけてつくられた『**マヌ法典**』（105ページ参照）は、信者にさまざまな義務を定め、反バラモン化への歯止めとした。

その一方でバラモン教は、土着の非アーリア的民間信仰や習俗などの諸要素を吸収し、大きく変貌を遂げていった。たとえば、シヴァの妃であるパールヴァティーは、ベンガル地方で崇拝された土着の女神カーリーや、ヴィンディヤー山の住民に信仰されていたドゥルガーを取り込み、同一神とされた。また仏教の仏像制作の影響を受けて、さまざまな神像がつくられるようになったこともあり、バラモン教はより民衆にアピールする要素を備えたヒンドゥー教へと姿を変え、次第に勢力を伸ばしていったのである。

インドの人々にとって解脱《げだつ》は人生の最高の目的であったが、解脱を実現する方法として、バラモン教では膨大な量の『ヴェーダ』聖典を学習することが必要とされた。それに対してヒンドゥー教では、やがて階級・性別にかかわりなく、誰でも可能な解脱を求める風潮が高まった。なかでも女神崇拝などを解脱への実践としたタントラ教典の教え（**タントリズム**）が隆盛し、大衆の心を引きつけた。

11世紀になると、南インドに**ラーマーヌジャ**[*4]が登場し、ただひたすら神を信じて献身することでも、人は

聖人伝　ラーマクリシュナ 1836〜86年

釈迦、シャンカラとともにインドの三聖人のひとりとされる。19世紀西ベンガル州カマールプカルの貧しいバラモン僧の家に生まれたラーマクリシュナは、18歳でカーリーを祀る寺院の僧となり、カーリーを熱烈に崇拝した。その結果、カーリーとの合一を体験。さらにヒンドゥー教の神々のほか、あらゆる宗教の神も実感したという。万教同根を説くその教えは弟子のヴィヴェーカーナンダによって世界に宣布された。

*1 **『ヴェーダ』**／天啓聖典（シュルティ）と呼ばれ、絶対的な権威が認められている（37ページ参照）。

*2 **バラモン**／ヒンドゥー教の司祭階級。

*3 **六派哲学**／サーンキヤ学派、ヨーガ学派、ヴェーダーンタ学派、ミーマーンサー学派、ニヤーヤ学派、ヴ

インドのイスラム建築の傑作、タージ・マハール。17世紀、ムガル帝国の皇帝が亡くなった愛妃のために建てた。

解脱できると説いた。これを**バクティ**（信愛）といい、誰でも実践できることから、その後大きな宗教運動（**バクティ運動**）となって展開していった。

ヒンドゥー教のその後

8世紀頃から始まっていたイスラム教徒のインド侵攻はやがて激化し、13世紀はじめに最初のイスラム王朝（奴隷王朝）ができ、民衆にイスラム教を強制する時期もあった。しかし1526年にインドを中心にムガル帝国が成立した頃までには、ヒンドゥー教に寛大な政策がとられるようになっていた。

インド社会にイスラム教が浸透したことはヒンドゥー教にも影響を与え、15世紀前半には、イスラム教を学んだラーマーナンダ*5がカースト差別に異を唱えた。そしてその弟子のカビール*6はイスラム教徒の立場からヒンドゥー教との統合を考え、『ヴェーダ』と『コーラン』の権威性を否定した。カビールの影響も受けて15世紀後半に登場したのがナーナク*7で、彼は実際にヒンドゥー教とイスラム教を融合したシク教（110ページ参照）を説いた。

18世紀にはイギリスがインドに対する支配を強化し、1877年イギリスによる植民地支配が確立した。イギリスはイスラム教徒とヒンドゥー教徒を反目させる政策をとったので、両者の溝は深まっていった。その結果、後の1947年にインドが独立したとき、ヒンドゥー教を信仰するインドとイスラム教を信仰するパキスタンは分離独立することとなった。

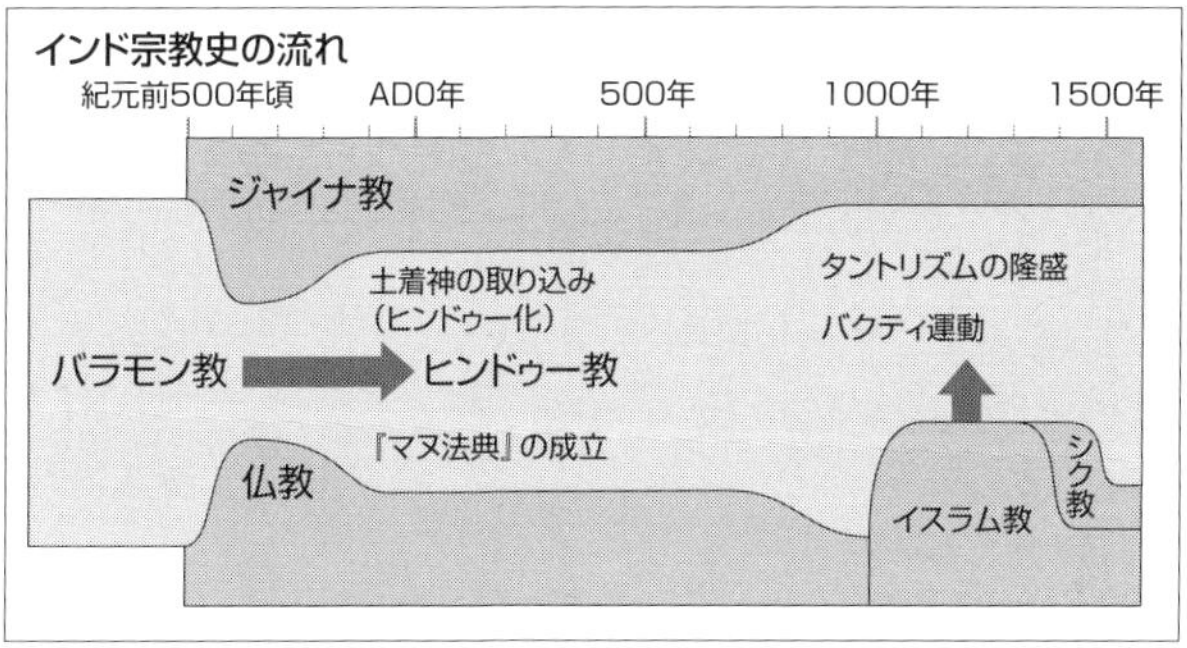

踊るシヴァ神の像／まわりの輪は炎を表し、繰り返される時間を象徴。

たとい極悪人であっても、ひたすら私を信愛するならば、彼はまさしく善人とみなされるべきである。彼は正しく決意した人であるのだから。（『バガヴァッド・ギーター』第9章）

アイシェーシカ学派の6つがある。

*4 **ラーマーヌジャ**／106ページ聖人伝参照。

*5 **ラーマーナンダ**／14世紀のヴィシュヌ派の宗教改革者。下層階級に同情し、ついにカースト制を否定した。

*6 **カビール**／1440〜1518年頃。バクティを軸にイスラムとヒンドゥーを批判的に統合した思想家。

*7 **ナーナク**／シク教の開祖。（110ページ参照）。

ヒンドゥー教の神々

最高神の変幻と個性的多神教世界

三神一体説（トリ・ムールティ）　ヴィシュヌ　シヴァ

リンガは男根をかたどったものでシヴァ神の化相

神々の人気の変遷

ヒンドゥー教では自然や動植物その他を神格化した個性的な神々が多数信仰されているが、98ページで述べたように、その背後には唯一の実在である最高神崇拝の伝統があり、多様な神々も究極的には最高神がさまざまに展開したものと解されているようである。

神々の人気や重要度は時代によって異なり、『ヴェーダ』の時代に好まれた武勇神インドラや司法神として恐れられたヴァルナ、火の神アグニなどは次第に衰退し、代わって**ヴィシュヌ**と**シヴァ**に対する信仰が高まっていく。その一方で、宇宙の根本原理であるブラフマンの探求が始まり、後の最高神崇拝の基礎が確立していくこととなった。本来中性原理であったブラフマンはやがて人格神**ブラフマー**となり、ヴィシュヌ、シヴァとともに宇宙の創造（ブラフマー）、維持（ヴィシュヌ）、破壊（シヴァ）をつかさどる統合的存在として、**三神一体説**（**トリ・ムールティ**）が唱えられるようになる。しかし、ブラフマーは神話が少ないこともあってあまり浸透しなかった。今日、ヴィシュヌとシヴァは最高神として人気を二分し、一般に前者は上流階級に、後者は庶民層に人気があるといわれている。

ヒンドゥー教のおもな神々

ヴィシュヌとシヴァを中心とする神々を概観しよう（左表参照）。

ヴィシュヌは元来太陽神で、亀、猪、人獅子など一般に10種に化身し、人々を救済するという。仏教の開祖である釈迦もビシュヌの化身のひとつとされる。

シヴァは暴風神ルドラを起源とし、化身をとることはほとんどないが、破壊者としての側面と、信者に祝福や恩恵を与える神としての側面をあわせ持っている。

シヴァの妃が女神の**パールヴァティー**で、いわゆる女性的カオス感情を表して相反する2つの顔、すなわち慈愛に満ちた側面と破壊や殺戮《さつりく》を重ねる恐ろしい側面とを持っている。マハーデーヴィー（大女神）、サティー[*1]（貞女）、ガウリー（白女）などは慈愛の側面であり、ドゥルガー[*2]（近寄り難い者）、カーリー[*3]（黒女）、チャンディー（恐ろしい女）などは対極としての恐ろしい側面を表している。

*1 **サティー**／父に背いてシヴァと結婚したが、父がシヴァを夫として認めないため、自ら火に身を投じて生《いけ》贄《にえ》となった。やがてサティーは山の神ヒマヴァットの娘パールヴァティーとして生まれ、ヨーガの修行中シヴァにみそめられて再びシヴァと結婚する。

*2 **ドゥルガー**／パールヴァティーの別名。悪魔を殺すため、神々が口から吐き出した怒りの炎から生まれた。美しい女性戦士の姿で、ライオンにまたがって登場する。

じつに太初においては、この「宇宙」はブラフマン（中性）であった。それは神々を創造した。
（『シャタパタ・ブラーフマナ』10・2・3・1、中村元訳）

ヒンドゥー教のおもな神々

神名	内容
ヴィシュヌ	シヴァとならぶヒンドゥー教の最高神で、宇宙の維持をつかさどる。元来は太陽神で、慈愛に満ちた神。美貌の女神ラクシュミーを妃とし、さまざまなものに化身して人々を救済するといわれている。ガルダを乗物とする。→仏教に取り入れられ毘沙門天と漢訳。以下、→同様
ラクシュミー	ヴィシュヌの妃。たぐいまれな美貌を持ち、幸運と美をつかさどる女神。つねにヴィシュヌに従い、ヴィシュヌが化身すると女神も化身するという。→吉祥天
シヴァ	ヴィシュヌとならぶヒンドゥー教の最高神で、宇宙の破壊をつかさどる。信奉する者に恩恵を与える神としての面も持つ。首に蛇を巻きつけた姿で描かれることが多い。妃はパールヴァティー。生殖をつかさどり、しばしば男根（リンガ）の形で崇拝される。ヒマラヤのカイラス山でつねにヨーガの苦行をしている。ヴィシュヌのように化身することはあまりないが、さまざまな異相を持つ。乗物は牡牛ナンディン。→大自在天
パールヴァティー	ヒマラヤ山の娘でシヴァの妃となった。慈愛と恐怖の両面を持つ。しばしば妖艶な姿で、シヴァの膝にのるような愛欲的モチーフがレリーフなどに表される
ドゥルガー	近づきがたい女神の意味。血と破壊と死の女神。もともとはヴェンディヤー山の土着の神で、酒や肉を好み獣の生贄を求める処女神であった。ライオンを従えた姿で表される。パールヴァティーの恐怖の側面を表す
カーリー	時の女神または暗黒の女神などと呼ばれる。ドゥルガーの怒りから生まれた女神で、黒い肌、大きく開けた口から長い舌を出し、首には仕留めた魔神たちの生首や頭蓋骨をかけ、手に血のりのついた武器を持つ。パールヴァティーの恐怖の側面を表す
ブラフマー	宇宙の創造をつかさどる神。→梵天
サラスヴァティー	学問と知恵、財産と幸運、芸術全般をつかさどる女神。ブラフマーが自らつくり出し、その妃とした。→弁財天
ガルダ	鷲の顔と翼を持った半人半鳥の神。ヴィシュヌと争ったときに、不死を約束され、ヴィシュヌの乗物となった。民間では蛇から身を守ってくれる神として信仰されている
ハヌマーン	猿の神。金色の肌と真っ赤な顔で驚くほど長い尻尾を持つ。空を飛んだり体の大きさを自在に変えられるなどの神通力をそなえる
ガネーシャ	シヴァとパールヴァティーの息子。象の頭とでっぷりと太った姿で描かれる。人々に成功と幸運、富と繁栄をもたらす神として人気が高い。→歓喜天や聖天
スカンダ	シヴァとパールヴァティーの息子。カールッティケーヤともいう。戦争の神。不死の象徴である孔雀に乗った姿で描かれる。→韋駄天
インドラ	雷神。『リグ・ヴェーダ』では悪魔やアーリア人の敵と戦う武勇の神、英雄として描かれている。→帝釈天
アグニ	火の神。家の安全と繁栄をもたらす一方で、敵や悪魔を焼き尽くす。仏教では火天
ヴァルナ	司法神。自然界の秩序や人間界の規律、正義の守護者で、天体の運行や人間社会の規範はこのヴァルナによって保たれている。→水天
スーリヤ	太陽神。スーリヤの車は7頭の黄金の馬にひかれ、天を駆ける
ウシャス	暁の女神。太陽神スーリヤはウシャスの恋人とされる

上記のほか死者の王ヤマ、財宝神クベーラ、風神ヴァーユ、酒と月の神ソーマなど多くの神々がいる。

ハヌマーン／『ラーマーヤナ』でラーマを助ける神として描かれ、インドの民衆の間で人気が高い。

*3 **カーリー**／パールヴァティーのもっとも恐ろしい面を表している。あるときカーリーは、暴君ラクタビージャを退治したがその血からおびただしい悪魔が生まれていた。そこでカーリーはその体から血をすっかり飲み干してしまったという。

美しく壮大な叙事詩

『ヴェーダ』　古伝書　『プラーナ』　『マヌ法典』

インドが誇る二大叙事詩

ヒンドゥー教には、イスラム教の『コーラン』やキリスト教の『聖書』に相当する唯一絶対の権威（宗教的問題を解決するときの最終の拠りどころ）を持つ聖典はない。多くの聖典のうち、ヒンドゥー教徒はおもに『ヴェーダ』、『古伝書』、『プラーナ』や六派哲学（100ページ参照）に関する哲学書、バクティ運動家らの残した詩歌などを重視しているが、そのいずれかに特別の権威があるわけではない。『ヴェーダ』はバラモン教時代からの聖典である（37ページ参照）。古伝書はインドの国民的二大叙事詩**『マハーバーラタ』**[*1]と**『ラーマーヤナ』**[*2]、**『マヌ法典』**[*3]がその代表である。

『マハーバーラタ』は、バラタ族の戦争を語る大史詩という意味である。紀元前10世紀頃の西北インドに起こったとされるバラタ族同士（クル族とバーンドゥ族）が王位継承をめぐって戦争を繰り広げる物語で、賢者ヴィヤーサが、ガネーシャ神に口述筆記させたという言い伝えがある。本筋とは異なるテーマの伝説なども多く吸収していることが価値ある特徴である。本編だけでも18篇10万頌《じゅ》という膨大な量で、世界最長といわれている。[*4]

とりわけインドの人々から尊崇されている**『バガヴァッド・ギーター』**は、この『マハーバーラタ』の一部で、出陣をためらうクル族のアルジュナ王子を、御者《ぎょしゃ》であるクリシュナ（ヴィシュヌの化身）が解脱《げだつ》に至る3つの道を説いて諭《さと》す場面などが描かれている。他方、『ラーマーヤナ』はインド最初の詩人バールミーキの編とされる、悲劇の王子ラーマ（やはりビシュヌの化身）の愛と戦いの物語（CLIP参照）である。

これらの叙事詩は神の化身としてラーマやクリシュナを登場させ、神をより身近なものにした。ヒンドゥー文化圏の広がりとともに各地に伝播し、芸能、思想などの諸領域に大きな影響を与えた。

そのほかの聖典

そのほかにも左表に示したようにたくさんの聖典が

蓮は宗教的なめでたさ（吉祥）の象徴

聖人伝　シャンカラ（700頃～750年頃）

インド、ケーララ州カーラディのバラモン階級出身。ブラフマンのみが実在であり、ブラフマンとアートマンは同一という不二一元論を創唱したインド屈指の大哲学者である。母親が熱病に冒されたとき、ガンジス川の水を飲ませて病を癒《いや》したなど、幼いときから多くの奇跡を見せたという。出家して全インドを遊行、他の学派の指導者と議論を戦わせ次々に論破していった。著書に『ブラフマ・スートラ注釈』などがある。

*1 **『マハーバーラタ』**／長く口伝えで伝承されたが、4世紀頃には今日の姿になったと考えられている。

*2 **『ラーマーヤナ』**／紀元前から紀元2世紀頃に成立したと考えられている。

*3 **『マヌ法典』**／紀元前2世紀から紀元2世紀にわたりつくられた。

聖なる法が衰え、悪が栄えるとき、私は自身を現す。（『バガヴァッド・ギーター』第4章）

ヒンドゥー教のおもな聖典

種類		内容
天啓聖典(シュルティ)		『ヴェーダ』4編をさす（37ページ参照）。人間によってつくられたものではなく、いにしえの聖仙が神秘的霊感（啓示）によって作成
古伝書（スムリティ）	マハーバーラタ	バラタ族の戦争を語る大史詩。伝説では仙人ヴィヤーサに帰せられ、紀元前10世紀頃西北インドに起こったとされるバラタ族間の大戦争の物語。約10万頌からなる。ヒンドゥー教の聖典のなかで、もっとも愛唱され尊崇されている『バガヴァッド・ギーター』はこの一部
	ラーマーヤナ	もと東インドに伝わった悲劇でインド最初の詩人バールミーキによって編集されたといわれる。ラーマ王子の愛と戦争の物語
	マヌ法典	法典中の白眉《はくび》といわれる。ヒンドゥー教徒の日常の行動を規定。ヒンドゥー教の諸教養、一生を通じて行うべき通過儀礼、種々の義務や贖罪《しょくざい》などをも含んでいる
プラーナ		第五の『ヴェーダ』。ヒンドゥー教に関する百科事典ともいえる聖典。宗派的色彩が濃厚で、ヴィシュヌ派かシヴァ派のいずれかに属している。18の大『プラーナ』と18の副『プラーナ』とが現存しているが、なかでも『ヴィシュヌ・プラーナ』と『バーガヴァタ・プラーナ』が尊重されている
サンヒター		ヴィシュヌ派の一派の聖典。『ヴェーダ』とは異なる
アーガマ		シヴァ派の一派の聖典
タントラ		シャクティ派の聖典

ある。このうち『プラーナ』（古い物語という意）は、きわめて雑多な内容を含むヒンドゥー教百科ともいえる聖典群で『ヴィシュヌ・プラーナ』や『バーガヴァタ・プラーナ』などがよく知られている。

『マヌ法典』は、ヒンドゥー教の諸教養、一生を通じて行うべき通過儀礼、種々の義務や贖罪の方法、法律規範などを含み、ヒンドゥー教徒の生活行動を規定するものとして重要である。

『ラーマーヤナ』

コーサラ国のアヨーディヤーを統治するダシャラタ王は4人の息子を得た。長男のラーマはヴィデーハ国の美しい王女シーターを妻とする。ラーマは魔物を滅ぼすためにつかわされたヴィシュヌの化身だった。しかしラーマの継母はわが子バラタを王位に就け、ラーマを追放する。

ラーマがシーターと弟のラクシュマナとともにダンダカの森で悪魔を退治したので、羅刹《らせつ》の都ランカーの王ラーバナは彼を憎み、シーターを略奪してランカーの王宮に閉じ込めた。シーター救出に向かう途中でラーマが猿の王スグリーバを助けたため、神猿ハヌマーンはラーマに力を貸した。ハヌマーンの応援を得たラーマはラーバナとその配下を殺してシーターを救出、アヨーディヤーに凱旋《がいせん》して王位に就いた。

ところが国民からシーターの貞潔を疑う声があがったので、ラーマはシーターを捨てる。シーターは2人の息子を残しこの世を去った。

*4ホメロスの『イーリアス』『オデュッセイア』を合わせた量の8倍。

『ラーマーヤナ』を題材にしたバリ島の伝統舞踊ケチャダンス。（インドネシア）

ヴィシュヌ派とシヴァ派

ヒンドゥー教の2つの流れ

バクティ　タントラ　シャクティ

各宗派の共存と解脱に至る3つの道

現在のインドでは、人口10億のうち8割以上がヒンドゥー教徒とされる。ヒンドゥー教は、大きく**ヴィシュヌ派**と**シヴァ派**の2つの宗派に分けられる。ヴィシュヌ派は宇宙の維持をつかさどるヴィシュヌ神を最高神とし、シヴァ派は破壊の神シヴァを最高神とする宗派である。2つの宗派では思想や信仰の実践面などが異る。しかし両派ともに他宗派の神を否定してはおらず、宗派間の争いはない。大まかにいって、ヴィシュヌ派はヴィシュヌ神の化身であるクリシュナやラーマへの信仰を取り入れ、シヴァ派は蛇信仰、女神信仰、タントリズムを取り入れている。

四種姓（ヴァルナ）、通過儀礼、人生の三大目標といったヒンドゥー教の基本的な考えは、どの宗派にも共通している。また解脱《げだつ》に至る3つの道を信じるのも、ヒンドゥー教全般の基本的特徴である。この3つとはすなわち知識の道、行為の道、そして信愛の道である。知識の道とは『ヴェーダ』などの聖典を学ぶこと、行為の道は祭祀を執り行うことであるが、いずれもバラモン階級を対象としている。それに対して信愛の道とは、神へ献身的な信愛（**バクティ**）を捧げることであり、これにより神の恩寵《おんちょう》で解脱がかなうとした。この場合の信愛は夫婦間の親愛に象徴されるように、誠実な信頼と無償の愛をいう。特別な知識や祭祀を必要としないこの考えは、多くの人々に救いの道を開いた。

主流2派とその分派

ヴィシュヌ派の最高神であるヴィシュヌは、102ページで述べたように、慈悲の神であり、さまざまに化身するという特徴がある。これにより各地で信仰されていた土着の神々とヴィシュヌが習合し、ヒンドゥー教の大衆化につながった。なかでも重要な化身が、**クリシュナ**である。クリシュナは『バガヴァッド・ギーター』のな

ガルダはヴィシュヌの乗物。蛇から身を守ってくれる神として信仰されている

聖人伝　ラーマーヌジャ ?～1137年

11世紀前半、南インドに生まれる。ヴィシュヌ神に深く傾倒していくなかで、信愛を解脱の手段として理論づけ、一般民衆の救済の道を説いた思想家。南インドを遊《ゆ》行《ぎょう》してヴィシュヌ派の寺院を建立。多くの人を改宗させた。彼の宗教はラーマーヌジャ派といわれる。晩年、南インドを支配していたチョーラ王がシヴァ派だったため、宗教的迫害を受けた。

*1**シャクティ**／シヴァの妃パールヴァティー、サティー、ドゥルガー、カーリーなどの姿をとって現れる女神で、優しさと荒々しさの2面を持っている。

シャクティ（性力）を象徴する官能的なレリーフ／カジュラホなどでは、このような彫刻がひしめきあうように彫られている。

精液はシヴァ神。血液はその力。精液は月。血液は太陽。
（『ヨーガ・ウパニシャッド』）

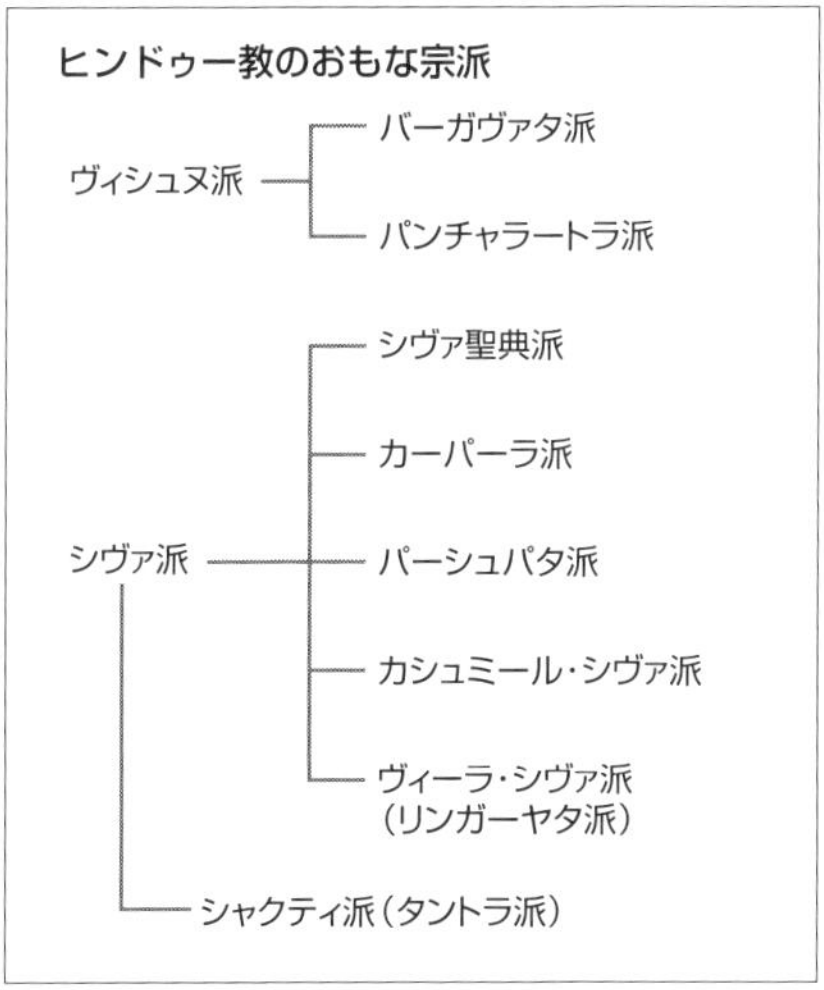

かで、前述の解脱に至る3つの道を主人公のアルジュナ王子に説いた。

ヴィシュヌ派はクリシュナを信仰するバーガヴァタ派、ヴィシュヌとその妃ラクシュミーを崇拝するパンチャラートラ派などに分かれる。

シヴァ派の最高神であるシヴァは破壊と創造の神である。荒らぶる神であるとともに、人々に恩恵を与える神なのである。シヴァ派は依拠する聖典の種類などによって、数多くの派に分かれる。比較的穏健なシヴァ聖典派、独自の音韻論を展開するカシュミール・シヴァ派、カーストを否定し、闘争的な行動をとったヴィーラ・シヴァ派（またはリンガーヤト派）、食物を頭蓋骨に入れて食べたり死体の灰を体に塗るなどの特異な行動をするカーパーラ派、体に灰を塗り奇声を発して人々の嘲笑を受けることを行とするパーシュパタ派などがある。

タントラ（CLIP参照）や**ヨーガ**（調息と心身鍛練）による解脱を重視している点や、男性器を形どったリンガ崇拝はシヴァ派の特徴といえる。

そのほかの宗派

ヴィシュヌ派、シヴァ派に次いで、ヒンドゥー教では[*1]**シャクティ派**（タントラ派ともいわれることもある）の勢力も大きい。

シャクティ派はシヴァ神の妃シャクティを崇拝する一派で、シヴァ派に位置づけられることもあるが、シャクティが持つ活動力（性力）にもとづいて救済を説くもので、仏教のなかの密教に大きな影響を与えた。

なお、近代になりヒンドゥー教では宗教改革ともいえる改革運動が起こり、新しい宗派が次々に誕生している。100ページで述べた聖者ラーマクリシュナによるラーマクリシュナ・ミッション、バクティヴェーダーンタ[*2]による[*3]クリシュナ意識国際協会ほか、数は多い。

*2**バクティヴェーダーンタ**／1896～1977年。カルカッタ生まれ。実業界で成功するが、信仰生活に入り修行する。クリシュナ崇拝による規律正しい生活を説く。

*3**クリシュナ意識国際協会**／黄色い僧衣を身につけ、頭を剃り、後頭部の髪だけを束ねた独特なスタイルで知られている。「ハレー・クリシュナ」と唱えるだけで基本的には救われる、と説く。

タントラとタントリズム

タントラとはヴィシュヌ派の『サンヒター』やシヴァ派の『アーガマ』など、シャクティ（性力）を教義に据えた聖典をいう。これらに盛り込まれた教えをタントリズムという。

タントリズムは、階級、性別にかかわりなく開かれた解脱の手段であるとともに、超能力（神通）の獲得も目標とした。その方法は秘儀的で肉食、性交、飲酒なども取り入れられている。

輪廻の思想が支えた独特の社会制度

四種姓　ジャーティ　ゴートラ

太陽神は巨大な車輪をつけた戦車に乗り、天空をかけていた

ヴァルナとジャーティ

インドでは古来、司祭階級（バラモン）、王侯・武士階級（クシャトリヤ）、庶民階級（ヴァイシャ）、隷属民（シュードラ）の4つの階級（**種姓＝ヴァルナ**[*1]）が維持されてきた。これを**四種姓**といい、バラモンは原人プルシャの口から、クシャトリヤは両腕から、ヴァイシャは両ももから、シュードラは両足から生まれたという『リグ・ヴェーダ』の一節にもとづいている。

最下位のシュードラは被差別階級として社会上さまざまな差別を受けた。またバラモン、クシャトリヤ、ヴァイシャの3階級は、来世において再生できるが、シュードラには来世における再生は認められていなかった。そして、シュードラの下には四種姓制度にも組み込まれない不可触民が置かれていた（左図参照）。

さらにこの四種姓とは別に、鍛冶《かじ》屋**ジャーティ**[*2]、洗濯屋ジャーティといったさまざまな職業集団があり、それぞれの職業は世襲された。その結果、バラモン階級出身の商人が存在したりする。

カースト制度[*3]は、ヴァルナやジャーティが複雑多様に結合してもたらされるインド特有の排他的社会制度をいい、現在でも結婚や食事、職業などに影響を与えている。

結婚では原則的に、同一カーストに属する者（内婚）で、かつ同一カースト内の特定集団に属さないこと（外婚）という制約がある。ただし上位カーストの男性と下位カーストの女性との結婚は認められることもあった。

食事についても制約があり、異なるカーストの者と食事をしたり、下位カーストの者から飲み水や食べ物を受けることが禁じられていた。

食べ物に関するタブーは上のカーストにいくほど厳

ゴートラ

カーストとは別に、インドにはゴートラ（もともとは牛舎、牛群の意）の制度もある。すべてのバラモンはある聖仙（リシ）の子孫とされ、ゴートラはそれぞれの聖仙にちなんで命名されている。ゴートラが同じ者は同じ氏族（外婚集団としての氏族）に属するとされる。これは本来バラモンの制度であるが、王族、庶民にも広まり、同一のゴートラに属する者同士の結婚を禁止している。

*1**ヴァルナ**／本来は色を意味する語。アーリア人のインド侵入当時、肌の色で、支配者であるアーリア人と支配される先住民とが区別されていた。

*2**ジャーティ**／インドではカースト集団を「生まれを同じくする者の集団」を意味するジャーティという語で呼んでいる。

*3**カースト**／「家柄、血統」を表すポルトガル語カスタに由来する。

しくなる。たとえばヒンドゥー教徒が聖なる動物とみなす牛を食べないことはよく知られているが、一部の不可触民[*4]では牛食が認められている。また中位、下位のカーストではヤギ、鳥、魚を食べることは認められているが、バラモンのなかには完全な菜食主義のカーストもある。

なお職業の世襲制については近代になって緩やかになり[*5]、今日のインドでは憲法で職業選択の自由が保証されている。

ヒンドゥー社会ではこのようなカーストの掟《おきて》に違反するとさまざまな制裁が加えられた。しばしば採用されるものにカースト外への追放がある。一時的追放の場合は贖罪《しょくざい》行為や沐浴《もくよく》などの浄化儀礼をすれば復帰できたが、永久追放になると、どのカーストからも受け入れられず、家族からも絶交された。

カーストに流れる宿命観

96ページでも述べたように、ヒンドゥー教では業《ごう》と輪廻《りんね》が思想の中核をなしている。人々は現世のカーストは、前世の行為の結果にほかならないのだから、それに甘んじ、与えられた職業に専念すれば来世の幸福が得られると信じた。したがってたとえ下位のカーストに所属したとしても、その境遇を受け入れたのである。またこのことは支配階級にとっても都合がよいことだった。このような宿命観が、カースト社会を維持し徹底してきたもっとも大きな要因といえる。

かれの口は、バラモンであった。かれの両腕は王族とされた。かれの両腿は、庶民とされた。かれの両足からは、隷民が生まれた。（『リグ・ヴェーダ』原人讃歌X）

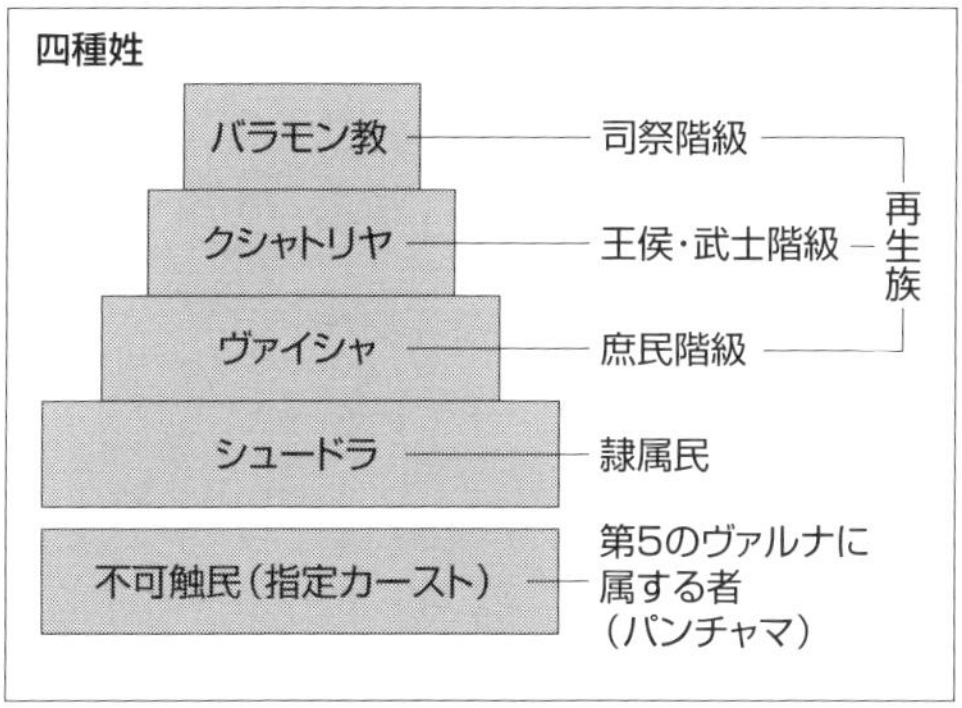

インド北西部ラジャスタンの楽士。楽士もまた3,000種あるジャーディののひとつ。

ヒンドゥー教の宇宙観

ヒンドゥー教では、宇宙を上半分と下半分とに分け、その中間に大地があると考える。大地は円盤で7つの大陸と7つの海があり、真ん中に神々が住むメール山（須弥山《しゅみせん》）がそびえ立っている。この宇宙は創造主ブラフマー（梵天）の1日間（1劫。地上の43億2,000万年）持続し、再び梵天に帰入するというサイクルを繰り返す。しかし時の経過につれて人々の信仰は薄れていき、やがて暗黒期の終わりには大帰滅が起こるという。ちなみに現在は、ヒンドゥー教の暗黒期にあたる。

*4 **不可触民**／アンタッチャブル、ハリジャン、アウト・カーストなどとも呼ばれる。現在公的には指定カーストと呼ばれる。なお、インド憲法では、カーストによる差別の禁止や不可触民階層の廃止を規定している。

*5 人口が多いインドでは、職業が世襲されることによって、少なくともその職に就けるというメリットもあることは否定できない。

column

シク教

シク教[*1]は15世紀にナーナク[*2]によって始められた宗教で、シーク教ともいわれる。

ナーナクが生きた時代、インドはイスラム教徒によるムガル帝国の支配下にあった。ナーナクは、インドの伝統的な宗教ヒンドゥー教とイスラム教を融合させ、その教えを詩のかたちで説いた。ナーナクの教えは聖典『アーディ・グラント』にまとめられている。

ナーナクは、ヒンドゥー古来の業《ごう》と輪廻《りんね》の思想を取り入れ、解脱《げだつ》して神と合一することを宗教の最終目的とした。しかし、神は唯一絶対のものであり、その神の前では人は平等であると主張して、カースト制度を否定したのである。そして、解脱は愛、平等、友愛に満ちた生活に対しての報いであるとし、連帯が重要であると説いた。

シク教寺院には、貧しい者に食事を提供するランガルという場所が設けられた。インド社会では、異なるカーストに属する者とは食事をともにできない。そのためこれは画期的なことだった。17世紀後半、シク教はムガル帝国と対立、多くの殉教者を出した。当時の第9代グル（師）、テーグ・バハードゥルは改宗を強要されたがそれを拒絶。皇帝の怒りをかい、拷問の末に首をはねられた。

やがて信仰を守るため、シク教は戦闘的になっていった。シク教の一派であるカールサー（純粋）党は、懐剣をつねに身につけ、カッチュと呼ばれる短い袴《はかま》をはいて、腕には腕輪をつけた。

髪や髭を剃ってはならず、長い髪は束ねてターバンを巻きつけるといった、特徴的ないでたちをしているため、シク教徒というとこの姿を思い浮かべる人が多い。

連帯を重んじるシク教徒は団結がかたく勇敢なため、インドの軍隊で活躍した。またさまざまな階級の人と接することをはばからないので、商業などでも成功をおさめた。

インドの人口10億の2％（2000万）がシク教徒だという。

*1 **シク**／サンスクリット語のシシヤ（弟子）に由来する。シク教徒が〝ナーナクをはじめとするグル（師）の忠実な弟子〟と考えられていたことから、こう呼ばれるようになった。

*2 **ナーナク**／1469～1538年。パンジャーブ地方で生まれ、小さいときから『ヴェーダ』聖典に通じ、ペルシア語に堪能であったという。

シク教の総本山、ハルマンディル（神の寺院）／一般にゴールデン・テンプルと呼ばれる。1577年創建。建物は1764年に再建された。（インド パンジャーブ州アムリッツァル）

第6章 仏教

大理石寺院（タイ）

ホルンを吹く僧侶（インド）

黄金仏寺院の仏像（タイ）

仏教の信者（中国）

関連年表

紀元前	
463？	仏教の祖、釈迦誕生
383？	釈迦没
	第一結集が行われる
327	アレキサンドロスが西北インドに遠征（〜前325）
280頃	第二結集が行われる
256	アショーカ王、西方諸国に使節派遣
244	アショーカ王、石柱詔勅を発布する
	この頃、東南アジアへ仏教伝来
100頃	アジャンター仏教石窟の造営開始
紀元	
紀元前後	大乗仏教興る。各種経典の原型が成立
	中国に仏教が伝わる
1世紀後半	ガンダーラ、次いでマトゥラーで釈迦像が生まれる
143頃	インド、カニシュカ王、仏教を保護する
4世紀	グプタ王朝成立
401	インド僧鳩摩羅什、長安に至る
446	中国、北魏太武帝、廃仏断行
460	中国、雲崗石窟の造営開始
538	日本に仏教公伝
	この頃、菩提達摩により中国で禅宗が起こる
574	北周の武帝、廃仏断行
600頃	インドで密教が隆盛
629	チベットでソンツェン・ガンポ王即位。
	チベットに仏教が伝わる
7世紀後半	中国で浄土教が発展する
645	玄奘がインドより大量の経典を持ち帰る
8世紀	中国で臨済宗が起こる
	中国で密教が流行
804	空海、最澄入唐留学に出発
845	唐の武宗、会昌の廃仏断行
12世紀	日本で鎌倉新仏教
1203	ゴール朝インドに侵入し、仏教寺院を破壊、インド仏教が消滅する
1868	日本で神仏分離令。廃仏毀釈吹き荒れる
1959	チベットで武装反乱、ダライ・ラマ亡命
1965	中国で文化大革命始まり、仏教を迫害

仏教の基本思想

釈迦が説いた平等と中道の教え

キリスト教・イスラム教とならんで世界三大宗教のひとつである仏教は、紀元前5世紀頃に**釈迦**（ゴータマ・シッダールタ）[*1]によって提唱されたのが、その始まりである。

古代インドでは、深遠な『ヴェーダ』[*2]哲学を基盤としたバラモン教[*3]が優勢だったが、それは司祭階級であるバラモンを最上位に置く四種姓[*4]の身分階級制度を固守する民族宗教でもあった。釈迦と同時代には、そのような保守的なバラモン教に反発する自由思想家が頻出しており[*5]、彼の説いた仏教もまた、絶対的な平等観が教義の特徴のひとつとなっている。それはユダヤ教の律法主義に反発したイエスが、愛を説くためにキリスト教を始めたことにも通じる歴史的構図である。

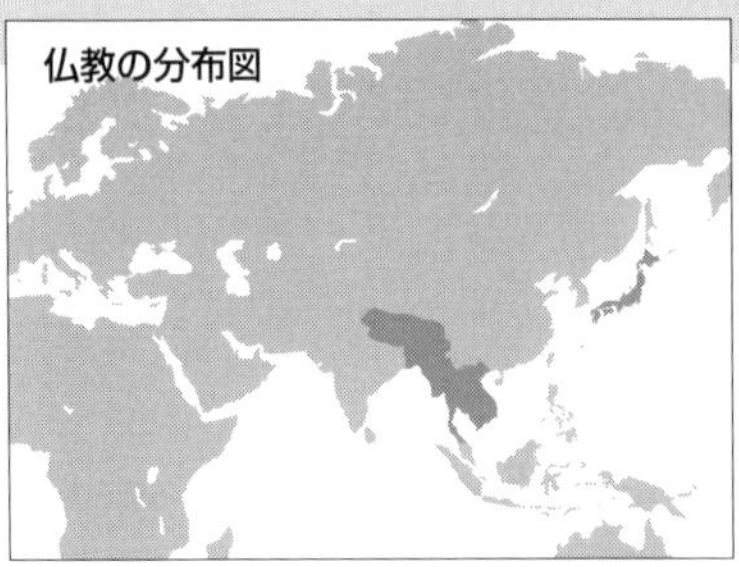

4世紀頃までには、バラモン教の勢力が衰え、インド各地の民間信仰を吸収しながらヒンドゥー教に発展解消していく。ヒンドゥー教の神秘主義である**タントリズム**が、仏教に入り込み、**密教**を形成することになったのは、7世紀頃とされる。秘密の儀式によって即《そく》身《しん》成《じょう》仏《ぶつ》が可能とした空海《くうかい》[*6]の真言密教も、その流れにある。

当初、釈迦はバラモン教の行者に倣《なら》って6年間の激しい苦行に励んだが、そのような極端な修行が意味を持たないことに気づき、禁欲主義にも快楽主義にも陥らず、中道を歩むことにした。その結果、菩提《ぼだい》樹の下で悟り（菩提）を開くことができたのである。仏教では、一神教のように超越神からの啓示ではなく、自らの内なる法（**ダルマ**）に目覚め、煩悩《ぼんのう》が消滅した境地としての涅槃《ねはん》に入ることを説く

四聖諦	
苦諦	人生は苦である
集諦	苦の原因は人間の欲と執着にある
滅諦	苦を滅した境地が悟りである
道諦	悟りに到達する方法は八正道である

聖地伝　ルンビニー

ネパール南部のタラーイ地方に位置する釈迦生誕の地。四大聖地のひとつとして仏教徒の巡礼地になっており、『孫悟空』でおなじみの三蔵法師、すなわち玄《げん》奘《じょう》三《さん》蔵《ぞう》も訪れている。母のマーヤーはお産で里帰りする途中、ルンビニーの花園で突然産気づき、アショーカ樹の枝に手をさしのべたとき、その右脇から釈迦が生まれたという。祝福された誕生ではあったが、その1週間後に母子の別れが待っていた。マーヤーの死である。

*1 **ゴータマ・シッダールタ**／116ページ参照。

*2 **『ヴェーダ』哲学**／バラモン教の聖典『ヴェーダ』で示された業や輪廻、解脱、梵我一如の思想など（37ページ参照）。

*3 **バラモン教**／36ページ参照。

のも、彼の体験からきている。

釈迦が鹿野苑《ろくやおん》（サールナート）で最初に説法（初転《しょてん》法輪《ぼうりん》）したのが、**四聖諦《ししょうたい》**の教えとされる。それは、人生は苦であり（苦諦《くたい》）、その原因は執着にある（集諦《じったい》）。悟りとはこの苦を滅した境地であり（滅諦《めったい》）、8つの方法（**八正道《はっしょうどう》**。左上表参照）を行うことによって到達できる（道諦《どうたい》）という4つの真理（諦）のことである。この真理に気づかず、無明《むみょう》世界（迷いの闇の世界）に浮沈する衆生《しゅじょう》は、**六道《ろくどう》**（地獄・餓鬼《がき》・畜生・修羅《しゅら》・人間・天道）を繰り返し、安らぐことがないとされる。

さらに仏教には、**三法印《さんぼういん》***7と呼ばれる3つの根本思想がある。それは諸行無常、諸法無我、涅槃寂静《ねはんじゃくじょう》のことであり（左表参照）、これに一切皆苦《いっさいかいく》を加えれば、**四法印**となる。

八正道	
正見《しょうけん》	道理を正しく見さだめること
正思惟《しょうしゆい》	正しく心の思惟分別をすること
正語《しょうご》	真実を正しい言葉で語ること
正業《しょうごう》	正しい心がまえ、行いをすること
正命《しょうみょう》	正しい生活をすること
正精進《しょうしょうじん》	正しい道に励むこと
正念《しょうねん》	悟りへの道を正しく念ずること
正定《しょうじょう》	正しく精神を安定させること（禅定《ぜんじょう》）

三法印

四法印	三法印	諸行無常	一切は縁起によって生じており、無常である
		諸法無我	一切の存在には実体がない
		涅槃寂静	煩悩の炎が消え去り、一切の苦から解放された境地
		一切皆苦	一切の形成されたものは苦である

部派仏教と大乗仏教に展開

インドからスリランカや東南アジアに伝わった**上座***8**部仏教**は、原始仏教の伝統を重んじ、戒律を厳しく保つことによって、輪廻《りんね》から解脱することに主眼を置く。出家主義の立場を崩さず、在家の者は出家を支えることによって功徳《くどく》を積むと教えられている。反対に、インドから中央アジアを経て、中国・朝鮮に伝わった**大乗仏教**では、自らの解脱だけでなく、**菩薩《ぼさつ》**精神で他者への働きかけをすることが強調される。また菩提成就のために、必ずしも俗世間を離れることが不可欠とはされない。

日本仏教は大乗仏教の流れを汲《く》むが、そのなかでも著しく世俗化が進み、僧侶の肉食妻帯が公認されるなど、独自の仏教文化を生み出している。

それを宗教的退廃と見ることもできるが、アニミズム的な日本土着の宗教的情緒と合体した仏教の積極的変容ともいえないことはない。

（町田宗鳳）

*4 **四種姓**／司祭階級（バラモン）、王侯・武士階級（クシャトリヤ）、庶民階級（ヴァイシャ）、隷属民（シュードラ）の4つをいう（108ページ参照）。

*5 釈迦、ジャイナ教の開祖ヴァルダマーナ（136ページ参照）のほか、道徳無用論のプーラナ・カッサパ、運命論のマッカリ・ゴーサーラ、死後に霊魂は存在しないと主張したアジタ・ケーサカンバラなどがいる。

*6 **空海**／774～835年。真言宗を開いた。

*7 **三法印**／仏の教え、真理のしるし。

*8 **上座部仏教**／120ページ参照。

心を統一したサキャムニは、（煩悩《ぼんのう》の）消滅・離欲・不死・勝れたものに到達された。（中略）この真理によって幸せであれ。
（『スッタニパータ』225、中村元訳）

仏教徒の信仰生活

仏教徒の行動規範

仏教はおもにスリランカを経由して東南アジアに広まった**上座部仏教**《じょうざぶぶっきょう》と、中央アジアを経由して中国、朝鮮半島、日本に伝わった**大乗仏教**とに大別できるが、[*1]仏教徒に共通する行動規範として、①不殺生戒《ふせっしょうかい》（殺すなかれ）、②不偸盗戒《ふちゅうとうかい》（盗むなかれ）、③不妄語戒《ふもうごかい》（うそをつくなかれ）、④不邪淫戒《ふじゅいんかい》（よこしまな男女関係をつくるなかれ）、⑤不飲酒戒《ふおんじゅかい》（酒を飲むなかれ）の**五戒**をあげることができる。これは出家、在家を問わず仏教徒が守るべき基本的な戒である。

上座部仏教圏では、五戒にぜいたくを戒める⑥不塗《ふと》飾香鬘舞歌観聴戒《しょくこうまんぶかかんちょうかい》（無用に身を飾ったり歌舞を見ない）、⑦不眠坐高広厳麗床上戒《ふみんざこうこうごんれいしょうじょうかい》（高いベッドではなく床に寝る）、⑧非時食戒《ひじしきかい》（昼を過ぎたらものを食べない）の3つが加わった**八斎戒**《はっさいかい》があり、[*2]六斎日《ろくさいにち》に行われる布薩《ふさつ》（ウポーサタ）という行事において守られる。

これに対して、大乗仏教圏では**六波羅蜜**《ろくはらみつ》という徳目が立てられる。これは戒律ではなく悟りに至るための階梯で、菩薩《ぼさつ》の行とされる。布施《ふせ》、持戒《じかい》、忍辱《にんにく》、精進《しょうじん》、禅定《ぜんじょう》、智慧《ちえ》がそれだ（左表参照）。

これらは五戒同様いずれも出家、在家共通の戒であり徳目だが、出家者の戒律はまた別に定められている。上座部仏教圏では、原始仏教の時代から続く比丘《びく》の250戒、比丘尼《びくに》の348戒がある。大乗仏教圏では、これを簡略化した**大乗菩薩戒**が説かれる。

仏教の行事

大乗仏教と上座部仏教で共通する行事といえば、釈迦の事跡にまつわることがらとなる。すなわち、①誕生、②悟り、③入滅《じゅめつ》であり、これを**三仏忌**《さんぶつき》と呼ぶ。

大乗仏教では①を花祭り、降誕会《ごうたんえ》、灌仏会《かんぶつえ》などといい、4月8日に花御堂《はなみどう》の誕生仏に甘茶をかけて祝っている。②は成道会《じょうどうえ》といい、12月8日に各寺院で祝う。禅宗では臘八接心《ろうはつせっしん》といい、数日間にわたる厳しい坐禅を続ける。③は涅槃会《ねはんえ》といい、2月15日に各寺院で涅槃図などをかけて釈迦への追悼報恩を行う。心ある在

*1出家した男性を比丘《びく》、女性を比丘尼《びくに》、在家信者の男性を優婆塞《うばそく》、女性を優婆夷《うばい》という。出家者（僧）は修行をするかたわら人々に説法をし、在家信者は出家者を経済面で支えていた。

聖地伝　霊鷲山（りょうじゅせん）

古代インド、マガダ国の首都ラージャグリハ（王舎城）にある小高い山。その頂が鷲の姿に見えることから、この名がつけられた。

釈迦はこの山を好み、瞑想《めいそう》するためにしばしば訪れたという。また多くの説法をした地としてもよく知られており、『法華経《ほけきょう》』や『無量寿経《むりょうじゅきょう》』はここで説かれたとされている。サンスクリット語でグリドラクータといい、耆闍崛山《ぎじゃくっせん》と音写される。

家の信者も寺参りをする。

これが上座部仏教圏に行くと様変わりする。南方の伝承では釈迦が生まれたのも、悟りを開いたのも、入滅したのもウェーサーカ月（4～5月）の満月の日とされ、この日を中心に数日間ウェ*3ーサク祭が実施される。寺院参拝が行われ、野外に釈迦の飾り物や提灯《ちょうちん》が出てにぎやかに歌や踊りが繰り返される。

なお、前述の布薩日は、スリランカでは現在月に一度、満月の日に行われて国民的休日になるという。

また、7（8）月13日から16日にかけて行われる盂《う》*4蘭《ら》盆《ぼん》会《え》（お盆）、春分の日、秋分の日を挟んだ前後7日間行われる彼岸会《ひがんえ》は日本独特の行事である。

礼拝の方法

僧侶や信者が仏像などの前で礼拝《らいはい》をするときには、合掌した後、額、肘《ひじ》、膝《ひざ》を地につけ、平身低頭する五体投地《ごたいとうち》がもっとも丁寧な礼拝の方法である。これを何回か繰り返すが、真心がこもっていれば一度でもよい。通常の礼拝であれば、数珠《じゅず》を手に合掌、または単に合掌をするだけの簡略な方法でもかまわない。

さらに経文や念仏、題目、真言などを唱えたり、線香や蝋燭《ろうそく》を供え、焼香をすれば、功徳が増すとされる。

六波羅蜜（六度）

種　類	内　容
布　施	広く施しをすること。乱費する者に施さず、多くを有する者に施さず、無用の施しをせず、真に人を愛する心から施しをすること。そしてその施しはお金や品物に限らない。魂と魂との触れ合いによって生じる心の底からの行為をいう
持　戒	戒律を保つこと
忍　辱	はずかしめを忍ぶこと。自分の心を傷つけられることに対して悲しまぬよう、憤らぬよう、意気消沈、失望しないようどこまでも耐え忍ぶこと
精　進	目的に向かって進むこと
禅　定	よく坐禅することと心を静めること、自分の心に立ち返って静かに落ち着いた本心の声を聞くこと
智　慧	布施、持戒、忍辱、精進、禅定の5つの根元になる心の働きをいう。真の智慧とは悟った智慧（般若《はんにゃ》）のこと

九華山法要《きゅうかさんほうよう》／地蔵菩薩の道場として著名で、今日では中国四大仏教名山のひとつになっている。九華山の主峰十王峰は1342mという高さにあり、風光明媚なところとして知られている。（中国　安徽省）

*2 **六斎日**／毎月8日、14日、15日、23日、29日、30日である。

*3 呼び名は国により異なる。スリランカではウェーサカ、ラオスではヴィサーカ・ブーサという。

*4 **盂蘭盆会**／盆ともいい、目連が地獄に落ちた母親を救った故事に由来する。日本では仏教以前からあった祖霊祭と習合して国民的行事となっている。

もろもろのみ仏の現われたまうのは楽しい。正しい教えを説くのは楽しい。つどいが和合しているのは楽しい。和合している人々がいそしむのは楽しい。（『ダンマパダ』194、中村元訳）

紀元前6世紀頃：釈迦誕生

仏になったシッダールタ

誕生仏。釈迦は誕生間もなく7歩歩き、右手で天を、左手で地をさして「天上天下唯我独尊」と唱えたという

人生の苦悩を直視して修行者に

釈迦は紀元前5世紀頃、現在のネパール領タラーイ盆地の一小国、シャークヤ国（釈迦国）の王子として生まれた。名をゴータマ・シッダールタという。父はシュッドーダナ王、母はマーヤー夫人《ぶにん》。その母は産後の肥立ちが悪く、出産後7日にして亡くなってしまう。そこで妹のマハープラジャーパティーが王子を養育した。シッダールタは16歳のときにヤショーダラーと結婚し、ラーフラ[*1]という名の子をもうけている。

はた目には恵まれた境遇にあったシッダールタが出家を決意したきっかけは、**四門出遊**《しもんしゅつゆう》のエピソードとして表される。

あるとき城の東門から行幸に出た王子は、そこで老人と出会って老いの苦しみを知る。次に南門から出て病人と出会い、西門で死者を見てそれぞれ病苦と死苦を知る。そして北門から出たときに修行者と出会い、その崇高な姿を見て出家を志す。王子は29歳のときに愛馬カンタカにまたがり、ひそかに城を出た。

シッダールタははじめ2人の高名な仙人について教えを乞うたが、満足できる答えを得られず、さらに6年間山にこもって苦行を続けた[*2]。

しかし、生死の間をさまようような苦行にもついに意味を見出せず、山を下りてスジャーターという村娘から乳粥《ちちがゆ》をもらって口にした。シッダールタと行動をともにしていた5人の修行者は、これを彼の堕落と見、シッダールタのもとから去っていった。

シッダールタは乳粥で力を得ると、ガヤーの地のアシヴァッタ樹の下で7日間坐禅を続け、ついに悟りの境地に達した。

以後シッダールタは**ブッダ**（真理に目覚めた人）、**シャークヤムニ**（釈迦族の聖者）と呼ばれるが、中国に至って仏陀《ぶつだ》、釈迦牟尼《しゃかむに》と音写され、釈迦、釈尊などとも呼ばれるようになった。なお、釈迦が悟りを開いてブッダとなったことから、ガヤーの地はブッダガヤーと呼ばれ、アシヴァッタ樹は菩提《ぼだい》（悟り）の木として菩提樹と呼ばれるようになった。

聖地伝　ブッダガヤー

ガンジス川の支流、ナイランジャナー川のほとりにあって、現在はボードガヤーと呼ばれている。釈迦が悟りを開いたとされる成道《じょうどう》の聖地（四大聖地のひとつ）。釈迦はこの土地の大きなアシヴァッタの樹（菩提樹）の下で、草刈人が献上した草をしいて瞑想《めいそう》に入ったという。現在もその場所には大きな菩提樹が枝をのばし、釈迦が座った場所を示す石製の金剛座がある。

*1 **ラーフラ**／障礙《しょうぎ》（妨げ）という意味。後に釈迦によって出家させられる。

釈迦の布教活動

悟りの境地があまりにも深遠で、伝えることは不可能と考えた釈迦は、当初説法をためらうが、ついに伝道を決意[*3]。まず、自分と袂《たもと》を分かった5人の修行者のもとへ行き、教えを説いた。5人は釈迦の威徳に打たれ、最初の説法（**初転法輪**《しょてんぼうりん》）を聴聞、はじめての弟子となった。やがて**十大弟子**といわれるようになる弟子たちが次々と加わり、教団は大きくなっていった。

当時、インドは急激な経済の発展期にあった。そうしたなかで、仏教は富裕階級と中産階級に受け入れられていった。釈迦の説く慈悲の施与《せよ》と苦からの解脱《げだつ》は、彼らの求める新しい価値観に合致していたのである。

マガダ国のビンビサーラ王も釈迦に帰依《きえ》し、**竹林精舎**《ちくりんしょうじゃ》を寄進した。コーサラ国のスダッタ長者は[*4]**祇園精舎**《ぎおんしょうじゃ》（精舎とは寺院の意）を寄進。続いてコーサラ国のプラセーナジット王も帰依し、仏教はマガダ国とコーサラ国という二大国を足がかりに、やがて全インドに進出する機会を得たことになる。

釈迦は生まれ故郷のシャークヤ国にも帰り、人々を教化《きょうけ》（教え導くこと）した。同族の者も多数出家し、幼い釈迦の実子のラーフラも弟子となった。父のシュッドーダナ王が亡くなると、養母のマハープラジャーパティー、妻のヤショーダラーも出家し、尼僧教団を形成した。

80歳のとき、釈迦はマガダ国にあるラージャグリハ（王舎城）の[*5]霊鷲山《りょうじゅせん》をたち、故郷へ旅立った。途中パーヴァー村で鍛冶《かじ》屋のチュンダが布施《ふせ》した料理を食べ、激しい下痢に襲われる。やがてクシナガラに着き、釈迦は2本のサーラ樹（沙羅双樹《さらそうじゅ》）の間に右脇を下にして横たわり、弟子たちに見守られながら静かに息を引き取った。

釈迦の最後の言葉は次のようなものだった。

「修行僧たちよ、すべては移ろいゆく。怠りなく努め励めよ」

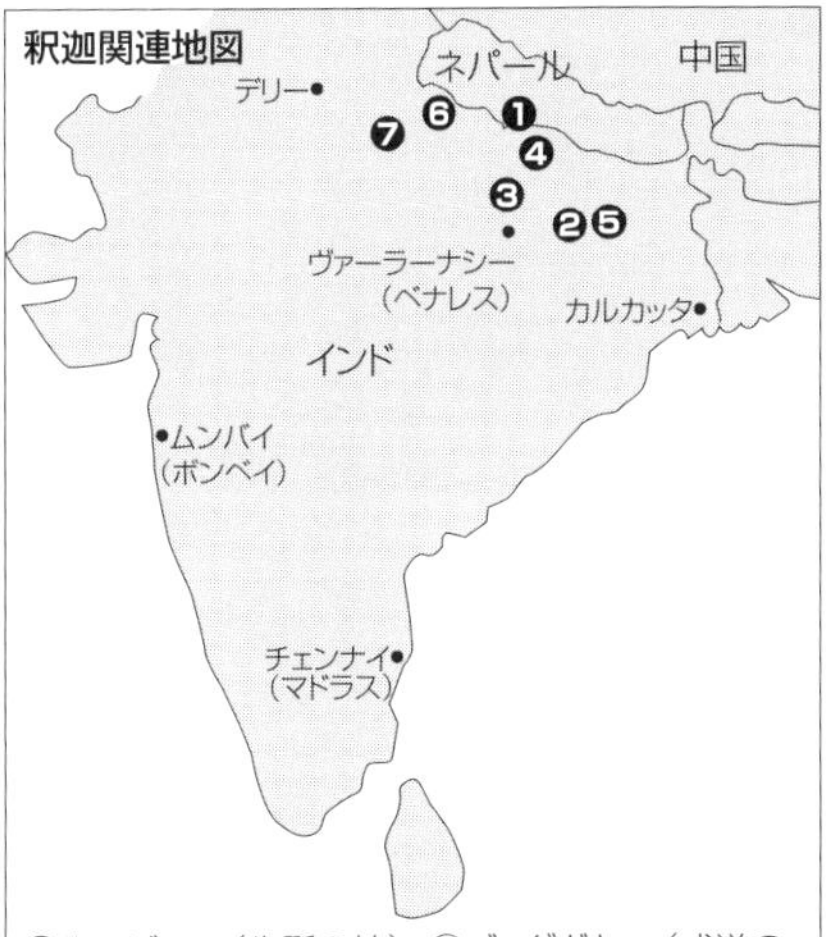

①ルンビニー（生誕の地）　②ブッダガヤー（成道の地）　③サールナート（鹿野苑《ろくやおん》・初転法輪の地）　④クシナガラ（入滅の地）　⑤ラージャグリハ（王舎城・マガダ国の首都。近くに竹林精舎あり）　⑥シュラーヴァスティー（舎衛城・コーサラ国の首都。近くに祇園精舎あり）　⑦サンカーシャー（釈迦が忉利《とうり》天で母マーヤーに説法をした後、三道宝階という金、銀、瑠璃でできた階段で地上に降りたとされる地）

自らを灯明とし、自らをたよりとして、他人をたよりとせず、真理（法）を灯明とし、真理をよりどころとして、他のものをよりどころとせずにあれ。（『長阿含経』巻二、中村元訳）

*2このときの苦行は断穀行が中心といわれる。一切の穀物を口にせず、水と木の実だけで命をつないで坐禅をする。

*3このときの内面的葛藤は、悪魔の誘惑や梵天の勧め（梵天勧請《ぼんてんかんじょう》）というエピソードで伝えられている。

*4**祇園精舎**／祇樹《ぎじゅ》給孤独園精舎《ぎっこどくおんしょうじゃ》の略。ジェータ太子（祇陀《ぎだ》太子）の園にスダッタ長者（給孤独長者）が建てたことから、2人の名をとって命名された。

*5**霊鷲山**／114ページ聖地伝参照。

紀元前4世紀頃：第一結集

弟子たちによる経典の編纂

継承された釈迦の教え

釈迦の入滅《じゅめつ》後、教団を率いていた**マハーカーシャパ**[*1]（**摩訶迦葉**《まかかしょう》）は、師の教えが散逸することを恐れた。そして、師の教えをまとめることを思い立った。

生涯を教化《きょうけ》（人々を教え導くこと）にかけた釈迦は、相手の能力や理解度に合わせて法を説いたので、その説法は対機説法、応病与薬などといわれた。語り口は相手によって千変万化し、その教えは八万四千の法門と呼ばれるほど多岐にわたった。このような釈迦の教えをマハーカーシャパは、人々の記憶が確かなうちに教団共有のものとして残そうとしたのである。

彼は**阿羅漢**[*2]《あらかん》というレベルの悟りを開いた500人の高弟をラージャグリハ（王舎城）の七葉窟《しちようくつ》に集め、釈迦の教えの整理を試みた。いわば、教えの編集会議を開いたわけである。この会議は、仏教史上**第一結集**《だいいちけつじゅう》と呼ばれて重視されている。

まず、長年釈迦に侍者としてつき従い、弟子中「多聞第一《たもんだいいち》」といわれた**アーナンダ**（**阿難**《あなん》）が担当し、釈迦の教えを思い出して唱えた。残りの阿羅漢たちがこれを追認し、ひとつひとつ釈迦の教えが紡ぎ出されていった。この教えはその後竪糸《たていと》（スートラ）のように時代を経て後世に伝えられることになるので、スートラと称され、その訳から**経**と呼ばれるようになった。ほとんどの経が「如是我聞《にょぜがもん》」（私はこのように聞いた）という出だしで始まるのは、このときのアーナンダの言葉からきている。

アーナンダの次は、弟子中「持律第一《じりつだいいち》」といわれた**ウパーリ**（**優波離**《うばり》）が担当して釈迦が決めた教団の規則を誦《じゅ》した。そして、やはり残りの阿羅漢たちがこれを追認していった。これはヴィナヤと呼ばれ、**律**と訳された。

経典の種類

種類		説明
三蔵（一切経または大蔵経ともいう）	経（蔵）	経の文字はもともとは竪糸の意味だった。転じて仏の教え、教えを貫く真理、法などの意味で用いられる。またそれを記したものを経蔵という
	律（蔵）	律とは釈迦の教えにもとづく教団の規則（戒律）。またそれをまとめた聖典を律蔵という
	論（蔵）	経典の注釈書など、教えを解釈した聖典を集めたもの

聖地伝　クシナガラ

釈迦が涅槃《ねはん》に入った聖地。四大聖地のひとつで、北インド、ウッタル・プラデーシュ州北東部のカシアがその場所とされる。病んで横たわる釈迦の周囲には、弟子たちをはじめ、あらゆる生きとし生けるものが集まり、見守っていたという。入滅後その遺体は荼毘《だび》に付され、遺骨（仏舎利）が8部族に分骨された。各部族はストゥーパ（仏塔）を建ててこれを祀ったという。

仏足跡《ぶっそくせき》。蓮、菩提樹とともに釈迦のシンボルとなっている

*1**マハーカーシャパ**／釈迦入滅時以来、教団のリーダー的存在となった人物。釈迦の遺体を荼毘に付そうとしたが火がつかず、彼が到着すると点火したという。

こうして、第一結集では経と律が成立した。後の弟子たちがこれを解釈した**論**が生まれると、この経・律・論を**三蔵**《さんぞう》と呼ぶようになった。広義では三蔵全体をさして**経典**という。三蔵法師という言葉があるが、これは三蔵に通じた名僧のことをいう。

七尊像／釈迦の両脇には、十大弟子に数えられた摩訶迦葉（右）と阿難（左）が立っている（その隣は菩薩と天）。中国唐代の白眉といわれる敦煌莫高窟《とんこうばっこうくつ》45窟の彩塑。（中国　甘粛省）

結集はその後何度か行われた。仏滅後100年頃には戒律*3の問題をめぐって第二結集がもたれ、滅後200年のアショーカ王の治下にはパータリプトラで1000人の比丘《びく》が集まって結集が行われたという。*4

釈迦の十大弟子

名称		すぐれた点	特徴
舎利弗《しゃりほつ》	シャーリプトラ	智慧《ちえ》第一	初転法輪時に仏弟子となったアシュヴァジッドと出会い、その教えに打たれて友人の目連を誘い、釈迦に弟子入りする。釈迦から信頼されたが、釈迦よりも早く亡くなった
目《もく》　**連**《れん》	マウドガルヤーヤナ	神通《じんずう》第一	舎利弗とともに弟子入りし、7日で悟りに達したという。後年暴漢に襲撃されて非業の死を遂げた
摩訶迦葉《まかかしょう》	マハーカーシャパ	頭陀《ずた》第一	すぐれた頭脳の持ち主で、頭陀行《ずたぎょう》という厳しい修行を自らに課し、それを最後まで続けた。後に教団のリーダー的存在となる
須菩提《しゅぼだい》	スブーティ	解空《げくう》第一	仏教の“空”（永遠不変の実体というものは存在しないという真理）をもっともよく理解していた弟子
富楼那《ふるな》	プールナ	説法第一	商人出身。教えをわかりやすく、人の心にしみるように説く名手。布教のために帰郷し、そこで亡くなった
迦旃延《かせんねん》	カーティヤーヤ	論議第一	アヴァンティ国の王から釈迦を招くために遣わされた使者だった。釈迦と同じように説法ができたという
阿那律《あなりつ》	アヌルッダ	天眼《てんげん》第一	釈迦の説法中に居眠りしたことで釈迦に叱られ、以降目を閉じない誓いを立てた。これが原因で失明する
優波離《うぱり》	ウパーリ	持律第一	釈迦の故国で理髪師（最下層のカースト出身）だった。阿難とともに弟子入りする。釈迦の戒律をよく守った
羅睺羅《らごら》	ラーフラ	密行第一	釈迦の実子。息子に絶対的な価値のある真実の財宝を残したいと考えた釈迦によって出家させられた
阿《あ》　**難**《なん》	アーナンダ	多聞《たもん》第一	釈迦の従兄弟。釈迦の従者として献身的に仕えた。第一結集の直前に悟りを開いた

*2**阿羅漢**／サンスクリット語のアルハンの音写語。「尊敬に値する人」の意。もとは仏の別称だったが、後に仏弟子における悟りの最高位を示すようになった。大乗仏教ではこれを、自利のみを追求する声聞《しょうもん》（出家修行者）として批判した。

*3**戒律**／戒は規則を守ろうとして誓う自発的な心の働き、律は教団の規則（罰則を含む）を意味する。

*4もっとも新しいものは第六結集で、1954年にビルマ（現ミャンマー）で開催された。

部派仏教と大乗仏教

紀元前250年頃：部派仏教
紀元前後：大乗仏教成立

自利から利他へ―仏教の大転換

部派仏教の時代

仏滅後一〇〇年頃、戒律の問題[*1]をめぐって第二結集《だいにけつじゅう》が開かれたとき、とくに金銭の布施《ふせ》に関して、これを是とする進歩派と、否とする保守派で激しい対立が起こった。

結果は保守派が勝利したが、これに不満を持つ進歩派が集まり、**大衆部《だいしゅぶ》**という部派を結成した。これに対して保守派は**上座部《じょうざぶ》**と名乗り、教団は二分した（**根本分裂**）。この後分裂が分裂を呼び、教団は数百年をかけておよそ20もの部派に分かれていった（**枝末分裂《しまつぶんれつ》**）。

アショーカ王の帰依

アショーカ王（在位紀元前268年頃～紀元前232年頃）は、紀元前4世紀にガンジス川流域地方から興ったマウリヤ王朝の第3代王であり、各地を転戦してインドを統一した偉大な王だが、悲惨な戦争を体験したことから、深く仏教に帰依《きえ》するようになった。

王は巨額を投じて仏塔や寺院を建設するなど、仏教を保護するとともに、病人や貧しい者を救済、慈悲の政治を行ったことでも知られている。またスリランカなど周辺国にも熱心に仏教を勧めた。

数百年続いた分裂の時代を**部派仏教《ぶはぶっきょう》**の時代という。

一見教団の危機と思えるこの分裂が、仏教に飛躍的な発展を与える。それぞれの部派が強力な庇護《ひご》者《しゃ》を得て拡大発展し、仏教全体としてはインド全体を席巻《せっけん》するほどに広まっていったからだ。経済的に潤った各部派は、衆生教化《しゅじょうきょうけ》を忘れて象牙《ぞうげ》の塔に閉じこもってしまい、教理研究に埋没する。[*2] 当然民衆は彼らから離れていくことになった。

衆生救済をめざす大乗仏教の誕生

部派仏教の比丘《びく》[*3]たちは、衆生の救済を忘れて自己の悟りのみを追求した。これを自利《じり》という。紀元前後頃、このような動きに反発する勢力が生まれた。彼らは釈迦の理念を利他《りた》に見た。他を利する、すなわち衆生救済である。衆生を悟りに導くことに生涯をかけた釈迦の原点に返るべきだと主張した。「自利を求める部派仏教徒は、自分だけが乗れる小さな船を造ってひとり

*1対立点に10項目があげられるので十事と呼ばれる。都市ヴァイシャーリ近郊に住む出家者は、時代の変化に応じた戒律の緩和を主張。一方南インドのアヴァンティやデカン方面に住む比丘たちはバラモン教やジャイナ教と対抗するうえでむしろ戒律を厳格化する必要があった。その対立が分裂を生んだ。

数珠《じゅず》。念仏や真言を唱えるとき、これを繰りながら回数を数える。玉の数は108個を基本とし、多岐にわたる

聖地伝　サールナート

鹿野苑《ろくやおん》という修行地のあったところで、釈迦がはじめて説法をした初転法輪《しょてんぼうりん》の聖地（四大聖地のひとつ）。ヴァーラーナシー（ベナレス）の近くにあり、出家者が集まって修行をしていた。釈迦が修行の途中でスジャーターから乳粥《ちちがゆ》をもらったことを知り、袂《たもと》を分かった5人の修行者は、はじめ彼を無視しようと誓い合ったが、その姿を見るや席を設け、足を洗う水を用意するなど、礼を尽くして接したという。

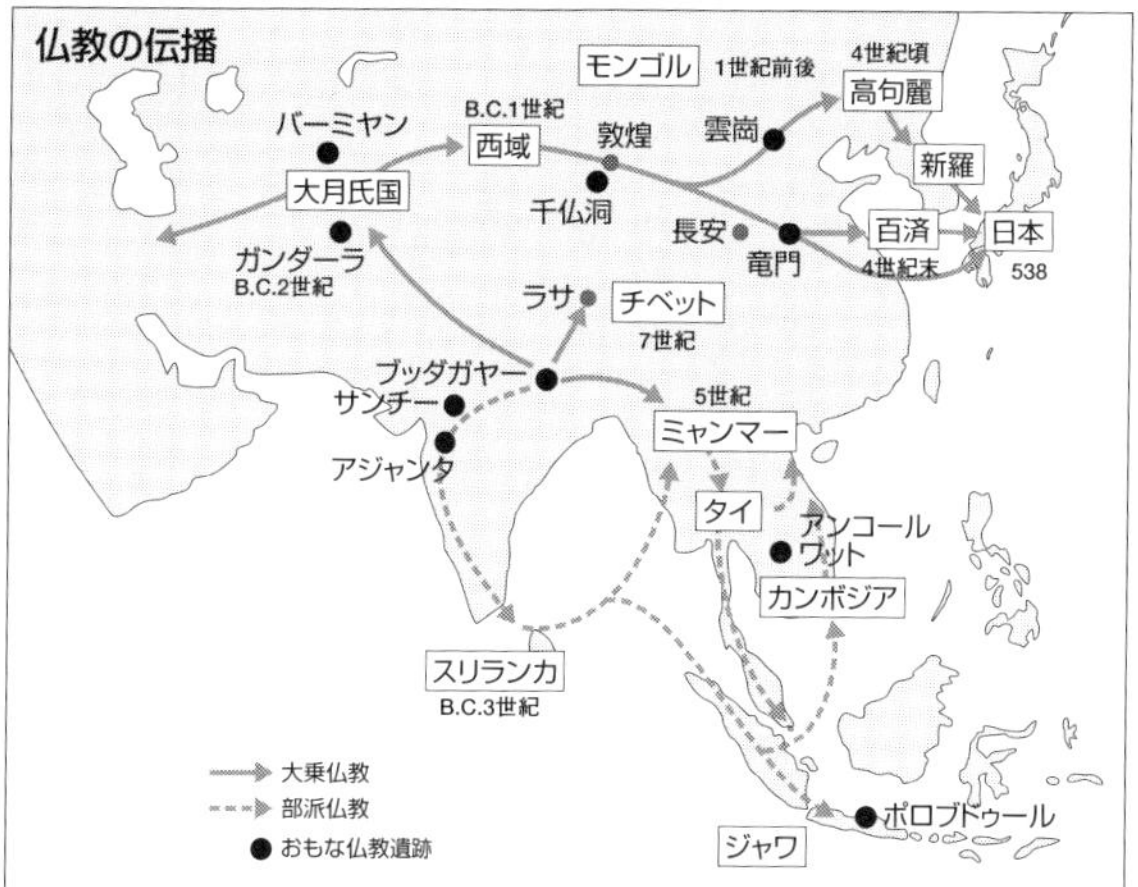

西域を経て中国、朝鮮半島、日本に伝わった仏教を北伝仏教、スリランカからタイ、ミャンマーなど東南アジアに伝わった仏教を南伝仏教と呼ぶ。

彼岸《ひがん》をめざす**小乗仏教**であり、われわれのめざす仏教は皆が乗れる大きな船を造って衆生を彼岸に渡す**大乗仏教**である」

そのような主張のもとに興った一大宗教改革運動が大乗仏教である。大乗仏教徒は何よりも利他を優先し、自利も利他の修行があってはじめて得られると主張した。そして、このようにして悟りを求める者を**菩薩**《ぼさつ》[*4]と呼んだ。大乗仏教は菩薩を理想の生き方としたのである。

彼らは釈迦の原点に立ち返り、瞑想《めいそう》のなかで真理を観察した。そして見えてきた真理を、大乗仏教経典として次々と書き著していった。在家信者にも悟りの道を開いた大乗仏教は、庶民の支持を得てインドでは13世紀頃まで続く。空間的にも西域《さいいき》を経て中国、朝鮮半島、日本へと伝わって歴史の表舞台を形成していく。

大乗仏教のおもな経典

名称		特徴
般若経 **（般若波羅蜜多経《はんにゃはらみたきょう》）**		大乗仏教のエッセンスともいえる“空”の思想を称揚し、理想の彼岸に至るための智慧《ちえ》（般若）を説いた経典。般若経典にはいくつかの種類があるが、なかでも300字足らずの『般若心経』は、日本でもっともよく読誦《どくじゅ》されている経典のひとつ
華厳経 **（大方広仏華厳経《だいほうこうぶつけごんきょう》）**		釈迦が成道《じょうどう》後に自らの悟りの境地を説き明かしたものとされ、毘《び》盧舎那仏《るしゃなぶつ》が顕現した蓮華蔵世界（広大無辺の悟りの世界）が描かれている。東大寺の大仏は『華厳経』の経主毘盧舎那仏である
浄土三部経	**無量寿経《むりょうじゅきょう》**	法蔵菩薩が48願を成就し、阿弥陀仏（無量寿仏）になったことを説く。とくにその18願は有名。また極楽の荘厳や上中下3種の往生のあり方を説く
	阿弥陀経《あみだきょう》	極楽の荘厳と弥陀の名号を念持することで往生できることを説く
	観無量寿経《かんむりょうじゅきょう》	阿闍世《あじゃせ》王子が父王を幽閉し、救いを求める母、韋提希《いだいけ》に釈迦が阿弥陀仏と極楽の存在を説く
法華経《ほけきょう》		紀元50年から150年頃にかけて成立。諸経の王といわれ、アジア全域に多大な影響を与えた。わが国の平安以来の文学や芸術も大きな影響を受けている。「一乗妙法」「久遠本仏」「菩薩行道」を三大テーマとする

密教経典を除く。

*2 こうして成立したのが『論書』であり、『アビダルマ』と呼ばれている。経、律、論の三蔵のひとつである。新しい教理を発展させたが、煩《はん》瑣《さ》になりすぎて釈迦の真意を逸脱すると批判された。

*3 **比丘**／出家した男性のこと。出家した女性は比丘尼という。

*4 **菩薩**／ボーディ・サットヴァ（悟りを求める者）の音写語。もとは成道前の釈迦の呼称だったが、大乗仏教では利他の精神をもって自利（悟り）を求める者をすべてこう呼んだ。後に仏と同格でありながら此岸《しがん》にとどまって衆生済度《さいど》を続ける観音や地蔵のほうが代表格になっていく。

むさぼりと怒りとおろかさなどの煩悩はすべて仏となるための種である。（『維摩経』）

密教と曼荼羅

あらゆるものを包み込む世界

7〜8世紀：『大日経』『金剛頂経』成立

限りなくヒンドゥー化した仏教の姿

4世紀に興ったグプタ王朝[*1]は、久しぶりのインド人の政権だった。したがって強いヒンドゥー政策を推し進め、ヒンドゥー教が隆盛していく。そのようななかで仏教が生き残っていくためには、自らヒンドゥー化せざるを得なかった。グプタ王朝からパーラ王朝に代わる7世紀頃には、ヒンドゥー化した仏教、**密教**が花開くが、やがてヒンドゥー教に埋没した密教は、13世紀はじめにイスラム教勢力の侵略を受け、滅んでしまう。

密教の教理の最大の特徴は、**即身成仏**《そくしんじょうぶつ》にある。それまでの大乗仏教では、あらゆるものに仏性《ぶっしょう》があるとはいうが、仏になるまでには何度も生まれ変わりを繰り返し、気の遠くなるような期間修行しなければならないとされた。これでは自然と民衆の心も遠のいていく。

こうしたなか現れた密教は、人はこの身このままで仏になれると説く。この現世《げんぜ》肯定、即身成仏の教えに民衆は再び引きつけられた。7世紀から8世紀にかけて、密教では『**大日経**《だいにちきょう》』と『**金剛頂経**《こんごうちょうきょう》』という根本経典が次々とつくられ、思想を理論づけていった。

深遠な秘密の教え

密教とは文字どおり秘密の教えという意味である。従来の教えは、難解な仏の教えを釈迦が平易に翻訳して衆生《しゅじょう》に示した仮の教えで**顕**《けん》**教**《ぎょう》であり、真の教えは言語化不能な秘密に属する教えであるとして密教といった。

密教は**大日如来**の教えである。大日如来は宇宙の事象に仮託してつねに法を説いているが、その教えはあまりにも深遠で難解なので、特別な行をしなければ理解できないと考えられた。

その特別な行は身《しん》・口《く》・意《い》の**三密**《さんみつ》と呼ばれる。手（身）で印を結び、口でマントラ（真言[*2]）やダーラニー（陀羅尼[*3]）という呪文を唱え、心に**曼荼羅**《まんだら》を思い描いて仏と一体になることをめざす。これを**入**《にゅう》**我**《が》**我**《が》**入**《にゅう》といい、行者はその瞬間に成仏する（この境地を即身成仏という）。

曼荼羅とは三《さん》世《ぜ》（過去、現在、未来のこと）十方の

三鈷杵《さんこしょ》。密教の修法《しゅほう》に用いられる金剛杵の一種で、両端が三股に分かれたもの。もともとはインドの武器

聖人伝　不空（705〜774）

中国密教を大成した唐代の僧。南インド出身の金剛智（671〜741年）より密教の奥義を学んだが、さらに密教経典の探索と修法のため、多くの困難を乗り越えてスリランカ、南インドに渡った。長安に戻ってからは、玄宗皇帝はじめ3代皇帝の帰依《きえ》を受け、「三代の国師」と仰がれる。空海に灌頂《かんじょう》を授けた恵果《けいか》は不空の弟子。空海は自ら不空の生まれ変わりと称するほど、敬愛していた。

*1 **グプタ王朝**／4世紀初頭、チャンドラグプタ王が建てた王朝で、何代もかけて大帝国を築いた。ナーランダー大学などを建てて仏教も保護したが、基本的にはヒンドゥー教を国教として盛り上げていく。

*2 **真言**／真実でいつわりのない言葉の意。

生れ生れ生れ生れて生《しょう》の始めに暗く　死に死に死に死んで死の終りに冥《くら》し。（空海『秘蔵宝鑰』）

胎蔵界曼荼羅

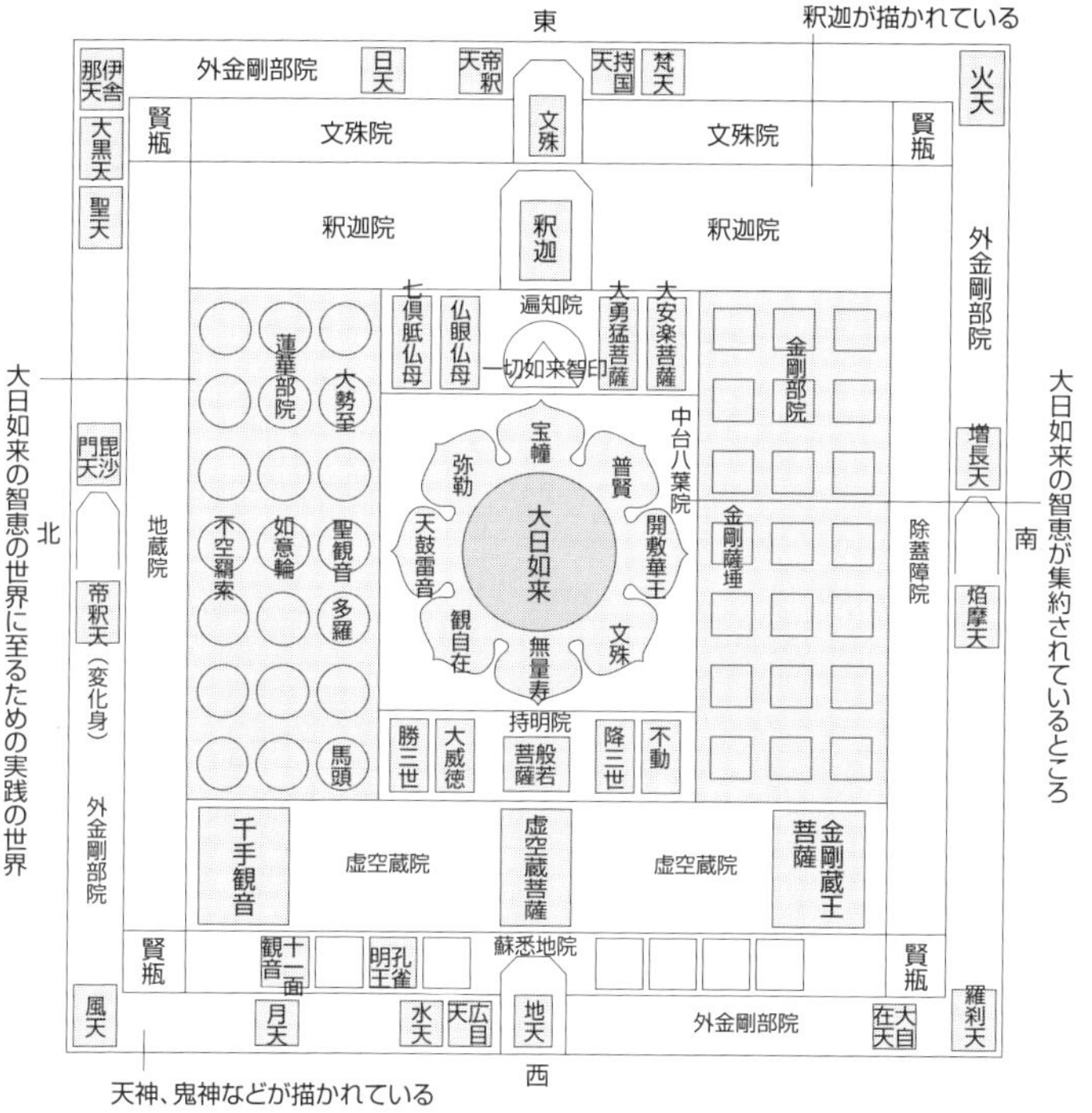

大日如来／宇宙をあまねく照らす仏。きらびやかな装身具で荘厳されているのが特徴。摩訶毘盧遮那仏と同体。胎蔵界と金剛界とでは手の印が異なる。

金剛界曼荼羅

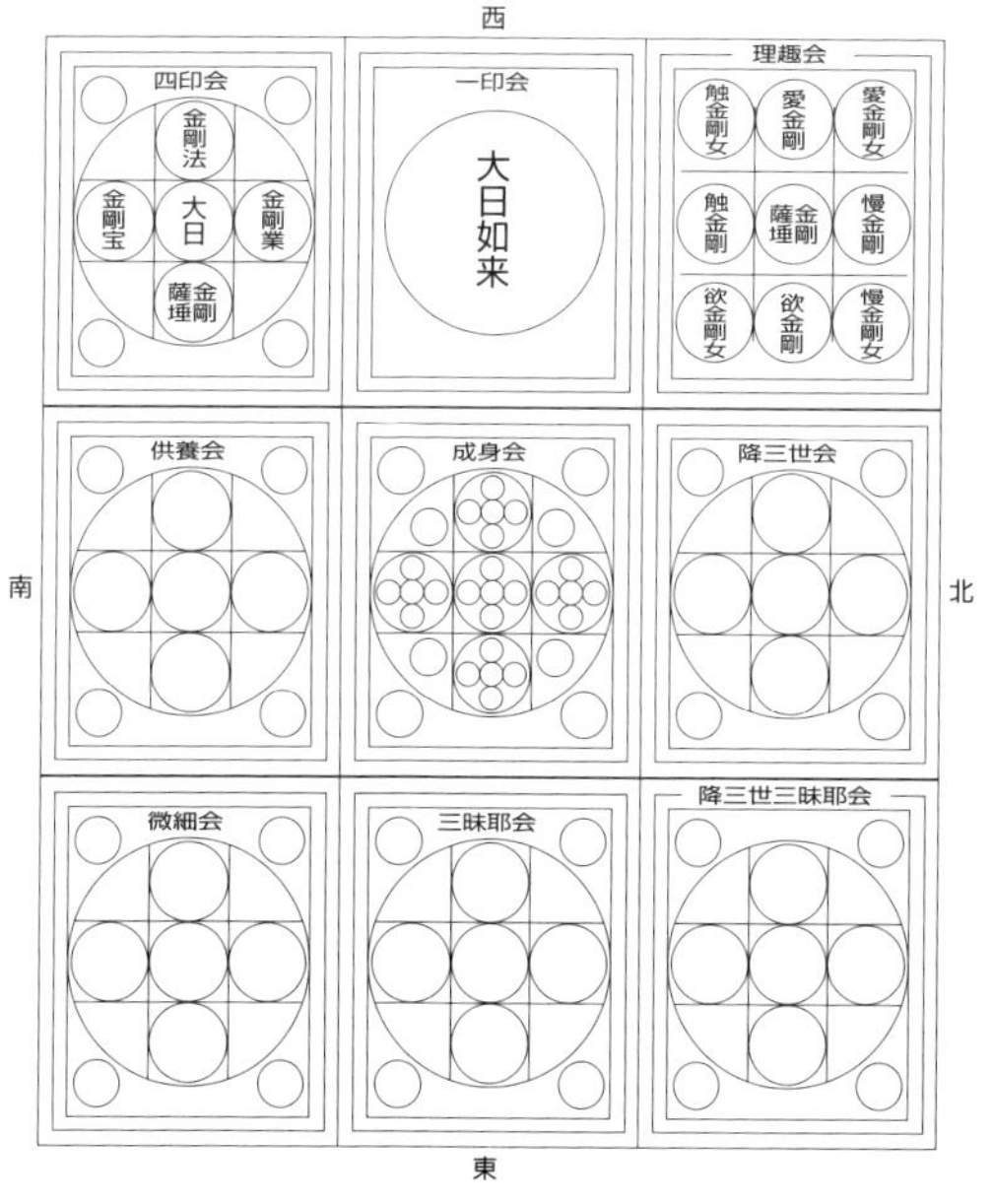

諸仏・諸《しょ》菩《ぼ》薩《さつ》・諸《しょ》尊《そん》などを密教の世界観に従って配置した図絵で、『大日経』にもとづいて描かれたものを**胎《たい》蔵《ぞう》界《かい》曼荼羅**または胎蔵曼荼羅、『金剛頂経』にもとづくものを**金剛界曼荼羅**という。前者は真理の世界を表し、後者は真理の世界に向かう修行の階梯と仏の位に到達した境地が示されているという。

*3**陀羅尼**／サンスクリット語のダーラニーの音写。総持、能持などとも訳し、すべてのものごとを忘れずに保つ力、一種の記憶術のこと。

真理を体得する禅

坐禅を組み心を解き放つ

6世紀頃：中国禅成立

坐禅は釈迦の成道の姿

禅[*1]とはサンスクリット語でドゥヤーナといい、雑念を捨てて精神を統一することを意味する。ドゥヤーナを禅那《ぜんな》と音写し、これが略されて禅と呼ばれるようになったという。心を集中して平穏にさせるという意味の「定《じょう》」の文字をつけて、**禅定**ということもある。

釈迦がアシヴァッタ樹の下で悟りを開いたときの姿が坐禅である。くわしくいえば結跏趺坐《けっかふざ》という座り方で、ヨーガの一種だ。心身を統一するとき、インドでは広く宗教者一般が行っていたという。

まず左足のももの上に、右足を足の裏が上を向くように乗せる。次に左足の先を右足のももの上に持ってきて乗せ、やはり足の裏が上を向くようにする。これは悟りを開いた者の組み方で、吉祥坐《きっしょうざ》あるいは蓮華坐《れんげざ》という。足を左右反対に組むと修行中の者の組み方となり、降魔坐《ごうまざ》と呼ばれる。

手は臍《へそ》の前で右手を下、左手を上にしてそっと卵をつかむように合わせ、あごを引いて背筋を伸ばす。臍下10センチから15センチくらいのところにある臍下丹《せいかたん》田《でん》に意識を集中して座る。ここまでを**調身**という。次は**調息**で、静かに息を吐ききり、その反動で吸う腹式呼吸を行う。最後は**調心**で、心を静め、雑念を排して座る。この禅定を修行の基本に据え、悟りをめざしたのが**禅宗**である。

中国で成立した禅宗

本場インドには禅宗という宗派はなかった。禅が宗派として成り立ったのは中国においてであり、初祖はボーディ・ダルマ（**菩提達摩**《ぼだいだるま》[*2]）というインド僧である。達摩は拳法で有名な少林寺に住し、面壁九年《めんべきくねん》といわれるほど徹底して坐禅の修行をしたという。

二祖の**慧可**《えか》[*3]は弟子入りを許してもらえず、自らの左肘《ひじ》（臂《ひじ》）を切って求道心《ぐどうしん》を示し、入門した。三祖僧璨《そうさん》、四祖道信《どうしん》、五祖弘忍《こうにん》と推移し、弘仁に神秀《じんしゅう》と慧能《えのう》という優秀な2人の弟子が出る。神秀は唐朝の帰依《きえ》を受け、長安、洛陽に禅を広めたため**北宗禅**《ほくしゅうぜん》と称され、一方の慧能は**南宗禅**《なんしゅうぜん》と呼ばれて多くの弟子を輩出した。

*1 **禅**／八正道の正定であり、三学（戒・定・慧）の「定」であり、六波羅蜜の禅定である。仏教では悟りを開くための必須の概念である。

*2 **菩提達摩**／?〜530年頃。中国禅宗の初祖とされ、伝説に満ちた逸話が多く残る。梁の武帝に迎えられ、仏教を保護し

達磨。禅宗の開祖、達磨大師をモデルにしたもの。縁起物の目なし達磨や起き上がり小法師でなじみが深い

聖地伝　嵩山（ずうさん）

泰山、華山、恒山、衡山《こうざん》とともに中国五岳のひとつ。河南省の北部に位置し、大室山24峰、少室山36峰の72峰よりなる。禅宗の開祖、達摩と関係が深く、少室山にある少林寺は、達摩が禅宗を開いたところといわれる。

少林寺の西北には五乳峰と呼ばれる天然洞窟があり、達摩が面壁九年の修行をしたという達摩洞がある。そのもっとも深いところには仏像が彫られている。

唐末から宋代にかけて、中国禅は南宗禅を中心に臨《りん》済《ざい》、曹洞《そうとう》、潙仰《いぎょう》、雲門《うんもん》、法眼《ほうげん》の五家に分かれ、臨済から黄竜《おうりゅう》、楊岐《ようぎ》の2派が出て**五家七宗**《ごけしちしゅう》と呼ばれた。

その頃日本から栄西《えいさい》が、続いて道元《どうげん》も宋に渡り、各々臨済禅と曹洞禅をわが国にもたらした。その後日本では禅がおおいに栄え、曹洞宗、臨済宗、黄檗宗《おうばくしゅう》の三宗がそれぞれ法統を伝えている。

臨済宗においては**公案**《*4こうあん》という一種の禅問答を用い、師から弟子にテーマを与えて考えさせることから**看話禅**《かんなぜん》と呼ばれる。それに対して曹洞宗ではただひたすら座る**只管打坐**《しかんたざ》を勧めるため、**黙照禅**《もくしょうぜん》といわれる。

前述の慧可が達摩に入門した際のやりとりが公案の事例としてよく知られているので紹介しておこう。

何としても弟子になりたい慧可は達摩に切断した臂を差し出し「悟りを開いて安らかになりたいので指導してください」と告げる。すると達摩は「ではその不安な心を持ってきなさい」と難題を投げかけた。考え抜いた末、慧可が出した答えは「心を探しましたが見つかりませんでした」というものであった。実体のないものにこだわっていたことに気づいた慧可の言葉に、達摩は入門を許可したという。

拈華微笑（ねんげみしょう）

あるとき釈迦が霊鷲山《りょうじゅせん》で説法をしていると、梵天が1本の黄金の花を差し出した。釈迦はこの花をちょっとひねって（拈華《ねんげ》）人々に示したが、一座は釈迦の真意をはかりかねて、しんとしてしまった。このとき摩訶迦葉《まかかしょう》だけはひとりニコリとうなづき、「法華も華厳も花である。花の心を見よ、仏の心を見よ」という師の真意を一瞬で悟ったという。釈迦はこれを喜び、摩訶迦葉に仏教の真理（正法眼蔵《しょうぼうげんぞう》、涅槃妙心《ねはんみょうしん》、実相無相《じっそうむそう》）をすべて授ける。

悟りの極意が師から弟子へと伝授される「以心伝心」のありようを示す象徴的なエピソードである。

正法眼蔵……本来の仏語
涅槃妙心……釈迦が涅槃直前に説く真実
実相無相……法華の奥義である諸法実相

中国禅宗のおもな宗派

宗派名	開　祖	特　徴
北　宗	神秀 （？～706年）	修行により徐々に悟りに近づくと主張。洛陽、長安を根拠地に広がった
南　宗	慧能 （638～713年）	その説法は『六祖壇経《ろくそだんきょう》』で知られる。慧能の出身地、広東省で教えを広めた

↓

臨済宗	臨済義玄《りんざいぎげん》 （？～866年）	馬祖道一《ばそどういつ》の禅風を受け黄檗希《き》運《うん》に師事して大成した
曹洞宗	洞山良价《とうざんりょうかい》 （807～869年） 曹山本寂《そうざんほんじゃく》 （840～901年）	只管打坐の禅風が天童如浄に伝えられ、道元が師事して日本にもたらされた。六祖慧能の住んでいた曹渓と洞山の名から曹洞宗となった

ている功徳《くどく》を問われたが、「無功徳」と答えたという。後に二祖の慧可を育ててインドに帰ったといわれる。日本では南岳慧思の再来とされる聖徳太子と大和の片隅で和歌を交わし、ここで入滅したとされる。

*3 **慧可**／487～593年。達摩に入門し、禅宗の第二祖となった。

*4 **公案**／禅定における直観力を高めるため、師から投げかけられる問いのこと。「片手で鳴らす音とはどのようなものか？」など、なぞかけのようなものが多い。

仏道をならふといふは、自己をならふ也。自己をならふといふは、自己をわするるなり。自己をわするるといふは、万法に証せらるるなり。（『正法眼蔵』現成公案）

column

仏教を彩った諸仏・諸尊の像

釈迦入滅《じゅめつ》後、仏教では仏像がつくられることはなかった。人々は聖なる姿を具象化することをはばかったのであろう。

しかし、1世紀末頃になると、西方へレニズム文化の影響を受けたガンダーラで釈迦像がつくられ、次いでジャムナー河畔のマトゥラーでもインド風の釈迦像がつくられた。こうして、仏像は釈迦像を契機として各地でつくられるようになっていく。

仏教では真理に目覚めた者をすべて仏という。したがって、やがて釈迦像だけではなく過去仏や未来仏などもつくられるようになった。そして大乗仏教が発展すると、仏の観念は大幅に広がり、阿弥陀《あみだ》仏《ぶつ》や薬師《やくし》如来《にょらい》（如来*とは仏の別称）などの諸仏がつくられるに至った。諸仏だけではなく、諸菩薩《ぼさつ》像、明王《みょうおう》像、天部《てんぶ》像など、多様な仏像群が仏教の世界を飾るようになっていくのである。

中国では2世紀後半から造像が始まる。最初はガンダーラ仏の影響下にあったが、雲崗《うんこう》・竜《りゅう》門《もん》石窟をつくって独自の形式を整えた。7世紀末から8世紀前半の唐代に全盛期を迎える。

日本には6世紀前半に百済《くだら》から経典と仏像がもたらされた。それ以後飛鳥《あすか》・白鳳《はくほう》時代は朝鮮を介して中国様式を受容、模して造像された。奈良・平安前期は直接唐の様式を摂取、平安後期にはわが国独特の和様仏像がつくられるようになった。鎌倉時代に再び宋の影響を受けたこともあったが、つねに日本仏像の独自性は保たれていたという。

＊如来／サンスクリット語でタターガターといい、真理に到達した者を意味する。

慈しみの表情にあふれた美しい観音像／如来（仏）像と菩薩像の違いは一般に出家と在家の違いであり、観音は在家の姿をかたどっているので、俗世の荘厳である宝冠や首飾りなどをつけている。（中国　山西省華厳寺）

おもな諸仏・諸尊

区分		名称	造像の特徴
如来（仏）	過去	**釈迦如来**	釈迦。智慧《ちえ》と慈悲を兼ね備え、人々を救う仏。神格化された釈迦の姿は、仏像のモデルとなった。文殊菩薩と普賢菩薩を脇侍《わきじ》とする。またその伝記に従って誕生仏や苦行仏、涅槃仏《ねはんぶつ》などのかたちがある
	現在	**阿弥陀如来**	西方極楽浄土の教主。観音菩薩と勢至《せいし》菩薩を脇侍とする。結跏趺坐《けつかふざ》して定印《じょういん》を組む鎌倉大仏がそれである。ほかに説法印の阿弥陀像、9種の人格をそれぞれの仕方で迎え入れる九品仏《くほんぶつ》などがつくられる
		大日如来	密教の根本仏。宇宙をあまねく照らし出す仏であり、密教ではほかの如来も菩薩も明王も大日如来の化身と考えられている。金剛界大日如来と胎蔵界大日如来の2種類がある
		薬師如来	瑠璃光《るりこう》如来、大医王如来などとも呼ばれる。浄瑠璃浄土に住み、病気に苦しむ衆生《しゅじょう》を救う。平安以降、左手に宝珠か薬壺を持って造像されるようになった。日光《にっこう》・月光《がっこう》の両菩薩や十二神将を従えている
	未来	**弥勒《みろく》如来**	仏滅後56億7,000万年後にこの世に生まれ、悟りを開いて如来となり、人々を救済するといわれている。したがってまだ成仏しておらず菩薩の身である。弥勒如来は成仏後の姿であり、ほとんどは弥勒菩薩としてつくられる
菩薩		**観音菩薩**	観自在菩薩ともいわれる。三十二身に化身して衆生を救うというので、十一面観音や千手観音など多彩な像がつくられている
		文殊《もんじゅ》菩薩	三人寄れば文殊の智慧といわれるように、仏の智慧を象徴しており、普通は普賢菩薩とともに釈迦如来の脇侍として祀られている。獅子に乗った姿で表されることが多い
		普賢《ふげん》菩薩	文殊菩薩とともに釈迦如来の脇侍として祀られる。釈迦の右側にいて理性をつかさどるといわれている菩薩。白い象に乗った姿で表されることが多い
		虚空蔵《こくうぞう》菩薩	宇宙の果てまで広がる空のように、広大無辺で破壊されない、福徳、智慧を備える菩薩。記憶力を高める力があると信じられている。右手に智慧を象徴する剣を、左手に福徳を示す蓮華と宝珠を持つ
		地蔵菩薩	弥勒がこの世に下生するまでの無仏の時代に、広く人々を救うことを釈迦から委嘱された菩薩。多くは僧侶の姿で表される。さまざまなものに変化するといわれ、閻魔大王は地蔵菩薩の化身だともいう
		勢至《せいし》菩薩	観音菩薩とともに阿弥陀如来の脇侍として祀られる。阿弥陀三尊像の場合には阿弥陀如来の右側に立つ。観音菩薩が慈悲を象徴するのに対して、智慧を象徴する

このほか、明王・天部などの像がある。明王は、教化しがたい衆生の目をさまさせるために、如来の代わりに凡夫を畏怖する存在で、憤怒《ふんぬ》の相が多い。天部は帝釈天や梵天などインドの神々を取り入れた仏教の守護神で、造形の特徴は一様ではない。

南伝仏教

紀元前3世紀頃：アショーカ王、スリランカに仏教を伝える

釈迦時代の信仰を色濃く残す

上座部仏教の到着点

上座部《じょうざぶ》の仏教は、紀元前3世紀にはじめて全インドを統一したアショーカ王[*1]によってスリランカに伝えられた。現代でもほぼ伝来した当時の姿を継承しているため、原始仏教時代のおもかげを色濃く残しているといわれる。大乗仏教からは小乗仏教と批判された上座部仏教だが、現在は南伝仏教、あるいはパーリ仏教などと呼ばれて釈迦在世当時の伝統を伝えている。

東南アジア諸国へは、スリランカから上座部仏教のみが伝えられたと考えがちだが、じつは、紀元前2世紀から紀元1世紀頃には南インドと中国沿海地方を結ぶ交易路が開かれており、大乗仏教や密教、ヒンドゥー教なども直接東南アジア諸国に伝わっていた。

ミャンマー、カンボジア、タイなどに上座部仏教が定着しているのは、ある時期に各国がさまざまな理由から国教としてそれを選び取ってきたためである。

▼スリランカ（上座部仏教伝来の地）

人口の約3分の2が仏教徒である。人々は寺や僧侶に布施《ふせ》を行い、功徳《くどく》を積む。そしてこぞって寺院を参拝するとともに、僧侶を自宅に招いて供養する。

ポヤ・デー（仏教の祝日）には**八斎戒**《はっかいさい》（114ページ参照）が守られる。

▼ミャンマー（国民の8割が仏教徒）

ミャンマーは中国、インドに接しており、両国からの影響の強さをうかがわせる。実際この国には5世紀頃、ヒンドゥー教、上座部仏教、大乗仏教、タントラ密教（131ページ参照）などが混在していたという。

しかし、9世紀に出たアノーヤター王が全土を統一、スリランカから上座部仏教を移入して国教とし、現在に至っている。黄金のパゴダ（寺院）で有名なこの国は、人口の80％以上が仏教徒だといわれている。

▼カンボジア（大乗仏教から上座部仏教へ）

古代インド文化の影響のもと、カンボジアではアンコール[*2]・ワットが建設されてきた。アンコール帝国によって9世紀頃から巨大なアンコール・ワットが建設されてきた。ここではヒンドゥー教、大乗仏教、民間信仰が混淆《こんこう》して信じられていた。

諸尊を象徴的に示す梵字（種字）のひとつ。バクと読み、この一文字で釈迦如来を示す

聖地伝　仏歯寺

スリランカのシリ・メーガヴァンナ王（在位303～333年）の即位9年のとき、インドのカリンガ国王女ヘーママーラーと夫のダンタ・クマーラは、釈迦の左の犬歯といわれる仏歯を献上した。王はこれをダンマチャッカ堂に安置し、無畏山寺《むいせんじ》で盛大な仏歯祭を催した。11世紀末にヴィジャヤ・ベーフ1世がプラッティナガラに豪華な歯舎利塔を建てて仏歯祭を催して以来、毎年の行事となって今日に至っている。

*1 **アショーカ王**／120ページCLIP参照。

*2 **アンコール帝国**／802年クメール人により樹立された王朝。アンコールに王都を定め、次々に寺院を建設した。一時はインドシナ半島をほぼ席巻《せっけん》するほどの大帝国となったが、タイとのたび

しかし14世紀から15世紀にタイ族の侵攻にあってアンコール帝国が崩壊、新たにタイからもたらされた上座部仏教がこの国の主宗教となった。

1975年、民主[*3]カンボジア政権は寺院を破壊し、仏教は大打撃を受けたが、民主カンボジア政権が倒れた今日、再び復旧の動きが見られる。

▼タイ（タンブンを重視）

13世紀中頃、スコータイ王朝が築かれたのがタイの始まりといわれている。第2代のラームカムヘン王がスリランカから上座部仏教を移入、これを国教に定めた。そして14世紀にはアユタヤ王朝が興り、前述のようにクメール帝国を呑み込んでいった。

ミャンマーと同様、男子は成人前に出家し、寺院で修行する伝統が残っている。在家者が報われるためにはタンブン（ブン、すなわち幸せの要素を増やす行為を積むこと）を行う。具体的には出家者に布施《ふせ》をしたり自ら出家することをさす。現在は国民の約9割が仏教徒である。

重なる戦いで、15世紀前半に崩壊した。

[*3]民主カンボジア政権／知識層や富裕層を敵視し、強制労働で多くの人々を死に追いやった。また内部の権力闘争の結果、ポルポト派による粛清など恐怖政治が続いた。

ボロブドゥール

インドネシアのジャワ島ケドゥー盆地にある世界最大の石造仏教遺跡で、8世紀から9世紀に建造された。砂岩で築かれたこの寺院は周囲の長さ3km、高さ30m、9層の建物からなり、全体が毘《び》盧《る》舎《しゃ》那《な》仏《ぶつ》の『華厳経』の世界を表しているといわれている。

インドネシアやマレーシアなどではかつて仏教が栄えたが、今日ではおもにイスラム教が信仰され、仏教は衰退している。

ボロブドゥール遺跡／釣鐘形の仏塔の下方には5層もの基壇がピラミッド状に築かれている。（インドネシア　ジャワ島中部）

アンコール・ワット／当初ヒンドゥー教の寺院として建設されたが、後に仏教寺院に改められた。壮大な伽藍、秀麗な彫刻、レリーフはクメール文化の粋といわれている。上座部仏教が主流になったのは、アンコール帝国崩壊後のことである。（カンボジア）

さとりに至る道――戒めと、精神統一と智慧と――を修めて、わたしは最高の清浄に達した。破滅をもたらす者よ。お前は打ち負かされたのだ。（『サンユッタ・ニカーヤ』第Ⅳ篇第1章第1節、中村元訳）

チベット仏教（ラマ教）

7世紀頃：仏教伝来
14世紀：ツォンカパの仏教改革

再生する仏教

仏教のチベット伝来

中インドからネパールに入り、ヒマラヤ山脈を越えてチベットに至った仏教を**チベット仏教**という。この仏教はさらにモンゴルに入り、南下して中国にも及んだ。チベットでは僧のことをラマと呼んだので、**ラマ教**[*1]ともいわれる。チベット仏教では、仏教が伝来した7世紀から王朝が崩壊して仏教が混乱に陥る11世紀までを前伝記、それ以降の復興期後を後伝記という。それにしたがってチベット仏教を概観してみよう。

7世紀前半にソンツェン・ガンポ王が出てチベットを統一、ネパールや中国にも進出した。そのためインド系、中国系の仏教が伝えられることとなり、民俗宗教のボン教[*2]とも混じり合って独特の仏教を形成した。

その後1世紀ほど経ち、インドのシャーンタクシラと中国の摩訶衍《まかえん》という禅僧の間で論争が行われ、結局インド仏教を正統な仏教として選び取った。

しかし9世紀には200年に及ぶ王朝が崩壊、民衆の間で性を尊ぶタントラ[*3]密教やボン教が好まれ、チベット仏教は荒廃した。

仏教復興以降

11世紀に入ると、インドからアティーシャという高僧が来て仏教改革に取り組む。ボン教やタントラ密教を廃し、戒律を重んじて教団の再生を図った結果、以後はチベット仏教が隆盛する。

チベット仏教は、モンゴル（蒙古）との関係を抜きにしては語れない。13世紀、モンゴルにはチンギス・ハーン（太祖）、フビライ・ハーン（世祖《せいそ》）が出て未曾有《みぞう》の大帝国を築いた。これが元《げん》である。

当時チベットも元の支配下にあったが、チベット僧のパスパは世祖に仏教を伝え、国師として迎えられた。信頼を得たパスパは全仏教の統括権とチベット全土の支配権も手にし、その後元の皇帝はチベット僧を師として受戒しなければならないという決まりまでできた。元の支配下にありながら、チベットはしっかりとその立脚点を確保したのである。

14世紀にチベット最大の仏教者ツォンカパが現れ、

祈りの言葉をおさめたマニ車。車を1回まわせば、真言を1回唱えたことになる

聖地伝　ポタラ宮

中国のチベット自治区ラサ市北西にあるチベット仏教の寺院・宮殿。正式にはポータラカといい、観音浄土を意味する。補陀洛《ふだらく》と音写され、観音浄土と信じられてきた。ダライ・ラマ5世のとき（17世紀中頃）に建設が始まり、現在のダライ・ラマ14世がインドに亡命するまで宗教、政治の中心となった。大経堂、歴代ダライ・ラマの墓塔などを納めた紅宮、ダライ・ラマの居住する白宮などからなる。

*1 **ラマ教**／ラマとは師を意味する語。日本でしばしばそう呼ばれているが、チベットでは用いられていない。

*2 **ボン教**／司祭（ボンポ）は、霊神を祀り、呪術で厄祓いをするなど、呪術儀礼を行う。

仏教を大改革する。彼には子どもがいなかったが、彼の甥《おい》や子孫がその生まれ変わりと信じられた。

元のアルタン・ハーンは生まれ変わりといわれていたソナム・ギャツォを蒙古に招き、**ダライ・ラマ**（おおいなる海・ラマ）の称号を与えた。それは継承されることとなり、第5代ラマのときにチベットの統治権が与えられた。これ以降、チベットの政治と宗教はダライ・ラマに委《ゆだ》ねられることになった。

1648年には首都のラサにポタラ宮が建設され、政治と宗教の殿堂となるとともに観音の浄土として礼《らい》拝《はい》されてきた。

現在の第[*4]14代ダライ・ラマ、テンジン・ギャツォは、中国のチベット侵攻で1959年にインドに亡命し、今日に至っている。

転生活仏（活仏）

チベットの人々はダライ・ラマを観音菩薩の化身、それに次ぐ地位のパンチェン・ラマを阿弥陀仏の化身と信じている。いわゆる転生活仏《てんしょうかつぶつ》（活仏）の思想で、チベット語でトゥルク（化身）またはクケー（御誕生）という。この考えにもとづいてチベットでは、2人が亡くなると、その死後49日間に受胎されて生まれた者のなかからその転生者（転生霊童）を探し出すという独特の制度がある。

仮にダライ・ラマが亡くなると、その転生者の探索と並行し、その転生者が18歳になるまで政治を担う役割として、摂政《せっしょう》の選出が行われる。やがて特別な能力を備えた子どもが探し出され、そのなかから最終的に先の転生活仏の私物を正しく言い当てた者が次のダライ・ラマに選ばれる。

チベット仏教のおもな宗派

宗派	成立年	内容
サキャ派	1073年	クン族出身のクンチョク・ゲルポ（1034〜1102年）が創始。教団はクン族により世襲された。13世紀にモンゴル帝国がチベットの支配者として任命したのがサキャ派だったことから、14世紀半ばまでチベットを支配した
カギュ派（黒帽派）	不明	訳経官マルパ（1012〜1093年）を祖とする。ただし彼自身は大規模な組織を持っていなかった。弟子のなかからいくつかの分派が出たが、そのひとつパクモドゥ派は14世紀半ばから15世紀までチベットを支配した
ゲルク派（黄帽派）	不明	ツォンカパ（1357〜1419年）により創始された。厳格な戒律で知られる。17世紀には今日に続くダライ・ラマ政権を確立した

ポタラ宮／聖地伝参照。山の斜面に沿って13層の高層建築が建ち、頂上には全高178m、東西400mに及ぶ金殿3棟、金塔5基がそびえる。

*3 **タントラ密教**／タントリズム（107ページ参照）を取り入れつつ、仏や菩薩との合一をめざす密教の一派。

*4 **ダライ・ラマ14世**／略名テンジン・ギャツォ。ゲルク派の法主。2歳のときにダライ・ラマ13世の生まれ変わりと認定されて14世となった。1959年にチベットからインドに亡命。チベット亡命政府を樹立し、チベット独立運動を推進している。

私達の本当の敵は、無知、憎しみ、欲望、嫉妬、傲慢という心です。（ダライ・ラマ14世『幸福と平和への助言』）

中国仏教

1世紀頃：仏教伝来　4〜6世紀：鳩摩羅什の渡来
7世紀：玄奘、求法の旅

仏教を独自の思想として昇華

中国仏教史の五分類

2000年を超える中国の仏教を、わずかな紙数で紹介するのは困難である。『岩波仏教辞典』を見ると、中国仏教史が以下のように要領よく分類されているのでそれに沿って見てみよう。

▼誕生・伝訳の時代（前漢から西晋《せいしん》）

前漢とは第7代武帝のとき、張騫《ちょうけん》がシルクロードを通って西域《さいいき》（中央アジア）へ旅行し、西方交通ルートを開いたことをさす。張騫の命がけの旅がなければ東西の交流はなかった。

その後、仏教は後漢の時代に中国に伝わったとされる。後漢の明帝《めいてい》が夢に金人を見、臣下に尋ねるとそれは西方の仏だという。そこで明帝は西域に使者を派遣し、2人の僧を迎えて洛陽《らくよう》に中国最初の寺、白馬寺[*1]をつくったという。これを皮切りに漢、三国時代、西晋という時代を経てインド僧、西域僧が続々と中国に入り、多くの経典がもたらされて翻訳された。この時代は経典の伝来と翻訳の時代だったのである。

▼研究・建設の時代（東晋から南北朝）

4世紀から6世紀にかけてのこの時代は、中国が積極的に仏教を摂取し、急発展を遂げた時代である。中国からは法顕《ほっけん》が徒歩でインドへ入り、西域の亀茲国《きじこく》からは仏教界の巨人といわれるクマーラジーヴァ（**鳩摩羅什**《くまらじゅう》[*2]）が渡来して多数の経典を中国にもたらした。鳩摩羅什はおもな大乗経典を翻訳し、その後の中国仏教に方向性を与えた偉人である。

また、仏教弾圧と復興が繰り返された時代でもあり、弾圧に抗して破壊されない仏像をつくろうと、雲崗《うんこう》石窟や竜門《りゅうもん》石窟がつくられた。敦煌莫高窟《とんこうばっこうくつ》なども影響し合っている。6世紀には菩提達摩《ぼだいだるま》がインドから渡来して禅を伝え、禅宗の祖となった（124ページ参照）。

▼成熟・繁栄の時代（隋・唐）

6世紀末から10世紀にかけてのこの時代は、中国仏教の全盛期といわれる。**玄奘三蔵**《げんじょうさんぞう》のように単身インド

*1**白馬寺**／西域の僧が仏像と経典を白馬に乗せて中国にやってきたという話にちなみ、名づけられた。

*2**鳩摩羅什**／344〜413年。多くの経典を翻訳した。翻訳した経典は『般若経』や『法華経』など35部300余巻といわれている。

長安の大慈恩寺に建てられた大雁塔。玄奘が訳した経典が納められた

聖地伝　五台山

黄河以北、山西省にある仏教聖地。3,000m以上ある5つの峰からなる。5世紀の頃から文殊菩薩《もんじゅぼさつ》が住むという清涼山《しょうりょうざん》にあたるという信仰が広まり、多くの寺が建立された。不空が完成させ、国家鎮護の寺となった金閣寺、北魏時代に創建されたという仏光寺ほか50近い大寺院が残っている。ちなみにこの五台山に、普賢《ふげん》菩薩の峨《が》眉山《びさん》、観音菩薩の補陀洛山《ふだらくせん》をあわせて中国三大仏教聖地という。

敦煌莫高窟壁画／4世紀から1,000年にわたり建造れ、改修が繰り返された敦煌の莫高窟。（中国　甘粛省

に渡って多数の経典を請来《しょうらい》し、翻訳した偉人もいるが、翻訳の時代というよりも経典をどう解釈するかという思想形成の時代に入ったといえる。

天台大師智顗《てんだいだいしちぎ》は、おびただしい経典を分類整理し、体系づけた。このようにして経典の価値判断を下すことを**教相判釈**《きょうそうはんじゃく》（**教判**）という。また、思想の成熟を背景に各宗派が成立した。隋代には天台宗、三論宗、成実宗《じょうじつしゅう》、唐代には法相宗《ほっそうしゅう》、律宗、華厳宗《けごんしゅう》、密教、浄土教、禅宗などが百花繚乱《ひゃっかりょうらん》のにぎわいを見せる。

▼継承・浸透の時代（五大十国から明《みん》）

10世紀から17世紀に至るこの時代は、他民族支配の時代でもあったが、仏教はおおむね保護されて発展した。とくに宋の時代は日本から栄西《えいさい》や道元《どうげん》が訪ね、大きな影響を受けている。

▼融没・世俗化の時代（清《しん》から現代）

清は仏教を管理統制し、仏教は庶民から遠ざけられる。末期には清国は欧米帝国主義の餌食《えじき》となり、大混乱に陥って中国仏教は冬の時代に突入する。そして、変遷の果てに現代に至るのである。

玄奘

鳩摩羅什とならぶ訳教の偉人といえば玄奘（603〜664年）である。唐では当時国外に出ることはかたく禁じられていたが、627年の秋、正法《しょうぼう》を求めて長安をたち、天山山脈を越えてバーミヤンからガンダーラを経てインドへと向かった。

645年正月、18年間の求法《ぐほう》の旅を終えて長安に戻った玄奘は、おびただしい仏像、経典を持ち帰り、残りの人生をこれら経典の翻訳にあてた。彼が翻訳した経典の数は76部1,347巻。およそ5日に1巻のペースだったという。よく知られている『般若心経』は彼の手によるものである。なお玄奘などすぐれた経典の翻訳者には、経典に深く通じた者という意味の三蔵の敬称が与えられた。

中国仏教の宗派

種類	開祖ほか	特徴
天台宗	智顗《ちぎ》（538〜597年）	『法華経』を中心とする学派。おびただしい経典のなかで『法華経』を最高と位置づけた
三階教《さんがいきょう》	信行（540〜594年）	末法の世にあって救済されるには、あらゆる仏と経典を敬い、布施《ふせ》に徹しなければならないと説いた
浄土教	慧遠《えおん》（334〜416年） 道綽《どうしゃく》（562〜645年） 善導（613〜681年）	仏の慈悲にすがり、念仏を唱えることで浄土に往生できると考える信仰。5世紀初頭に阿弥陀浄土への往生を誓願する念仏結社（白蓮社）がつくられた。6世紀に民衆の間でさかんになり、宋代以降は禅宗とともに中国仏教の主流になった
法相宗	窺基《きき》（632〜682年）	認識を通してのみ一切の存在はあるとする
華厳宗	杜順《とじゅん》（557〜640年）	『華厳経』を究極の教えとし、拠りどころとする宗派
律宗	道宣（596〜667年）ほか	戒律を中心として仏教を研究、実践しようとする派。道宣の創唱したものを南山律宗という
禅宗	達摩	124ページ参照
密教	善無畏《ぜんむい》（637〜735年） 金剛智（671〜741年） 不空（705〜774年） 空海（774〜835年）	善無畏が『大日経』、金剛智が『金剛頂経』を訳したが、不完全だった『金剛頂経』の訳を、不空が完成させた。金胎両部を統合したのは空海である

仏心とは大慈悲これなり　無縁の慈をもってもろもろの衆生を摂す。（『観無量寿経』）

仏教の日本的受容と変容

538年：仏教伝来　12〜13世紀：鎌倉仏教

国家仏教として発展

仏教は、公式には538年に百済《くだら》の聖明王《せいめいおう》によって日本に伝えられたといわれている。その受け入れをめぐり、崇仏《すぶつ》派の蘇我《そが》氏と排仏《はいぶつ》派の物部《もののべ》氏が対立した。この対立は豪族の権力争いであり、いまだ天皇を中心とした国家基盤が確立していなかったことを示す。[*1]**聖徳太子**の改革の眼目は、ひとえにその点にあった。天皇中心の強い国家をつくるために、太子は仏教を国家運営の理念としたのである。

奈良時代、聖武《しょうむ》天皇はさらに国家基盤を強めるため、中央集権制を樹立しようとした。そして全国に国分《こくぶん》寺《じ》・国分尼寺《こくぶんにじ》をつくって各地方の豪族を帰依《きえ》させ、平城京に東大寺を建ててこれを統轄機関とした。その象徴として建立《こんりゅう》されたのが奈良の大仏（毘盧舎那仏《びるしゃなぶつ》）である。この時代はいわゆる[*2]**南都六宗**が栄えた仏教の黎《れい》明《めい》期であり、僧侶たちは各宗派の教義を学び合った（**諸宗兼学**という）。

こうした教学仏教の時代を経て**最澄**《さいちょう》と**空海**《くうかい》という2人の天才が登場、それぞれ**天台宗**と**真言宗**を開いた。衆生《しゅじょう》に仏性《ぶっしょう》を認め、あるがままでの悟りを提示した2人の思想は、大乗本来の理念をわが国に定着させ、その後の日本仏教を方向づけた。

大きな網代笠をかぶり、托鉢をする修行僧（禅宗では雲水という）

個人救済の仏教から檀家《だんか》仏教へ

仏教伝来以降それまでの仏教に期待されていたのは、国家鎮護や五穀豊穣、病気平癒などのきわめて現《げん》世利益《ぜりやく》的なものだった。それは古来日本人が自然や祖霊を神として崇敬し、恵みにあやかってきた宗教心の延長線上にある。日本人はより効験の強い〝神〟を仏に求めたのだった。

しかし、平安末期から続く政情不安と天変地異は、そうした現世利益的な仏教の役割を変質させずにはおかなかった。末法の世の到来を信じ、不安に陥る人々を前に、わが国でははじめて個人の救済を主眼とした仏教が誕生するのである。**鎌倉新仏教**がそれである。

法然《ほうねん》や親鸞《しんらん》の、阿弥陀仏にすがる他力《たりき》の教えは燎原《りょうげん》の火のように日本を席巻《せっけん》していき、栄西《えいさい》や道元《どうげん》の禅は日本人に自己実現の追求心を植えつけた。「南無妙法《なむみょうほう》蓮華経《れんげきょう》」と唱えれば救われるとする日蓮《にちれん》の題目も、そ

[*1]**聖徳太子**／?〜622年。女帝推古天皇の摂政《せっしょう》。十七条憲法のなかで「篤《あつ》く三宝を敬え」と仏教への帰依を述べ、仏教の興隆に力を注いだ。

[*2]**南都六宗**／三論宗、成実《じょうじつ》宗、法相《ほっそう》宗、倶舎《くしゃ》宗、華厳宗、律宗の6つをさす。今日では律宗、華厳宗、法相宗の3つが残っている。

[*3]これ以降幕末までに登場した宗派は、1661年に隠元《いんげん》によって立てられた黄檗宗《おうばくしゅう》のみである。

[*4]現在、十三宗五十六派が日本の仏教宗派だといわれている。なお、近世から現代にかけては、大本教や創価学会、立正佼成会など新宗教の進出が目立った。

して信仰の有無にかかわらず念仏によって往生できるとした一遍《いっぺん》の教えも、人々の心をとらえてやまなかった。

　これらの教えを説いた祖師たちは、最澄の開いた比叡山に学び、そこから独立していった者たちだった。彼らの築いた宗派は、時代を継いですべてが現在にまで至っている。すなわち、この時期に日本のおもな宗派がほぼ出そろったのである。[*3]

　以降、各宗派は教団としての基礎を固め、江戸時代を迎える。徹底して仏教が幕藩体制に組み込まれたこの時代、寺請《てらうけ》制度と宗旨人《しゅうしにん》別帳《べっちょう》がつくられ、誰もがどこかの寺の檀家《だんか》として所属する寺檀《じだん》制度が定められた。これにより寺の経済基盤は整ったが、御用宗教とならざるを得なかった。それでも仏教は庶民の間で栄え、生活に定着し、現代へと歩を進めるのである。[*4]

道、人を弘め、人、道を弘む。道心の中に衣食あり。衣食の中に道心なし。（『伝述一心戒文』最澄）

日本の13宗派

宗派		宗祖	本山	特徴
南都六宗	律宗	鑑真《がんじん》（688～769年）	唐招提寺（奈良）	戒律を中心に研究・実践する宗派で、唐の道宣によって開かれた
	華厳宗《けごんしゅう》	良弁《ろうべん》（689～773年）	東大寺（奈良）	『華厳経』を根本経典とする。唐の杜順《とじゅん》によって開かれた
	法相宗《ほっそうしゅう》	道昭《どうしょう》（629～700年）	興福寺、薬師寺（奈良）	唐の玄奘《げんじょう》が請来《しょうらい》、弟子の窺基《きき》によって開かれた。唯識《ゆいしき》思想を核にしている
真言宗		空海（774～835年）	高野山金剛峯寺（和歌山）、教王護国寺（京都）ほか	ひたすら大日如来と一体化する修行を行えば、この身のまま成仏できる（即身成仏）と説いた
天台宗		最澄（767～822年）	比叡山延暦寺	天台、密教、禅、戒律を融合した。『法華経』を重視し、教理の中心に置いた
融通《ゆうづう》念仏宗		良忍《りょうにん》（1073～1132年）	大念仏寺（大阪）	ひとりが唱えた念仏と大勢の念仏が融通し合って往生の機縁になる（融通念仏）と説く
浄土宗		法然（1133～1212年）	知恩院（京都）	専修念仏《せんじゅねんぶつ》（もっぱら念仏を唱えること）により、極楽に往生できると説く
浄土真宗		親鸞（1173～1262年）	西本願寺、東本願寺（京都）ほか	絶対他力。阿弥陀仏の本願力を信じればすでに救われていると説く
臨済《りんざい》宗		栄西（1141～1215年）	妙心寺（京都）、建長寺（神奈川）ほか	生まれながらに備わる人間性（仏性）を坐禅によって目覚めさせることが大切と説く。坐禅と作務《さむ》を重視する
曹洞《そうとう》宗		道元（1200～1253年）	永平寺（福井）、総持寺（神奈川）	ひたすら坐禅すること、只管打坐《しかんたざ》によってのみ救われると説く
日蓮宗		日蓮（1222～1282年）	久遠寺《くおんじ》ほか	『法華経』の題目（南無妙法蓮華経）を唱えれば救われると説く
時宗		一遍（1239～1289年）	清浄光寺《しょうじょうこうじ》（神奈川）	信仰の有無にかかわらず、名号（南無阿弥陀仏）を唱えれば往生できると説いた
黄檗宗		隠元（1592～1673年）	万福寺《まんぷくじ》（京都）	坐禅と日常の作務のなかで仏の世界に近づくべきと説く

column

ジャイナ教

　釈迦とほぼ同時期の紀元前5世紀頃、に、インドに生まれた思想家にヴァルダマーナ（マハービーラともいう）がいる。

　ヴァルダマーナは30歳の頃に出家して行者となった。彼は12年以上もの間裸で各地を回って苦行し、ついに一切智を得たとされている。真理を獲得し、煩《ぼん》悩《のう》にうちかった者という意味で勝利者ジナと呼ばれた。ジャイナ教という名称は、このジナという言葉に由来する。

　ヴァルダマーナの死後、全裸での修行を主張する空衣《くうえ》派（保守派）と、小さな白い布を腰に巻く白衣《びゃくえ》派（改革派）とに分裂した。

　ジャイナ教は仏教とは姉妹宗教といわれるほど共通点が多いが、極端なまでの苦行と禁欲主義は特徴的である。

　ジャイナ教の宗教実践を誓戒と呼ぶ。その内容は出家者と在家信者とで異なるが、より厳しい出家者の例（大誓戒という）をあげると、殺生《せっしょう》をしないこと、虚偽の言葉を口にしないこと、他人のものを取らないこと、所有しないこと、性行為をしないことがあげられる。

　とりわけ重視されているのが不殺生である。

　ジャイナ教ではあらゆるものに生命を見出し、霊魂の存在を認めているが、人は普通に生活をすることによって、知らず知らずに小さな生き物を殺生してしまうおそれがある。そのため、たとえば呼吸によって小さな虫を吸い込んで殺さないよう、口や鼻にマスクをかけたり、歩いている足元の小さな生き物を殺生しないよう、ほうきで掃きながら進むのである。

　当然ながら食事は他の生命を損なうことになるので、出家者は自分で調理することはおろか、自分のために調理されたものも口にはできず、布施《ふせ》によってのみ命をつなぐことが認められている。

　その意味で不殺生を貫く最良の方法は断食である。厳格なジャイナ教徒は死期をさとると、断食死を選択したという。

　ジャイナ教は、インド以外の土地にはほとんど伝わらなかったが、インドで深く根を下ろし信仰が続いている。現在インドでは、インド西部のグジャラート州、ラジャスタン州などで260万人ほどおり、インドの0・5％にすぎないが、信者の多くは商業関係の仕事に従事しており、その影響力は小さくない。

第7章 東アジアの宗教

黄山·蓬莱三島（中国）

孔廟殿内（中国）

永楽宮壁画（中国）

狛犬（京都　熊野若王子神社）

関連年表

紀元前	
771	中国、春秋時代（～前403）
551頃	儒教の祖、孔子誕生
479頃	孔子没
403	中国、戦国時代（～前221）
289頃	孟子没
286頃	荘子没
230頃	荀子没
221	始皇帝、天下統一
213	始皇帝、儒家への弾圧、焚書坑儒を行う
141	武帝、前漢第7代皇帝に即位
136	漢、儒教を国教化へ
104頃	董仲舒没
86	司馬遷没
紀元	
100	許慎『説文解字』執筆
2世紀	最初の道教教団、太平道が現れる
	五斗米道が起こる
184	黄巾の乱勃発
5世紀前半	新天師道が現れ、自らを道教と称した
7世紀	中国の各地に道観が建てられる
712	『古事記』完成
720	『日本書紀』完成
927	法典『延喜式』完成
12世紀	全真教、真大道教が起こる
1200頃	朱子学を唱えた朱熹没
13世紀	太一教が起こる
1798	本居宣長『古事記伝』完成
1868	日本で神仏分離令。廃仏毀釈吹き荒れる
1945	GHQ、神道指令を発す

春秋時代‥孔子・孟子の登場紀元前136年‥中国の国教に制定

東アジアの倫理観を築いた思想

孔廟主殿（大成殿）／毎年9月の上旬には孔子文化祭が執り行われる。（中国　山東省曲阜）

孔子の登場

儒教《じゅきょう》は、今から約2500年前、中国の春秋時代[*1]末期に出現した**孔子**《こうし》と、その死からおよそ100年後の[*2]戦国時代に生まれてその教えを継承した**孟子**《もうし》によって確立された思想で、孔孟《こうもう》の教えともいわれる。

甲骨文字によって実在が確認された古代祭祀国家の殷《いん》、その殷を紀元前11世紀頃に亡ぼした周も時を経て権威を失い、諸侯間の争いが絶えずに混乱した春秋戦国時代、**諸子百家**《[*3]しょしひゃっか》といわれる思想家が輩出した。そのさきがけとして**儒家**《じゅか》を創始したのが孔子である。

儒教は宗教ではないとの見方もあるが、儒の根源をたどると必ずしもそうとはいいきれない。後漢の許慎《きょしん》の著『説文解字《せつもんかいじ》』（100年）によれば、儒[*4]は「柔なり。術士の称なり」とあり、白川静《しらかわしずか》氏は、需を、雨請いをする巫祝《ふしゅく》（神に仕えるもの）と解する。古代農耕社会において、旱魃《かんばつ》時、雨は切実に求められたであろう。

祖先の祭祀も大切にされた。そうした古代信仰を受け継ぎながら、孔子は「鬼神を敬して之を遠ざく」（敬遠の語源）と言い、「怪力乱《かいりょくらん》神《しん》を語らず」と言う。鬼神とは人知を超えた神秘的な力であり、祖先の霊魂をも含む。儒教において祭祀は丁重に執り行われた。鬼神に敬意をはらったうえで、孔子は人倫の道を説いたのである。

秩序を重んじた孔子の教え

殷周の興亡から500年以上後に誕生した孔子は、殷の末裔《まつえい》と称しながら**周公**《しゅうこう》を敬慕し、周公制定の**礼楽**《れいがく》を尊んだ。礼（社会的な規範である礼儀）は行いを慎ませ、楽（音楽）は心を和らげるものとして重視され、孔子は夏《[*5]か》・殷の礼を受け継ぐ周礼《しゅうれい》を集大成し、また仁《[*6]じん》を説いた。仁とは、天によって発現する一切の徳のなかで第一とされるものであり、慈愛を内容とし、その実践により人事万物すべて調和・発展すると説く。天

*1**春秋時代**／紀元前771〜前403年。

*2**戦国時代**／紀元前403〜前221年。

*3**諸子百家**／子は先生、家は学派を意味する。

聖人伝　**周公**（生没年不明。紀元前11世紀頃）

周の文王《ぶんおう》の子。名は旦《たん》。兄の武王《ぶおう》を助けて殷の紂王《ちゅうおう》を倒し、武王亡き後は幼い成王の摂政《せっしょう》となる。東方の異民族を平定、洛邑《らくゆう》を建設して東都とするなどの政策を次々に実行。成王が成長すると、政治を王に返した。周建国の功により魯《ろ》に封じられた。周の礼楽や制度を整え、『周礼《しゅらい》』の作者と伝えられる。魯に生まれた孔子は周公を夢に見るほど慕ったといい、儒教の聖人に数えられる。初期の儒教は周孔の道とも称された。

孔子像。後世孔子は神格化された。それによると身長3m、腕は長く、手のひらは虎のようだったという

とは至高の存在であり、天命を受けた王が天子として地上の世界を統治するとされた。周公（聖人伝参照）は幼い成王《せいおう》に「天命を受けて王となっても、徳行を積まなければ天命を全《まっと》うできない」と諭《さと》したと伝えられ、中国の王朝の興亡は、この天命*7の論理によって繰り返し正当化されていくことになる。

儒教は、人と人との関係、秩序を重んじる政教一致の教えである。**四書五経**を経典とし、人はいかに生きるべきかを説く。孔子の唱えた四つの徳（**仁・礼・義・智**）に始まり、仁の実践に義は欠かせず、仁義は一体であるとした孟子が**五倫**（**親・義・別・序・信**）を発展させ、さらに前漢の董仲舒《とうちゅうじょ》が**五常**（**仁・義・礼・智・信**）をまとめて、**五倫五常**という儒教の徳目が完成された。

また、社会の基本は家であるとして家における孝、社会における忠が、仁への道であると説かれた。孝は親を敬い養うことや先祖を祀ることなどであり、忠は人に対して心を尽くすことをいう。後世に至って、臣下が主君に心を尽くして仕えることが忠とされた。

儒教は、中国のみならず朝鮮半島や日本、タイ、ベトナムなど、東アジア一帯に大きな影響を与えた。

五倫（対人関係の基本）	
親	父子の間の親愛
義	君臣の間の道徳
別	夫婦の間の分別
序	長幼《ちょうよう》の間の序列
信	朋友《ほうゆう》の間の信義

五常	
仁	最高最大の道徳。思いやりの心
義	人の行うべき道。不正を憎む勇気
礼	他人を敬って行う作法。礼儀
智	善悪を見分ける判断力
信	言をたがえぬ誠実な姿勢

儒教の経典		
五経	易経《えききょう》（周易《しゅうえき》）	森羅万象を、太極から生じる陰陽とその陰陽二元から生じる六十四卦《か》に当てて解釈する。周代に大成され、『周易』ともいう。今日の易学のもと
	書経《しょきょう》（尚書《しょうしょ》）	古代の君主や宰相の名言を編纂したもの。孔子の編とされる
	詩経《しきょう》	周代初期から春秋時代までの詩300余を収録する中国最古の詩集。孔子の編とされる
	礼記《らいき》	周末から秦・漢時代の儒者の古礼に関する説を集めた書。漢初に成立、時代に従って改編された
	春秋《しゅんじゅう》	魯の史官によって書かれ、孔子が加筆したとされる歴史書。春秋時代という時代区分の名称はこれにちなむ。注釈書に『左氏《さし》』・『穀梁《こくりょう》』・『公羊《くよう》』の春秋三伝がある
四書	大学《だいがく》	もともとは『礼記』の一篇。宋代に朱子が改編して経典とされた。君子たるものの修めるべき学問を説く
	中庸《ちゅうよう》	大学と同じく、『礼記』の一篇を朱子が改編。かたよりがなく、永久不変であるという中庸を説く
	論語《ろんご》	孔子の没後、弟子たちによってまとめられた孔子の言行録
	孟子	孟子の言行録。孟子最晩年に弟子たちと編纂したとされている

徳は孤ならず、必ず隣あり。（『論語』里仁）

*4 **儒**／需が音を表し、濡れる、待つ、の意を持つ。そこから儒は、人を待って教える、の意を持つ。また、柔はおだやかであることを意味し、武に対する文とも解される。

*5 **夏**／殷の前にあったといわれる中国最古の王朝。

*6 **仁**／一説に二人の会意文字という。二人集まるところにおのずから生ずる、人と親しみ、人を慈しむ心の働きが仁である。その表れ方はさまざまであり、『論語』では仁の説明は相手によって異なる。

*7 **天命の論理**／天命が改まることを革命という。

儒教の展開

孔子とその後継者たち

紀元前4～3世紀：儒教の確立　紀元前213年：焚書坑儒
12世紀：朱子学の登場

中国では天子の象徴とされる聖獣。孔廟には、龍を用いることが許されている

孔孟による思想の確立

儒教を創始した**孔子**[*1]は、春秋時代末に魯《ろ》の曲阜《きょくふ》に生まれた。その伝記は『史記』の「孔子世家《せいか》」にもっともくわしいが、それは司馬遷《しばせん》[*2]が伝承や資料を取捨選択し、彼の史観によって構築した物語と見るべきであろう。

50歳を過ぎてようやく魯の国に仕えた孔子だが、権力闘争の果てに彼が理想とする政治改革は失敗、失意のなか、信頼していた弟子数名を連れて亡命の旅へ出る。諸国を歴遊して政治のあるべき姿を説いたが用いられず、70歳近くなって魯に戻り、晩年は古典の研究と弟子の教育に力を注いだ[*3]。死後、その言動は弟子によって『**論語**』としてまとめられ、儒教の基本的な経典となり、孔子自身も聖人に列せられた。

孔子の思想を大きく展開したのは、戦国時代に孔子の故郷に近い鄒《すう》に生まれた**孟子**《もうし》であった。生い立ちなどは不詳だが、**孟母三遷**《もうぼさんせん》[*4]や**孟母断機**《もうぼだんき》のエピソードはよく知られる。孔子に私淑《ししゅく》し、その教えを深めた後、諸国を遊説《ゆうぜい》したが用いられず、晩年は学問と著作、弟子の教育に情熱を傾けた。

孟子は、人間の本性《ほんせい》は生まれながらにして善であり（**性善説**）、仁・義・礼・智という4つの徳の芽生え（**四端**《したん》）が備わっていると言う。また「父子親あり、君臣義あり、夫婦別あり、長幼序あり、朋友信あり」の五倫（139ページ参照）を説き、「徳を以て仁を行う者は王たらん」と述べ、仁義によって乱世を鎮め、社会に秩序を、民衆に安定をもたらすのが王道であると説いた（**王道主義**）。

理論的体系化と周辺諸国への広がり

孟子とは逆に、人間の本性は生まれながらに悪である（**性悪説**）と唱えたのが、**荀子**《じゅんし》である。悪であるがゆえに、礼を以て人性《じんせい》を矯正《きょうせい》すべしと説いた。

春秋戦国の諸子百家は、乱世という厳しい状況のなかで多くの人が、人間はどう生きるべきかという問題に直面した結果、出現したものであろう。彼らが理想を追求すればするほど為政者から見れば反体制となり得る存在であり、なかでも多数を擁した儒家は、秦《しん》[*5]の

*1 **孔子**／紀元前551頃～前479年頃。名は丘《きゅう》、字《あざな》は仲尼《ちゅうじ》。

*2 **司馬遷**／紀元前145～前86年。前漢の歴史家。

*3 数多いなか、とくに十哲と呼ばれる弟子で論語に多く登場するのは、顔回《がんかい》、子路《しろ》、子貢《しこう》、子夏《しか》など。十哲に負けず劣らず優秀な、曾子《そうし》、子張《しちょう》、有子《ゆうし》といった弟子や、孔子の孫・子思《しし》もいる。

*4 **孟母三遷・孟母断機**／孟子の母は、わが子をよい教育環境で育てるため、3度も転居した。また、機《はた》で織りかけた布を断ち、学問も中途でやめればこの断機と同じと戒めたとの故事。

孔林／孔子およびその後裔《こうえい》の墓所。孔子の死を見とった弟子の子貢は、墓の傍らで4年間も喪に服したという。（中国 山東省曲阜）

仁は人の心なり。義は人の路なり。（『孟子』告子上）

始皇帝[*6]《しこうてい》によって焚書坑儒[*7]《ふんしょこうじゅ》の憂き目にあった。

その秦を亡ぼして興った漢の時代、儒者が登用されるようになる。社会秩序維持に重点を置き、忠孝を説く儒教が為政者にとって好都合となり、紀元前136年には、董仲舒《とうちゅうじょ》を重用した武帝[*8]《ぶてい》によって国教と定められる。国教となった儒教は五経《ごきょう》を教える五経博士《はかせ》が設けられるなど優遇され、隋以降は科挙《かきょ》（官吏《かんり》登用試験）の問題を独占し、清末期までその地位を守り続けた。

儒教の体系化、哲学化は宋になってから本格的になる。宇宙の根本原理を理、宇宙を構成する材料を気とし、二者あいまって万物をなすという理気二元論を集大成し、ものの本質たる性が理である（**性即理**）と説いたのが、南宋の**朱熹**《しゅき》（朱子は尊称）である。朱子はそれまでの**『論語』**注釈が孔子の思想体系を明らかにしていないとして**『論語集注《しっちゅう》』**を著すなど、多くの古典の編集と書物の執筆に傾注した。彼の思想、朱子学は、その在世中に偽学として禁じられたりもしたが、死後になって解禁され、しだいに儒教の本流となって官学化した。江戸時代の日本でも徳川幕府の官学として奨励され、[*9]多大な影響を及ぼしている。

明の王守仁《おうしゅじん》は、人の心こそが理である（**心即理**）との思想を立て、彼の号である陽明《ようめい》をとって**陽明学**と呼ばれた。朱子学の理は人間と自然とを区別しなかったが、陽明学の理は人間を中心とし、朱子学に対して理気一元論とされる。朱子学に異を唱えて反体制とみなされたが、人間の行動の原理となることをめざしたその思想は、大きな波紋を投げかけるものであった。

儒教は、時代とともに多くの思想家によって変転しつつ、今日でもなお東アジアを中心に、人々の倫理観の基本であり、精神的支柱となっている。

孔子のおもな継承者たち

名称	時代	生没年	説明
孟子	戦国	紀元前371頃～紀元前289年頃	名は軻《か》。子思（孔子の孫）の門人に学び、孔子の教えを深め世に広めた。性善説など、後の儒教の源流となった。『孟子』は、その言行録
荀子	戦国	紀元前310頃～紀元前230年頃	名は況《きょう》。儒家ではあるが、性悪説に立ち法家《ほうか》に近いといわれる。その思想は後の韓非子《かんぴし》に受け継がれた。『荀子』を著す
董仲舒	前漢	紀元前176頃～紀元前104年頃	漢の武帝に重用され、儒教の国教化に貢献し、儒学隆盛の因となった。『春秋繁露《しゅんじゅうはんろ》』を著す
朱熹（朱子）	南宋	1130～1200年	官僚であったため政争に巻き込まれ、偽学の禁にあう。だが朱子学は為政者にとって都合のいいものとなった。『資治通鑑綱目《しじつがんこうもく》』など
王守仁（王陽明）	明	1472～1529年	日本では江戸後期（寛永年間）に禁じられたが、大塩平八郎などが陽明学者である

*5 **秦**／紀元前221～前207年。漢の高祖に滅ぼされた。

*6 **始皇帝**／紀元前259～前210年。名は政《せい》。紀元前221年に天下を統一、自ら始皇帝と称した。

*7 **焚書坑儒**／紀元前213年、思想統制のために書物を焼き捨て、翌年、それに抗議した数百人の儒者を穴に埋めて殺した。

*8 **武帝**／紀元前156～前87年。紀元前141年に即位。前漢第7代の皇帝。

*9 家康は林羅山《はやしらざん》を重用し、綱吉は湯島に聖堂を建て、林家《はやしけ》を招いて幕臣の子弟を学ばせた。

老荘の思想 道（タオ）

戦国時代：老子・荘子が出現

儒教の秩序と対照的な渾沌の世界観

無為自然を説く老子の登場

老荘《ろうそう》思想も、儒教の根幹をなす孔孟の思想と同じく、戦国時代の諸子百家《しょしひゃっか》に始まる。**老子《ろうし》**[*1]を開祖とし、**荘《そう》子《し》**[*2]によって展開された、宇宙の根源としての**道《どう》（タオ）**を説く道家《どうか》の思想である。

『史記』の「老子伝」によれば、孔子と同時代の楚《そ》の人で、姓は李《り》、名は耳《じ》、字《あざな》は伯陽《はくよう》、老聃《たん》とも呼ばれる。孔子に教えを授けたとあり、漢初に及ぶ子孫の系図を記すが、その系図は矛盾をはらむ。また、200余歳の長命を保った老來子《ろうらいし》や周の太史儋《たん》が老子であるという別伝も付記される。司馬遷の時代、老子はすでに伝説化されていたのであろう。

周王室の図書館の役人（守蔵史）であった老子が、周の都を去る決意をして函谷関《かんこくかん》へ到ったとき、関所の役人（関令）尹喜《いんき》に教えを求められて授けたといわれる『老子』は、「道経」「徳経」の2篇からなり、『**老子道徳経**』[*3]とも称される道家の根本経典である。

この時代、天[*4]は意志を持つ存在であり、道はすでに道路の意味を超えて**仁道**（**人倫の道**）のように概念を表す言葉として広く使われていたが、老子は天地を自然とみなし、名づけることのできる概念は単に人間世界の決め事であって道ではない、道とは宇宙の根源であり、道が無為であるから万物は生成すると言う。

儒家が社会における人間のあるべき姿を追求したのに対して、老子は、人間の認識という相対的なものを絶対視することが間違いであり、それゆえに人為を排してあるがままの自然（**無為自然《むいしぜん》**）に立ち帰れと、主張した。

老子像（『北斎漫画』より）

荘子による展開と斉物思想

老子の思想をさらに展開したのが荘子である。荘子の生涯もよくわからないが、彼が賢者だという評判を

伝説では老子が生まれたとき、おびただしい数の鶴が飛んだという

聖（仙）人伝　老子（生没年不明）

老子は、後世になって道教の神、太上老《たいじょうろう》君《くん》として祀られ、人々の崇敬を集めている。81年も母の胎内にいて、生まれたときには白髪であったとか、生まれるとすぐに9歩歩いて、その足跡には蓮の花が咲いたとか、道士に秘術を授けるため天から降臨したなど伝説には事欠かない。周を去ってインドへ行き、仏陀に生まれ変わったという伝承もある。

孔子が老子に教えを請うた話は『史記』のほかにも見られるが、道家の優位を示すためにつくられ、伝えられたものであろう。

*1 **老子**／老子の子は尊称であり、老も年長で徳の高い人を表す敬称である。老子とは老先生を意味する普通名詞であったと思われる。ちなみに孔子や孟子は孔丘や孟軻の姓に子という尊称をつけた呼び名である。

*2 **荘子**／紀元前369頃～前286年頃。孟子と同時

道の道とすべきは、常の道に非ず。名の名とすべきは、常の名に非ず。（『老子道徳経』）

伝え聞いた楚の威《い》王《おう》（？〜紀元前３２９年）が丁重に招聘《しょうへい》したところ、笑って応じなかったと伝えられる。

荘子は、差別や対立は価値にとらわれた小知であるとして、すべてが価値において無差別であり、同一であり（**万物斉同**《ばんぶつせいどう》）、自由であるとわきまえる大知をめざすよう説いた。美醜、善悪、正邪はもちろんのこと、生死も不可分であるとし、物皆同じ（斉物《せいぶつ》）この世の中で、確かなものなど何ひとつないと言う。だからこそ、人は胡蝶《こちょう》となって心ゆくまで舞い、鵬《おおとり》となって九万里の大空に飛翔《ひしょう》することもできるのである。

老荘の道とは、無であると同時に万物の根源である。老子は「道は一を生じ、一は二を生じ、二は三を生じ、三は万物を生ず。万物は陰を負いて陽を抱き、沖気《ちゅうき》以て和を為《な》す」と言う。後に、『易経』にその端を発する太極（そこから陰陽が生まれる）と同一視され、**太極図**（１４６ページ参照）が道のシンボルとなって道教に取り込まれた。

老荘思想はアジアの人々の心に深く根づき、近代ヨーロッパの思想家にも影響を及ぼしている。*5

『荘子』より

「逍遥《しょうよう》遊《ゆう》」（逍遥遊）

北海に住む鯤《こん》（大魚）は、化して鵬《ほう》となり、九万里まで上昇してはじめてその翼は大風に乗り、南海をめざして飛び立つ。鳩が彼《ひ》我《が》の差異をあげつらって笑うが、鵬は青一色の空の中、青一色の地上を見おろして悠々と逍遥する。鵬の世界を鳩のような小物は理解できない。そこに大知と小知の違いがある。

「胡蝶の夢」（斉物論）

あるとき、胡蝶となった夢を見た荘周は目覚めてから自問する。周が夢で胡蝶となったのか。それとも、今、胡蝶が夢で周になったところなのか。夢を見ているのは我か彼か。

「渾沌《こんとん》」（応帝王）

渾沌にもてなしを受けていた儵《*しゅく》と忽《*こつ》は、恩返しをしたいと思い、渾沌には七穴（目・耳・口・鼻）がないので開けてやろうと決めた。1日に1穴をうがち、7日目に至ると渾沌は死んでしまった。

*儵も忽も、きわめて短い時間を表す文字である。

竹林の七賢／魏の時代（3世紀）、世俗を厭い、竹林に集まって清談を楽しんだ7人の知識人がいた。政治の腐敗や儒教的形式主義を批判し、酒と風雅を楽しんだ彼らに尊ばれたのが、老荘の思想だった。（啓孫画『竹林七賢図屏風』東京国立博物館蔵）

代の宋の人。名は周《しゅう》。その著とされる『荘子』は寓《ぐう》意《い》に満ち、『老子』と並ぶ老荘思想の根本的な書。

*3**『老子道徳経』**／それぞれの篇の最初の文字をとって、こう呼ばれた。20世紀に発掘された馬《ま》王《おう》堆《たい》墳墓では、これの帛《はく》書《しょ》（絹布で作られた本）が発見されている。

*4天命、あるいは天志とも表現される。

*5 19世紀半ば、『老子』がフランスで紹介されてから次々と各国語に翻訳され、老荘思想はタオ、タオイズムとして知られる。かのトルストイはロシア語に訳し、哲学者ハイデッガーはドイツ語訳をしている。

道教の源流

神仙思想と陰陽五行説

紀元前3世紀頃：徐福　4世紀初頭：『抱朴子』成立

不老長寿への憧れ

神仙思想と、『易経[*1]』を起源とする**易**（占い）は、中国において広く民間に信仰された。生活のなかでの祈りは**除災招福**がおもなもので、人々は、福・禄・寿を願うなかでもとりわけ**不老長寿**に強い憧れを抱いてきた。

神仙思想とは不老不死の神仙（仙人。神人《しんじん》[*2]、真人《しんじん》[*3]とも呼ばれる）が実在し、人間は神仙になれると信じる思想で、紀元前3世紀頃、山東半島を中心に広まった。『史記』では僊人《せんじん》と記し、空を飛ぶ人を意味していたとも考えられる。神仙となるため、ある者は世俗を離れて山にこもり、ある者は仙薬（服用すれば不老不死が得られる薬）をつくり出すことに生涯をかけた。秦の**始皇帝**（聖人伝「徐福」および141ページ脚注参照）や漢の**武帝**[*4]も仙薬を求めたという伝説を残す。道教に取り入れられた**仙術**（仙人になるための術、ならびに仙人の行う術）は、現世利益《げんぜりやく》を実現するための中核となっていった。仙術を行う者を**方士**《ほうし》と称する。

4世紀初頭、東晋の**葛洪**《かっこう》[*5]は羅浮山《らふざん》（広東省）に入り、煉丹《れんたん》[*6]や読書に励み、仙術を探求して『**抱朴子**《ほうぼくし》』を著した。それによると、辟穀《へきこく》（五穀を食べない）、服餌《ふくじ》（仙薬を服する）、服気《ふくき》（胎息《たいそく》、調息などともいい、呼吸によって気[*7]を摂取する）、導引《どういん》（インドのヨガに通じる。太極拳も導引の一種）、房中《ぼうちゅう》（性の交わりによって気を摂取する）など、仙人になるための修行法が、理論を交えて仔細に紹介されている。しかし、最高の仙薬とされる金丹《きんたん》の原料が辰砂《しんしゃ》（水銀と硫黄《いおう》の化合物）であることなどから、服餌によって命を縮めた人も少なくなかったと思われる。その一方で、煉丹法からは火薬や漢方薬といった副産物も多く生まれた。

さらに、健康を保つため、方術（仙術）から医術も

玄武。古来、亀は長寿のシンボルだった。蛇と亀をからみ合わせた霊獣は北の方角を意味する

聖（仙）人伝　**徐福**（紀元前3世紀頃）

徐福は名家の出でありながら立身出世を嫌って修行に励み、神仙の域に達しているとの評判を得ていた。あるとき彼は不老長寿の仙薬を求め諸国を遊歴している始皇帝に出会う。徐福は「東海のかなたの蓬莱山《ほうらいさん》へ行けば得られるが、それには金銀珠玉、良家の少年少女3,000人、莫大な穀物が必要だ」と伝えた。皇帝はその要求を受け入れ、徐福を東方の海へ旅立たせる。しかし徐福が戻ることはなかった。一説によれば徐福は日本に漂着したともいわれており、各地に徐福伝説が残っている。

*1**易経**／139ページ表参照。

*2**神人**／神通力を得た人。

*3**真人**／まことの道を体得した人。

*4**武帝**／141ページ参照。西王母《せいおうぼ》には会えたが、仙薬は得られなかったという。

*5**葛洪**／283～343年頃。

黄山／奇岩と雲海との景観は天下の名景とうたわれる。神仙をめざす者は、このような深山幽谷にこもって修行した。（中国　安虐省歙県）

発達した。経絡《けいらく》（人体における気の流れ）を整えるために経穴《けいけつ》（いわゆるツボ）を刺激する鍼灸《しんきゅう》なども、その根底には神仙思想がかいま見えるのである。

陰陽五行にもとづく世界観

人生の指針や災難の回避を求めて、『**易経**』をもとにした占い（易）が発達した。『易経』は、森羅万象を太極から発する陰陽《いんよう》によって解き明かすものである。陰陽は少陽・老陽・少陰・老陰の四象となり、さらに乾《けん》・兌《だ》・離《り》・震《しん》・巽《そん》・坎《かん》・艮《ごん》・坤《こん》の八卦《か》となり、八卦を重ねて六四卦を生じ、これを自然現象・家族関係・方位・徳目などにあてて解釈する。

陽は⚊、陰は⚋で表される（左上図参照）。

この陰陽に万物生成の要素である木《もく》・火《か》・土《ど》・金《ごん》・水《すい》の五行《ごぎょう》を組み合わせたのが、**陰陽《いんよう》五行《ごぎょう》説**である。五行を円環としてそれぞれに陰陽を配し、陽を兄《え》、陰を弟《と》としたのが**十干《じっかん》**（甲《こう》・乙《おつ》・丙《へい》・丁《てい》・戊《ぼ》・己《き》・庚《こう》・辛《しん》・壬《じん》・癸《き》＝きのえ～みずのと）であり、中央に土を、四方にその他を置き（東南西北に対応）、それらに陰陽を配したものが**十二支**（子《し》・丑《ちゅう》・寅《いん》・卯《ぼう》・辰《しん》・巳《し》・午《ご》・未《び》・申《しん》・酉《ゆう》・戌《ぼ》・亥《がい》）である（左図参照）。十干と十二支を組み合わせた干支《えと》は、方角や時刻、年回りなどに現在でも使われている。日本では、陰陽道の意味ではオンヨウまたはオンミョウと読む。

*6 **煉丹**／不老不死の霊薬金丹などをつくること。

*7 **気**／道教経典の一書によれば、人間の生命の三宝（精・気・神）のひとつである体内のエネルギー。精は体の機能、神は心の機能と結びつけられる。

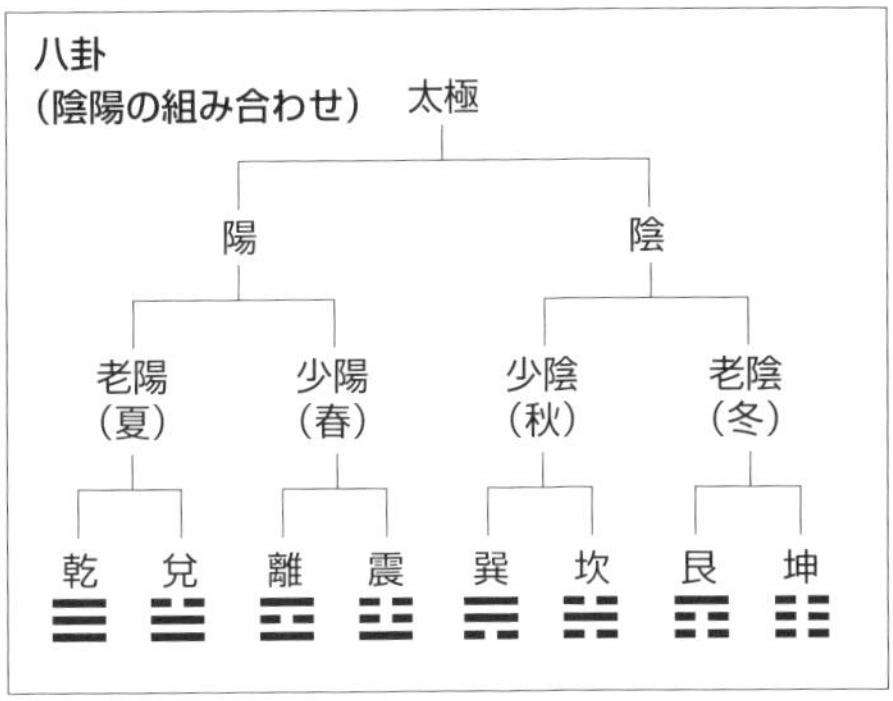

八卦（陰陽の組み合わせ）

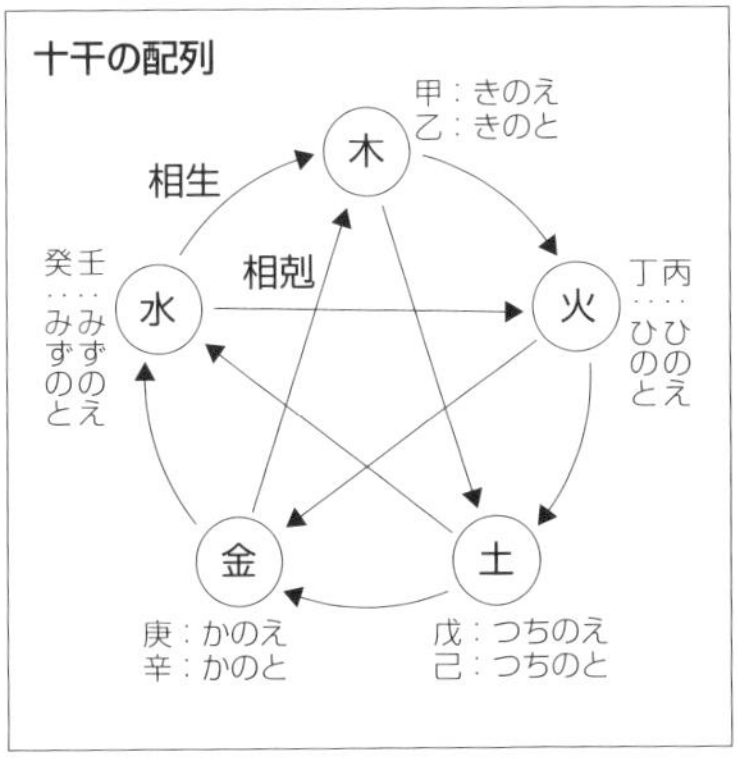

十干の配列

五行相生《そうしょう》：木は火を生じ、火は土を生じ、土は金を生じ、金は水を生じ、水は木を生ず。
五行相剋《そうこく》：木は土を剋し、土は水を剋し、水は火を剋し、火は金を剋し、金は木を剋す。

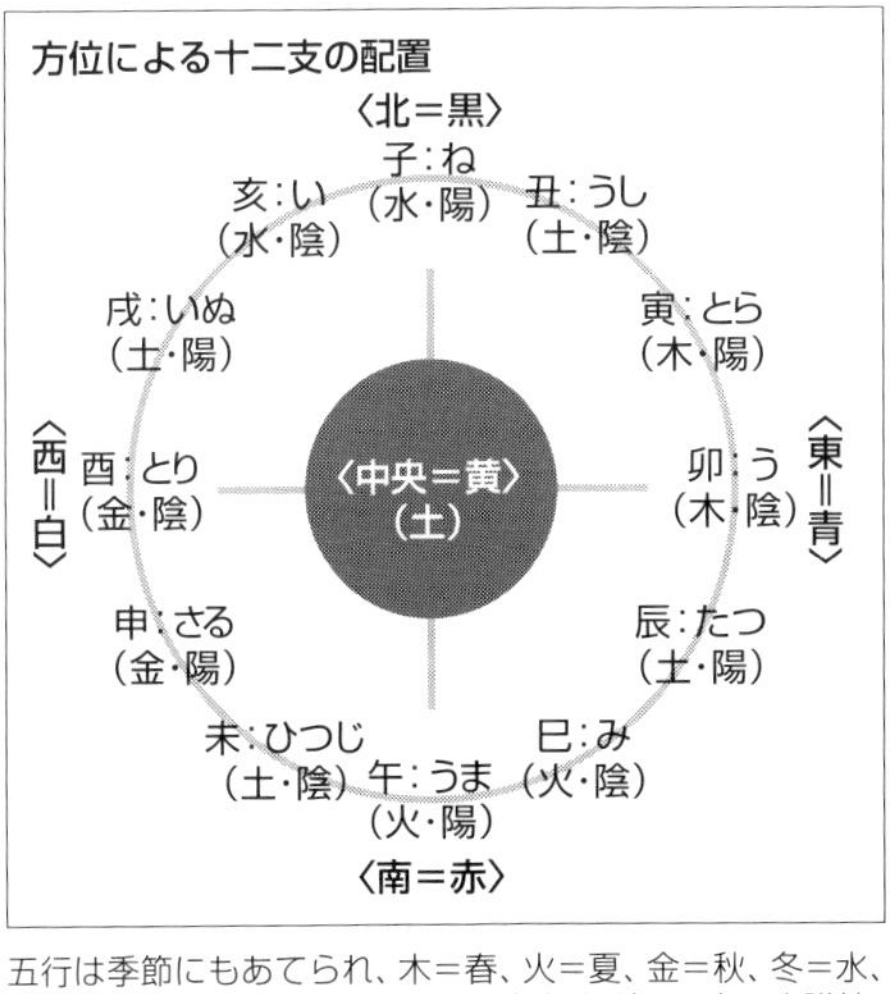

方位による十二支の配置

五行は季節にもあてられ、木＝春、火＝夏、金＝秋、冬＝水、変わり目を土とする(土用はここに由来する)。四方の守護神、玄武・青龍・朱雀・白虎もここに由来する。中央が土で黄色なのは、中国の大地が黄土で覆われているからという。

一擲《いってき》乾坤《けんこん》を賭す（韓愈・七言絶句「鴻江を過ぐ」。さいころを1回だけ擲《な》げて、天と出るか地と出るか賭けること、すなわち運を天にまかせた大勝負をすることの意）

道教の成立

中国に生まれた神秘の教え

後漢末：太平道・五斗米道成立　184年：黄巾の乱

呪術、現世利益の強い宗教

道教は、儒教とならんで中国が生み出した宗教である。イエスや釈迦《しゃか》にあたる開祖はおらず、自然現象をつかさどる神々や祖先神への信仰、シャーマンによる巫術《ふじゅつ》といった原始宗教をベースに、**神仙思想**[*1]や**易**[*2]、**陰陽《いんよう》五行《ごぎょう》説**[*3]、**方術**、**医術**などを取り入れた呪術的、現《げん》世利益《ぜりやく》的な色彩の濃い宗教といえる。

中国では、後漢時代の1世紀頃に仏教が伝来して**老荘思想**と結びついて広がったことに刺激され、2世紀に入った頃、民間に根づいていた多様な神々の信仰と呪術が道教として体系化され始める。その過程で老荘思想も取り入れられ、老子が太上《たいじょう》老君《ろうくん》として神格化された。

日本の神社仏閣に相当する道教の建物を**道観**《どうかん》、または宮観《きゅうかん》といい、仏教の寺院と同様、大規模なものには鐘楼《しょうろう》や鼓楼《ころう》などが配された。そして、神官や僧侶にあたる者を**道士**《どうし》（女性の場合は女道士、あるいは女冠《じょかん》）といい、彼らは道服と道帽を着用する。ときに道士を道家《どうか》とも称する。

道教教団の変遷

後漢末から筆を起こして三国（魏《ぎ》・呉《ご》・蜀《しょく》）の動乱期を描いた小説『三国志演義』には、184年に**黄巾**《こうきん》[*4]**の乱**を引き起こした**太平道**《たいへいどう》や、魏と戦った**五斗米道**《ごとべいどう》についての記述がある。どちらも歴史上、はじめて記された道教の教団（左表参照）である。

後漢末期の2世紀半ば、河北地方において干吉《かんきつ》[*5]という人物が、符水《ふすい》[*6]によって病気を治すという呪術的な宗

太極図。陰陽を象徴的に示した太極の図。韓国の国旗にも用いられている

聖（仙）人伝　張道陵（34〜156年）

五斗米道の開祖、張陵（張道《ちょうどう》陵《りょう》）は、はじめ儒学を学んだが、長生きには役立たないと悟り、次第に道術に傾倒するようになった。そして厳しい修行の末、ついに長生きの丹薬《たんやく》「黄帝九鼎《こうていきゅうてい》丹法《たんぽう》」のつくり方を会得《えとく》し、不老長寿の道をきわめる。評判をききつけて彼の屋敷には大勢の人が集まるようになったが、分身の術を心得ていた張道陵は、同時に複数の座に姿を現わして客をもてなしたという。

*1 **神仙思想**／144ページ参照。

*2 **易**／『易経』（周易）のこと。また『易経』にもとづく占法もさす。

*3 **陰陽五行説**／145ページ参照。

*4 **黄巾の乱**／太平道の信者が目印のため、黄色い布を身につけたことから、こう呼ばれた。

*5 **干吉**／生没年不明。于吉《うきつ》ともいう。

媽祖廟《まそびょう》／航海安全の守護神媽祖を祀る。この神は宋代に実在した巫女といわれる。（中国 福建省）

教集団である太平道を開き、これを受け継いだ張角《ちょうかく》[*7]は十数万人を超える信者を組織し、宗教国家の実現をめざして、河北地方一帯で大規模な反乱を起こした（黄巾の乱）。この乱は張角の死により1年足らずで鎮圧され、太平道は衰退していったが、中国初の宗教による反乱として特筆される。

太平道からやや遅れて、四川地方を中心に、張陵《ちょうりょう》[*8]が五斗米道を興《おこ》し、病気治療をして信者を集めた。五斗米道を宗教教団に組織化したのは張陵の孫の張魯《ちょうろ》[*9]で、信者には『道徳経』[*10]を読ませ、漢中（漢江上流の盆地）を中心に信者による自治組織をつくって約30年にわたり威力をふるうが、215年、魏の曹操《そうそう》[*11]に降伏した。曹操は張魯を子どもたちとともに優遇したが、三男のみは父の命により漢中を去って長江中流へ移り、五斗米道を天師道《てんしどう》として再興したと伝えられる。

5世紀後半、北魏で寇謙之《こうけんし》[*12]により**新天師道**が成立する。天師道の改革派で、はじめて自ら道教と称し、北魏の太武帝《たいぶてい》[*13]によって国教となった。

7世紀には、3世紀に成立して以降、厳しい戒律で知られた**上清派《じょうせいは》**が唐の保護を受け、道教は国家を守る宗教として発展していくが、それと同時に貴族化も進み、民衆からは乖離《かいり》した。

12世紀になると、退廃した道教の改革が唱えられ、**全真教《ぜんしんきょう》**、**真大道教《しんだいどうきょう》**、**太一教《たいいつきょう》**が新たに成立。**天師道**（後に**正一教**と改称）とともに元王室と結びつき、その後もしばしば国の庇護を受けたが、教団としては次第に衰退していった。

おもな道教教団

教団名	時代	教祖	特徴
太平道	後漢（2世紀頃）	干吉／張角	天より授かった『太平清領書《たいへいせいりょうしょ》』を経典とし、教団名もそれに由来する
五斗米道	後漢（2世紀頃）	張陵	信者に米5斗を納めさせたところからこの名がついた。病気と罪を結びつけ、その罪を清めて病気を治すという手法をとった
天師道	南北朝（3世紀頃）	張盛《ちょうせい》	父・張魯の命によって継承した曽祖父・張陵を開祖とする教団。教主を天師と称した
上清派	南北朝（3世紀頃）	魏華存《ぎかぞん》	魏華存は女性で、後に神仙になったとされる。茅山《ぼうざん》派ともいう
新天師道	南北朝（5世紀頃）	寇謙之	太武帝は道教を信じるあまり仏教を弾圧したが、新天師道は寇謙之の死後、途絶えた
全真教	金（12世紀）	王重陽《おうじゅうよう》	呪術性を排し、仏教・儒教との融合を図った。なかでも禅を重視、坐禅を取り入れるなどした
真大道教	金（12世紀）	劉徳仁《りゅうとくじん》	呪術性を排し、無為清浄を中心に、仏教の五戒や儒教の忠孝仁などを取り入れた
太一教	金（12世紀）	蕭抱珍《しょうほうちん》	おふだなどの呪力を重視し、病気治療や災厄除去を行った。飲酒・妻帯は禁じられた

*6 **符水**／おふだをとかした水。

*7 **張角**／?～184年。

*8 **張陵**／?～177年頃。張道陵は後世の称。

*9 **張魯**／?～216年。

*10 **道徳経**／142ページ参照。

*11 **曹操**／155～220年。

*12 **寇謙之**／365～448年。

*13 **太武帝**／423～452年。北魏第3代皇帝。

壷中《こちゅう》の天（『漢書』費長房伝。別世界。仙境の意）

道教の神々 元始天尊 三界三十六天

民間信仰から生まれた多彩な顔ぶれ

道教の神々と宇宙観

道教では時代によって宇宙観や神々の系譜が変化し、星や山や川や草木といった自然、雨や風などの自然現象、人間の暮らしにかかわるありとあらゆるものに宿る神、伝説上の帝王[*1]、神仙、英雄や祖先といった多種多様な神々を祀る。最高神も時代によって変遷してきた。3世紀頃は太上老君《たいじょうろうくん》[*2]、6世紀には元始天尊《げんしてんそん》[*3]、11世紀には北宋の真宗《しんそう》[*4]によって玉皇大帝《ぎょっこうたいてい》[*5]が、最高神として祀られた。それから後も、道士は元始天尊を最高神としてきたが、一般の人々は玉皇上帝《ぎょっこうじょうてい》を最高神と考えるなどさまざまである。

仏教の『大蔵経《だいぞうきょう》』にならって経典を編集した明代の『**道蔵《どうぞう》**』がある。その総責任者が皇帝に報告するため要約した書によれば、三元[*6]から三人の神（天宝君《てんぽうくん》・霊《れい》宝君《ほうくん》・神霊君《しんれいくん》）が生まれ、それぞれのいるところをあわせて三清境《せいきょう》（玉清《ぎょくせい》境、上清《じょうせい》境、太清《たいせい》境）といい、三神を三清《せい》ともいうが、もとはひとつだとしている。

このもっとも根本的な三清についても諸説があり（天・地・人、あるいは過去・現在・未来を表すとする、など）異称も多いが、儀式の際には最高神と同一であるとして、道壇（祭壇）に三清の絵姿《えすがた》をかける。今日の道士は、玉清が元始天尊、上清が霊宝天尊、太清が道徳天尊としているが、老子ひとりとっても、上清だ、いや太清だと違う伝承があり、どれが正しいということはできない。

神々のいる天界には三十六天[*7]説、三十二天説、九天説がある。もっとも知られた三十六天は、上から大羅《だいら》天《てん》・三清境・四種民天《ししゅみんてん》（四梵天《しぼんてん》、上四天《じょうしてん》ともいう）・無《む》色界《しきかい》・色界《しきかい》・欲界《よくかい》の順に重なっているとされる。下の三界は仏教の言葉であり、天界の思想そのものも仏教から取り入れたと考えられる。天界は、中国の宮廷や官僚制度を髣髴《ほうふつ》とさせ、現世をそのまま反映させたものとみられる。

道教に地獄という観念はなかったが、仏教の影響を受けて罪を犯せば地獄に落ちるとされた。そしてなぜか、実在した皇帝たちは地獄の神になることが多い。

鳳凰。天帝の使者ともされている伝説の鳥

聖（仙）人伝　左慈（生没年不明）

後漢末期、道をきわめたと評判の仙人、左慈《さじ》の噂をききつけた魏の曹操は、その力を試してみようと彼を宮中に召し、食事も与えずに一室に閉じ込めてしまった。1年が過ぎ、曹操が左慈を引き出してみると、左慈は血色もよく健康そのものだった。これに驚いた曹操はさっそく方術を教えるよう迫ったが、左慈にはねつけられてしまう。これに怒った曹操が処刑しようとすると、彼はさっと姿を消して行方をくらましてしまった。

*1いわゆる三皇五帝。堯《ぎょう》・舜《しゅん》など。

*2**太上老君**／142ページ参照。

*3**元始天尊**／道を神格化した神。

*4**真宗**／968～1022年。北宋第3代皇帝。

*5**玉皇大帝**／玉皇上帝ともいわれる。

民衆の支持を集めた神々

神仙の女王は**西王母**《せいおうぼ》（王母娘々《ワンムウニャンニャン》）、王は**東王公**《とうおうこう》（東王父）である。八仙は困っている人を助けてくれるので今でも人気が高く、それぞれを象徴する持ち物（剣、楽器、花など）を携える画像は食器など日用品にも描かれ、中国人が暮らしているところならどこでも目にすることができる。八仙渡海という図像があり、日本の七福神は、これが姿を変えたものという説もある。

生前の偉業によって神となった人格神も多い。関帝《かんてい》廟《びょう》に祀られているのは**関羽**《かんう》[*8]である。**媽祖**《まそ》は巫女として漁民や農民を助けたが若くして亡くなり、清朝から天上聖母として祀られた。

一般的に道士は祀らないが、広く信仰された竈《かまど》[*9]の神もいる。民家で祀られる神相図（神々の図像）では、観音、続いて関帝と媽祖、その下に土地公と竈の神が描かれることが多い。竈の神は年に一度天に上がり、その一家の行動を報告すると信じられた。

道壇に祀られる神々

名称	説明
三清	玉清元始天尊、上清霊宝天尊、太清道徳天尊
玉皇大帝	一般の人々の間では天公《てんこう》と称される。元始天尊と玉皇大帝との関係は、諸説あるがわからない
西王母	崑崙《こんろん》（伝説上の西の聖山）に住む。そこで栽培される桃は仙薬の原料で、食べれば長寿を得られる
神農《しんのう》	伝説上の帝王。民に耕作を教えたとされ、自分でなめてみて薬草と毒草を区別したといわれる
玄天上帝《げんてんじょうてい》	天の赤道に並ぶ28宿（星座）のうち、北方の7宿を神格化した神
黄帝《こうてい》	伝説上の帝王。約100年にわたって中国を統治し、さまざまな制度を確立したとされる
関聖帝君《かんせいていくん》**（関帝）**	武将として戦功と忠誠心を称えられる。金銭の出納を記したことでも知られ、財産の神とされる
呂洞賓《りょどうひん》	八仙の中心的存在。漢代の歴史上の人物である。医薬と結びつけられ、悪霊をはらう宝剣を持つ
媽祖	天妃《てんぴ》、天后《てんこう》、天母などともいう。航海の守護神。福徳招来、願望成就の女神でもある

このほか、観音、五斗米道の開祖張陵、自然神、城隍神《じょうこうしん》（大きな都市の守護神）や土地公（土地の守護神）、厄除けの神なども祀られる。

三尸の虫

道教では、人間の体内には虫が住んでいるという。頭部に上尸《じょうし》、心臓に中尸《ちゅうし》、下半身に下尸《げし》の虫がいて、さまざまな病気を引き起こすと考えられた。この三尸《さんし》の虫は人間が死ぬと諸方を遊び歩くが、それを鬼といい、その害を避けるには立春などの八節に祀らなければならないが、心がこもっていないと多くの病気が流行するという。

人間を早死させたい三尸の虫は庚申《こうしん》の夜、睡眠中に体を抜け出し寿命をつかさどる天帝に、その人の悪事を告げ口するのだという。日本では、そのために庚申《こうしん》待《まち》をした。親しい人が集まって夜通し飲食しながら談笑するのである。古くは『枕草子』に、その様子が描かれている。

呂公の枕（＝邯鄲《かんたん》の夢。李泌『枕中記』。呂公とは道士で、呂洞賓とみなす説もある）

*6 **三元**／『老子』の「三は万物を生ず」にもとづく。9世紀頃の道教では、無から妙一《みょういつ》が生じ、妙一から三元が分かれるというのが一般的だった。

*7 欲界六天、色界十八天、無色界四天、四種民天の四天、三清境の三天、大羅天の一天で、合計三十六天となる。

*8 **関羽**／160頃～219年。三国時代の蜀漢の武将。『三国志演義』では劉備《りゅうび》・張飛《ちょうひ》と義兄弟の契りを結び、活躍する。

*9 **竈の神**／玉皇の三男で美男子。若い女性が見たがるので、玉皇が竈の神にしたという。また、夫婦神として描かれる場合もある。

神道の成立

自然のなかに八百万の神を見出す

712年：『古事記』成立　720年：『日本書紀』成立

鳥居。神社の入口などに建てられ、神域を示す

ゴトビキ岩／熊野の神々が最初に降り立った場所と伝えられる、神倉山《かみくらやま》山頂の磐座《いわくら》。神が降臨する岩石は磐座、樹木の場合は神籬《ひもろぎ》といい、神社に御神体が納められる以前から神が宿る依代として信仰の対象とされた。世界遺産に登録。（熊野速玉大社摂社神倉神社　和歌山）

古代日本人の神観念

神道《しんとう》という名で呼ばれている日本人の民族宗教は、自然崇拝や祖先崇拝、シャーマニズムなど、多くの要素から成立した多神教である。ゆえにその性格を規定するのは困難だが、もっとも中心にあるのは自然崇拝、あるいはアニミズム的な世界観だろう。

古来、日本人は、自然界の事物や現象に霊威を感じ、畏《おそ》れ敬ってきた。たとえば『**古事記**』[*1]の冒頭の部分では神がこの世に現れた様を、「葦が芽を出すような勢いの物」から現れた、と表現している。自然界の命の営みに神の働きを見ているといえよう。

そもそも日本の神々は、一神教の唯一神のように無から世界を創造したわけではない。**記紀神話**[*2]によればはじめから存在している混沌とした世界に神々が現れ、これを整えていったのである。たとえば日本列島の島々は、**伊邪那岐命**《いざなぎのみこと》と**伊邪那美命**《いざなみのみこと》という男女の神々が産みなした子とされる。すなわち神々は自然から生まれ、自然を生み、自然とともに生きている存在なのである。したがって自然からの恵みは神からの恵みであり、自然災害は神の怒りの表れである。そのように古代の人々は考えた。

多様な自然界の諸相に呼応して神々も、日神、月神、海神、山神、木神などさまざまなかたちで（**八百万**《やおよろず》[*3]**の神として**）認識されている。自然にまつわる神ばかりでなく、知恵の神や芸能の神などもいる。また天照大御神《あまてらすおおみかみ》は日神であり皇室の祖先神でもあるというように、複合的な性格であったりする。さらに『**日本書紀**』には、大蛇、狼、虎を「畏《かしこ》き神」などと呼びかける場面があって、神の化身や神の使いとされる動物も多く登場している。本居宣長《もとおりのりなが》[*4]が定義したように、「尋常《よのつね》ならずすぐれたる徳《こと》のありて可畏《かしこ》き物」ならば、人間は言うまでもなく、動物または虫さえも神とみなされたのである。また後世になると、実在の人物を神として祀る例も現れた。雷神《らいじん》と習合した大自在天満天神《だいじざいてんまんてんじん》の菅原道真、東照大権現《とうしょうだいごんげん》の徳川家康などである。

神・自然・人間が断絶しない世界観

一般に日本の神々は、現実の山や森などの自然物、または人間世界との交流においては人工的な依代《よりしろ》（C

*1『**古事記**』／第40代天武天皇の命により撰録された歴史書。和銅5（712）年の成立。天地開闢《てんちかいびゃく》から推古天皇までの神話と歴史が記されている。

*2**記紀神話**／『古事記』および養老4（720）年成立の『日本書紀』の神話を総称していう。

*3**八百万の神**／八百万は具体的な数字ではなく、多くの神々の意。

*4**本居宣長**／江戸時代後期の国学者で、『古事記』の実証的な研究書である『古事記伝』などを著した。

*5**高天原**／天照大御神が主宰し、孫の邇邇芸命がここから地上（葦原中国）に降臨して、

LIP参照）などに鎮まると考えられている。つまりそのような物と神霊に一神教のような絶対的断絶はない。さらに人間については、記紀神話では地上世界にいつのまにか「青人草《あおひとくさ》」として存在していたものであり、神々・自然・人間は断絶しているのではなく、血縁関係にあるととらえられる。

人間はその誕生だけでなく、死後の行く先も明確ではない。神話には葦原中国《あしはらのなかつくに》という地上のほか、神々の集う天上の*5**高天原**《たかまのはら》、伊邪那美命が死後に赴いた*6**黄泉**《よみの》**国**《くに》、海の彼方の*7常世国《とこよのくに》など複数の他界が見られるが、いずれも人間の死後の国と定められてはいない。古くから日本人は日常空間とは異なる山、海、空などに死後の世界を求めてはいたが、それが曖昧なのは、神道の現実的、現世主義的な傾向のためだと思われる。

神の依代

依代とは祭祀などの際にカミが降臨する目印ともいえるもので、樹木や岩などが選ばれた。

祭祀は依代を中心として行われたが、やがてその場所が恒久化し、建造物（社《やしろ》）がつくられるようになる。

これにより依代は御神体と呼ばれる刀や鏡などに代わり、本殿の中に納められるようになった。

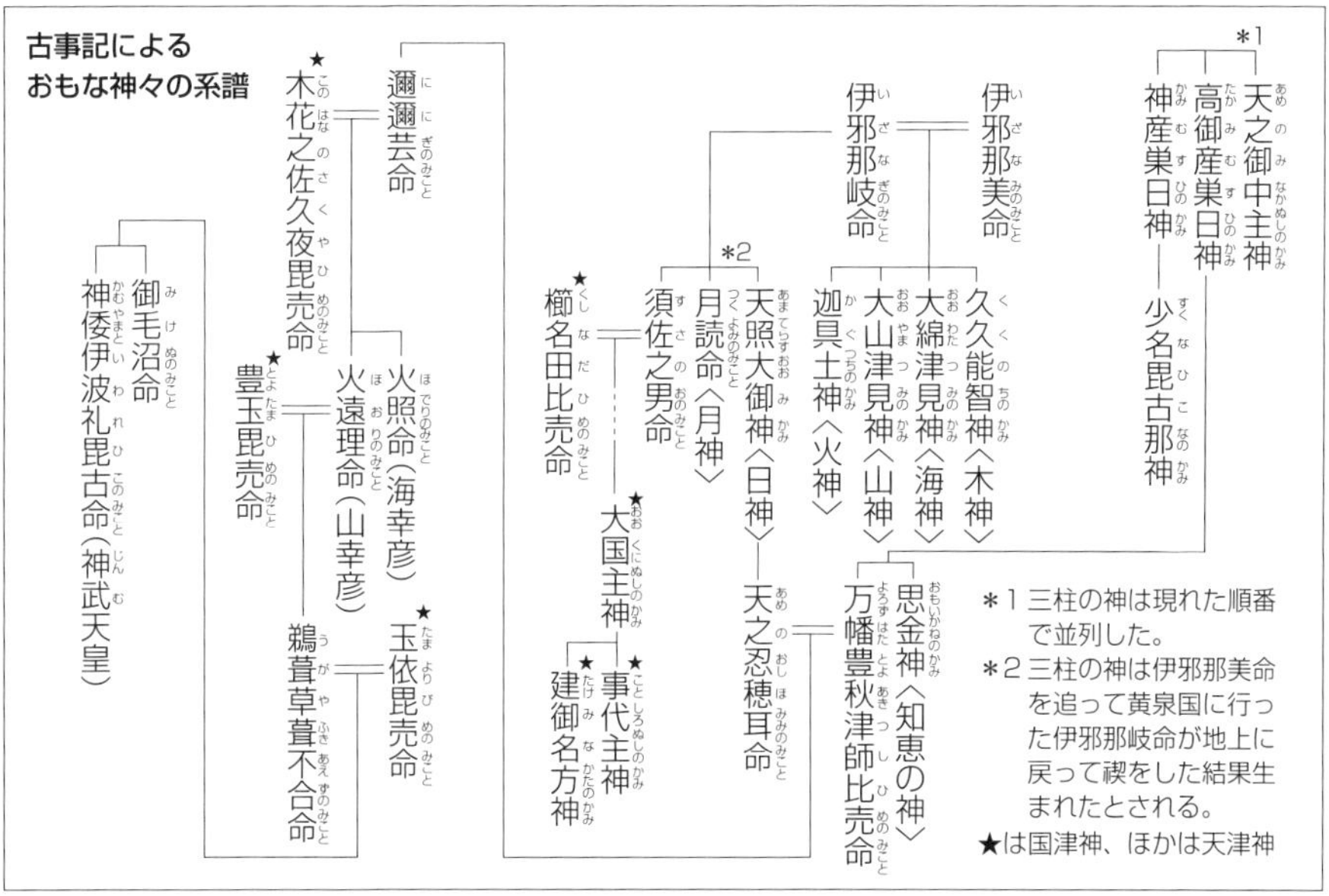

古事記による
おもな神々の系譜

＊1 三柱の神は現れた順番で並列した。
＊2 三柱の神は伊邪那美命を追って黄泉国に行った伊邪那岐命が地上に戻って禊をした結果生まれたとされる。
★は国津神、ほかは天津神

大国主神に代わって地上を統治した。記紀神話における高天原系の神々を天津神、地上とかかわりの深い神々を国津神と呼ぶ（上図参照）。

*6**黄泉国**／火神迦具土神を生むことで火傷をし、亡くなった伊邪那美命が向かった世界。神話の記述は、墓室である横穴式石室の様子が反映されているとも見られている。

*7**常世国**／『古事記』では大国主神とともに国造りをした少名毘古那神や、神武天皇の兄にあたる御毛沼命がこの国に渡って行ったとある。また記紀ともに垂仁天皇の命で田道間《たじま》守《もり》が、常世国に渡り非時香果《ときじくのかくのみ》を持って戻ってきたと記される。

祓ひ給ひ　清め給へ　守り給ひ　幸はへ給へ（参拝の際の略拝詞）

神道の変遷

さまざまな神道思想の誕生

本地垂迹説　復古神道　国家神道　1945年：神道指令

山王鳥居／天台宗と習合した山王神道（左表参照）系神社独特の鳥居。その形から合掌《がっしょう》鳥居ともいう。（滋賀県　日吉大社）

〝異国の神〟との出会いと共存

神道は教祖や教義の明確な創唱宗教ではなく、自然発生的であるため、宗教としての自覚を持ち始めたのは6世紀に仏教が伝来してからである。ただし自覚とはいっても、当初は仏を隣の国の神と呼び、仏法に対するかたちで「神道」の名称を大陸の典籍から借りてきたわけだから、さほど大きな自覚ではなかった。

7世紀後半以降の律令制下では、中央集権国家が確立していくなかで祭政一致が推し進められる。祈年祭[*1]に際して公的に幣帛《へいはく》[*2]を受ける官社は、『**延喜式**《えんぎしき》』[*3]神名帳に2861社（うち官幣社[*4]は573社、国幣社[*5]は288社）が記されている。しかし宗教というより習俗に近い神道は、仏教との共存、あるいは仏教による取り込みも進む（**神仏習合**）。神は苦しみ多き身とされ、これを救うために神社に神宮寺が建てられたり、神は仏が仮の姿をとって現れたものとする**本地垂迹**《ほんじすいじゃく》**思想**が展開される。天照大御神《あまてらすおおみかみ》の本体は大日如来、八幡神の本体は阿弥陀仏などとみなされた。

密教や儒教の影響

神仏習合の思想は中世に入って広く普及し、真言密教系の**両部神道**《りょうぶしんとう》、天台系の**山王神道**《さんのうしんとう》などが成立した。鎌倉時代には両部神道からの刺激を受け、神道を主体とした教理を体系づけたものとして**伊勢神道**が生まれた。伊勢神宮外宮《げくう》の神主の度会氏《わたらいし》により形成されたため、**外宮神道**または**度会神道**とも呼ばれる。

室町後期には神祇官[*6]の要職を代々務めた吉田（卜部《うらべ》）家から兼倶《かねとも》が出て、自家に伝わる真の神道という吉田神道を打ち立てた。しかし実際は密教や陰陽道の色彩が強い神道説である。兼倶は神位の授与や神職免許の発行などを広く行い、そのために吉田家は神道家元として各地の神社に強い影響力を持ち、明治になるまで多くの神社を支配下に置くことになる。

江戸時代に**儒学**が官学とされて隆盛すると、神道と儒学の一致を説く思想が形成される。林羅山《はやしらざん》の**理当心**《りとうしん》**地**《ち》**神道**、吉川惟足《よしかわこれたり》の**吉川神道**、山崎闇斎《やまざきあんさい》の**垂加神道**《すいかしんとう》などである。また日本の古典を文献学的に考証する国学が起こり、仏教や儒教などとの習合ではない純粋な神

狛犬。神域を守る霊獣。阿型、吽型の1対が置かれている

*1**祈年祭**／稲の豊穣を祈る祭。「としごいのまつり」ともいう。

*2**幣帛**／神への供え物の総称。布や衣服、武具、神酒などがある。「みてぐら」ともいう。

*3**『延喜式』**／延長5（927）年に完成した法典。9巻と10巻は官社の名簿で神名帳と呼ばれる。ここに記載された神社を式内社という。

*4**官幣社**／祈年祭において中央の神祇官から幣帛を受ける神社。

*5**国幣社**／祈年祭において、その属している国から幣帛を受ける神社。本来はすべて神祇官から受けていたが、平安時代になってこの別がつけられた。

神代より　言ひ伝て来らく　そらみつ　倭の国は　皇神の　厳しき国　言霊の　幸はふ国と　語り継ぎ（後略）（山上憶良『万葉集』）

道思想を体系づけようとする**復古神道**が唱えられた。代表的人物としては本居宣長《もとおりのりなが》や平田篤胤《ひらたあつたね》がいる。

国家神道から宗教法人へ

尊皇思想の強い復古神道や垂加神道が原動力となって明治維新がなされると、神社は神仏分離[*7]政策によって仏教色が除かれ、祭政一致の理念によって国家に管理された（**国家神道**）。そのため自由な宗教活動もできず、経済的にも困難な状態に追い込まれる。代わりに布教面を担ったのは教派神道や神道系新宗教の教団であった。戦後、GHQの神道指令によって国家神道は解体され、各神社は他宗教と同じく宗教法人となった。

おもな神道思想

種　類	特　徴
両部神道	密教の金剛界と胎蔵界（両部）を伊勢神宮の内宮と外宮に対応させたため、この名がある。真言密教系の神道。行基や空海に仮託された述作が多い
山王神道	比叡山延暦寺の鎮守社である日吉大社の信仰と、天台宗の教義が習合した神道。江戸時代の天台僧天海の山王神道説をとくに山王一実神道という
伊勢神道	伊勢神宮の外宮祠官度会氏によって唱道された神道。「神道五部書」を根本教典とする。外宮祭神の豊受大神を、内宮の天照大御神と同格に称揚した
吉田神道（唯一神道）	吉田兼倶（1435～1511年）により提唱される。儒教、仏教、道教、陰陽道を巧みに取り入れ、神道をこれら諸宗の根源とした。京都の吉田山にある大元宮は吉田兼倶により建てられ、国内の全神々が祀られている
理当心地神道	儒学者の林羅山（1583～1657年）が唱えた、神道と儒教の一致を説く神道。吉川惟足や山崎闇斎の神道説などとともに儒家神道と呼ばれる
吉川神道	吉川惟足（1616～1694年）が唱えた神道。朱子学と吉田神道を結びつけ、神道には神職らが行う祭祀などのほか、天下を治める道（理学）があるとした
垂加神道	山崎闇斎（1618～1682年）により提唱され、朱子学を基調としつつ天照大御神への信仰と天皇崇拝、皇室の絶対化を唱え、尊皇倒幕の原動力となった
復古神道	国学四大人《うし》、すなわち荷田春満《かだのあずままろ》（1668～1736年）、賀茂真淵《かものまぶち》（1697～1769年）、本居宣長（1730～1801年）、平田篤胤（1776～1843年）により形成された神道。外来文化の影響を受ける前の神道の姿を復元しようとした

参拝の作法

鳥居をくぐる際には、立ち止まって軽く頭を下げる。神社にお邪魔させていただくという敬虔さが必要だ。参道は、神様の通り道である真ん中を避けて歩く。手水舎《ちょうずや》では、右手で柄杓《ひしゃく》に水をすくって左手にそそぎ、左に持ち替えて右手にそそぐ。次にまた右に持ち替え、左掌《ひだりてのひら》に水を受けて口をすすぐ（柄杓に口をつけるのは厳禁）。左手に再びそそぎ、柄杓を立てて残った水を柄に流すようにして洗う。

拝殿でお賽銭《さいせん》をあげて鈴を鳴らした後は、二拝二拍手一拝が基本だが、出雲大社など四拍手のところもある。「拝」では腰を90度ほど深く折って頭を下げ、「拍手」では右掌を少し下にずらして打つ。祈りは「拍手」の後に行う。

おもな教派神道と神道系新宗教

名　称	独立年	教祖・組織者
黒住《くろずみ》教	1876年	黒住　宗忠
神道修成派《しんとうしゅうせいは》	1876年	新田　邦光
御岳《おんたけ》教	1882年	下山　応助
出雲大社《いずもおおやしろ》教	1882年	千家　尊福
金光《こんこう》教	1900年	川手　文治郎
天理《てんり》教	1908年	中山　みき
禊《みそぎ》教	1894年	井上　正鉄

*6 **神祇官**／律令時代に神祇祭祀をつかさどった役所。ここが管轄する神社を官社という。

*7 **神仏分離**／神社を習合の形態ではない本来の姿に戻すため、御神体とされている仏像を撤去させるなどした。一部では廃仏《はいぶつ》毀釈《きしゃく》の過激な運動も見られた。

◆あ◆

アサシン派▼イスラム教のイスマーイール派分派のひとつニザール派の別称で、大麻を吸う者という意味のハシーシュに由来する。ハサン・イ・サッパーフ（11世紀中頃〜１１２４）を教祖とする。敵対する者を抹殺し勢力を拡大していったため、暗殺教団と呼ばれ恐れられた。

アーミッシュ派▼スイス人アマン（１６４４?〜１７３０?）が始めたキリスト教メノナイト派に属する教派。自動車や電気製品といった現代の物質文明を拒絶し、保守的な生活スタイルを守り続けている。アメリカのペンシルベニア州などでわずかに見受けられる。

一貫道《いっかんどう》▼19世紀末に中国において路中一《ろちゅういち》（?〜１９２１）が創始、弟子の張天然《ちょうてんぜん》（１８８９〜１９４７）がそれを発展させ、仏教、儒教、道教、キリスト教とイスラム教を本来ひとつのものとする五教帰一を唱えた。信者たちは一貫道を天道という。中華人民共和国が成立すると、一貫道は反動的宗教として弾圧され、本拠地を台湾に移した。

ヴードゥー教▼ハイチを中心とした西インド諸島から合衆国南部の黒人の間に広がっている諸教混淆的な宗教。トランス状態になるために、激しい太鼓のリズムに合わせてダンスをするなど、呪術的行為がさかん。

圓《えん》**仏教**▼朴重彬《パクジュンビン》（１８９１〜１９４３）が創始した韓国の新宗教。仏教を根本とし、儒教や道教、キリスト教を取り込んでいる。最高の真理は「○」で表され、調和が重視される。

オカルティズム▼オカルトはラテン語で「隠された」という意味を持つ。魔術、占星術、妖術、占い、降霊術など、近代科学からは承認されていないさまざまな現象に関心を寄せ、そこに隠された秘密を明らかにしようという思想や実践のこと。

大本《おおもと》**教**▼出口なお（１８３６〜１９１８）と出口王仁三郎《おにさぶろう》（１８７１〜１９４８）を創始者とし、１８９９年に金明霊《きんめいれい》学会を設立。「立て替え立て直し」という一種の終末思想を説いたため、戦前は政府から危険視された。戦後は平和運動などに力を入れている。

◆か◆

カオダイ教▼１９２６年にベトナムにおいて、レ・バン・チュンにより創始された。天眼と呼ばれる巨大な目をシンボルとする宇宙の至上神、カオダイを信仰する。儒教、道教、仏教、キリスト教を統合した宗教で、博愛、平等、人類平和を説く。

カルト▼体系化された礼拝儀式、ある特定の人物や事物への礼賛、熱狂的な崇拝、さらにそういう熱狂者の集団、あるいは狂信的な宗教集団を意味する。アメリカでは現在大小合わせて約３０００ものカルトがあるとされている。同じ集団がヨーロッパではセクトと呼ばれることが多い。

キンバング運動▼旧ベルギー領コンゴのメシア的宗教指導者キンバング（１８８９〜１９５１）が神の啓示を受けたとし、コンゴ族の土着宗教とキリスト教を融合させたキンバンギ宗を起こした。信者の間には1921年10月21日に天から降る火によって白人がうち滅ぼされるという予言が流布し、納税拒否や強制栽培反対の社会運動に広がった。

原理主義（ファンダメンタリズム）▼キリスト教において聖書無謬《むびゅう》性などを唱える思想をさしていたが、イスラム教などにも用いられるようになった。原理主義は原点（原典）への回帰を主張し、現状は原点と比べて堕落しているととらえる。

国際仏光会▼１９６７年に台湾において

星雲《せいうん》大師（１９２７～）により創設された新宗教。本部は高雄市の仏光山寺に置かれている。仏教の不殺生戒を重視し、徹底した菜食主義を特徴とする。

金光《こんこう》教▼１８５９年10月21日に金光大神（１８１４～83）により開かれた神道系新宗教の一派。金光大神が説く天地金乃神は大地の神、天地の祖神とされる神で、金光大神はあらゆる願い事を神にとどけ、祈念して神の言葉を受け、信者に取り次いだ。

◆さ◆

修験《しゅげん》道▼山岳修行により超自然力を獲得し、その力を用いて加持祈祷《かじきとう》、憑《つ》きものおとしなどの呪術的な宗教活動を行う。日本古来の山岳信仰が密教、道教、民間信仰などの影響を受けて体系づけられた。

シンクレティズム▼統合を意味するギリシア語のシュンクレティスモスに由来。神仏習合など、相互に対立する哲学、神学上の見解を融合させる試みをいう。

新宗教運動（ＮＲＭ）▼New Religious Movement の頭文字をとってＮＲＭという。既存の宗教伝統とは異なる新しい伝統を掲げて、信仰集団を形成する宗教運動を総称した宗教用語。

世界救世教▼大本教を脱会した岡本茂吉（１８８２～１９５５）が１９３５年に観音会を創設、１９５０年に世界救世教となった。手をかざし浄霊する病気平癒や自然農法の提唱などによって信者を増やした。

創価学会▼１９３０年に牧口常三郎（１８７１～１９４４）と戸田城聖（１９００～58）が日蓮正宗《しょうしゅう》の信者集団として創設した創価教育学会を前身とする法華系新宗教。戦後は創価学会と改称。政治にも進出している。

◆た◆

テンプル騎士団（神殿騎士団）▼聖地エルサレム参詣に赴く巡礼者を保護する目的で、１１１８年にフランスの騎士ユーグによって創設。１１２８年には正式な修道会として承認され発展していったが、１３０７年、勢力の拡大をおそれたフランス王フィリップ４世によって壊滅させられた。

天理教▼中山みき（１７９８～１８８７）が奈良県（現在の天理市）で開教した習合神道系宗教。親神《おやがみ》「天理王命《てんりおうのみこと》」の神意を伝えんと、自ら「天の将軍」などと名乗り、安産と病気なおしを通じて信者を広めていった。

統一協会▼１９５４年、韓国において文鮮明を教祖として発祥した世界基督教統一神霊協会。

◆は◆

パンシガル（旅人殺戮《さつりく》教徒）▼12、13世紀頃のインドにおいて、旅人を襲い首を締めて殺すことを一種の儀礼としていた教団。ヒンドゥー教の神カーリーを崇拝していた。

ブラック・ムスリム（黒い回教徒）▼イライジャ・ムハメッドを教祖とし、シカゴに本拠を置くアメリカの政治・宗教組織。『コーラン』の教えと導きによって黒人の国を合衆国内に建設することをめざす。公民権運動家マルコムX（１９２５～65）の名はよく知られている。

◆ら◆

ラスタファリ運動▼エチオピアの皇帝ハイレ・セラシエを救世主とみる一種のメシア信仰。カリブ海諸国の黒人の間で起こった、アフリカ回帰を基調とした民族主義。

立正佼成会▼庭野日敬（１９０６～99）と長沼妙佼（１８８９～１９５７）により設立。１９３８年に霊友会から分派した在家教団。

霊友会▼１９３０年に久保角太郎（１８９２～１９４４）と小谷喜美（１９０１～71）により創始された仏教系の新宗教。法華経、先祖の供養を重視する。立正佼成会や妙智会など多くの分派が生まれた。

索引

参考文献

【総合】村上重良著『世界の宗教　世界史・日本史の理解に』岩波ジュニア文庫／ジャクリーヌ・ヴァロン編著・荒木美智雄監修『世界の宗教ものがたり』創元社／『日本の宗教の事典』エソテリカ事典シリーズ・学習研究社／『日本古典文学大系』岩波書店／『世界の宗教』自由国民社／井上順孝編『世界の宗教101物語』新書館／村上重良著『世界宗教事典』講談社学術文庫／『世界大百科事典第2版&マイペディア』株式会社日立システムアンドサービス／『クロニック世界全史』講談社／『世界の神話伝説・総解説』自由国民社

【ギリシア・ローマ】豊田和二監修『図解雑学ギリシア神話』ナツメ社／ルネ・マルタン監修・松村一男訳『図説ギリシア・ローマ神話文化事典』原書房／小川秀雄著『ローマ帝国の神々　光はオリエントより』中公新書

【ユダヤ教】『ユダヤ教の本』学習研究社／ノーマン・ソロモン著・山我哲雄訳『1冊でわかるユダヤ教』岩波書店

【キリスト教】ジェニファー・スピーク著・中山　理訳『キリスト教美術シンボル事典』大修館書店／『キリスト教の本』学習研究社／関田寛雄監修『図解雑学　聖書』ナツメ社／ニコル・ルメートル　マリー・テレーズ・カンソンほか『キリスト教文化事典』原書房／木崎さと子著『ビジュアル版　聖書物語』講談社／高尾利数著『キリスト教を知る事典』東京堂出版

【イスラム教】大塚和夫・小杉泰・小松久男ほか編『岩波イスラーム辞典』岩波書店／後藤　明著『ビジュアル版イスラーム歴史物語』講談社／『イスラム教の本』学習研究社／野町和嘉著『カラー版メッカ　聖地の素顔』岩波新書／井筒俊彦著『イスラーム文化　その根柢にあるもの』岩波書店

【ヒンドゥー教】山下博司著『ヒンドゥー教とインド社会（世界史リブレット5）』山川出版社／クシティ・モーハン・セーン著・中川正生訳『ヒンドゥー教　インド三〇〇〇年の生き方・考え方』講談社現代新書／針貝邦生著『ヴェーダからウパニシャッドへ（人と思想165）』清水書院／『ヴェーダの思想（中村元選集［決定版］第8巻）』春秋社／森本達雄著『ヒンドゥー教　インドの聖と俗』中公新書／『ヒンドゥー教の本』学習研究社／オドン・ヴァレ著・佐藤正英監修『古代インドの神』創元社

【仏教】中村元ほか編『岩波仏教辞典』岩波書店／田中治郎著『仏教のことが面白いほどわかる本』中経出版／田中治郎著『よくわかる仏教入門』佼成出版／多屋頼俊・横超慧日・舟橋一哉編『新版仏教学辞典』法蔵館／石田瑞麿著『例文仏教語大辞典』小学館

【東アジア】『新釈漢文大系　論語』明治書院／陳舜臣著『儒教三千年』朝日新聞社／狩野直禎著『図解　論語』ナツメ社／井上宏生著『読む・知る・愉しむ　孔子と論語がわかる事典』日本実業出版社／金谷治編訳『中国の古典　老子』講談社／許抗生著『老子・東洋思想の大河　道家・道教・仏教』地湧社／服部武著『荘子　大知と逍遥の世界』富山房／日下藤吾著『困ったときは老荘の知恵』叢文社／M．カルタンマルク著『老子と道教』人文書院／窪徳忠著『道教の世界』学生社／P．R．ハーツ著『道教』青土社／鎌田東二編著『神道用語の基礎知識』角川選書／國學院大學日本文化研究所編集『神道事典』弘文堂

▒監修

町田宗鳳（まちだ・そうほう）

1950年京都生まれ。14歳で出家。以来20年間京都の臨済宗大徳寺で修行する。34歳のとき寺を離れ渡米。後、ハーバード大学神学部で神学修士号およびペンシルバニア大学東洋学部で博士号を取得。プリンストン大学東洋学部助教授、国立シンガポール大学日本研究学科准教授を経て、現在東京外国語大学教授。専攻は比較宗教学、比較文明論、生命倫理学。おもな著書に『なぜ宗教は平和を妨げるのか』（講談社＋α新書）、『「野性」の哲学』（ちくま新書）、『〈狂い〉と信仰』（PHP新書）ほか多数。

町田宗鳳ホームページ　www.tufs.ac.jp/ts/personal/soho/

▒執筆・編集協力

藤堂おくと（26〜27、36〜37、96〜110）／田中治郎（114〜136）／丸山夕貴子（138〜149）／稲田智宏（150〜153）／大角修

▒装丁

森デザイン室

▒本文デザイン・DTP

DADGADデザイン（谷合　稔）

▒資料協力

M・B・ワング著・山口泰司訳『ヒンドゥー教』青土社／オドン・ヴァレ著・佐藤正英監修『古代インドの神』創元社／金谷治訳『老子』講談社学術文庫／ダライ・ラマ著・今枝由郎訳『ダライ・ラマ』トランスビュー／『新釈漢文大系　論語』明治書院／中村元訳『ブッダのことば』『真理のことば感興のことば』『仏弟子の告白』『悪魔との対話』（いずれも岩波文庫）／『ヴェーダの思想』（中村元選集［決定版］第8巻）春秋社／日本聖書協会『聖書　新共同訳』／宗教法人日本ムスリム協会『日亜対訳　聖クルアーン』／林屋永吉訳『ポポル・ヴフ』中公文庫

▒写真協力

イスラエル大使館広報室／イタリア政府観光局／稲田智宏／エジプト観光局／イランイスラム共和国大使館／インド政府観光局／インドネシア大使館広報部／英国政府観光庁／岡野理絵／株式会社アスクミー／カンボジア政府観光局／救世軍本営／ギリシャ政府観光局／熊野若王子神社／熊野速玉大社摂社神倉神社／高野山真言宗企画室　教報社／サウディアラビア王国大使館／スペイン政府観光局／タイ国政府観光庁／中国国家観光局／トルコ共和国大使館文化広報参事官室／東京国立博物館／ヴィジュアル フォークロア／日吉大社／フランス政府観光局／マカオ政府観光局／山崎写真事務所　山崎秀司／UPI・SUN／社団法人和歌山県観光連盟

すぐわかる世界の宗教

平成17年4月25日　初版第1刷発行

監　　修	町田宗鳳
発 行 者	谷　昌之
発 行 所	株式会社 東京美術
	〒170-0011　東京都豊島区池袋本町3-31-15
	電話 03（5391）9031　　FAX 03（3982）3295
	ホームページ http://www.tokyo-bijutsu.co.jp
編　　集	有限会社 キャロット企画
印刷・製本	株式会社 シナノ

乱丁・落丁はお取り替えいたします。定価はカバーに表示しています

ISBN4-8087-0781-0　C0014

暦	宗教関連のおもなできごと	世界の動き	日本の動き
9	☪アッバース朝成立		平城京遷都（710）
8	卍チベット、王朝崩壊		
5	卍唐の武宗、会昌の廃仏断行		平安京遷都（794）
9	☪ファーティマ朝がエジプト、シリアを征服	神聖ローマ帝国成立（962）	
8	✚ロシア正教会、キエフ公ウラジミールによりロシア国教		
	に定められる		
38	☪セルジューク朝成立		
54	✚東西教会の相互破門		
77	✚カノッサの屈辱		
99	✚第1回十字軍、エルサレムを占領		
79	✚第3回ラテラノ公会議開催		
37	☪聖地エルサレムを十字軍より奪回		
03	卍ゴール朝インドに侵入し、仏教寺院を破壊	インカ帝国樹立（12世紀後半）	鎌倉に幕府を開く（1192）
04	✚第4回十字軍、コンスタンティノープル征服	チンギス・ハーン、金の中都を攻	
5	✚第4回ラテラノ公会議開催	略（1215）	
58	☪モンゴル帝国がアッバース朝を滅ぼす	オスマン朝成立（1299頃）	
09	✚アヴィニョンの補囚	フランスで百年戦争勃発（1339）	
09	✚教皇クレメンス5世アヴィニョンに入城	アステカ王国の首都テノチティト	
78	✚2人のローマ教皇がたち、カトリックが混乱	ラン建設（1345）	鎌倉幕府滅亡（1333）
17	✚ルター、「95か条の提題」を貼り出す	コンスタンティノープル陥落	応仁の乱（1467〜77）
26	☪☸ムガル帝国成立	（1453）	
34	✚イエズス会の創設	コロンブス、アメリカ大陸に到着	
34	✚ヘンリー8世、イギリス国教会の首長に	（1492）	
36	✚カルバンの改革		
41	✚カルバン、ジュネーブで宗教改革を遂行		
44	✚トリエント公会議（〜63）		ザビエル来日（1549）
62	✚フランスでユグノー戦争始まる	オランダ独立戦争	
72	✚聖バルテミーの虐殺	（1568〜1648）	本能寺の変（1582）
98	✚ナントの勅令出される		
18	✚30年戦争		徳川家康、江戸に幕府を
20	✚ピルグリム・ファーザーズ、アメリカに渡る		開く（1603）
49	✚清教徒革命	太陽王ルイ14世、即位（1643）	島原の乱（1637〜38）
44	☪サウード家、ワッハーブを保護		
51	卍ダライ・ラマ、チベットの主権者として認められる	アメリカ独立戦争勃発（1775）	
11	☪ムハンマド・アリー、エジプト全土支配へ	アメリカ独立宣言採択（1776）	
50	バーブ教の祖、モハンマド処刑される	フランス革命勃発（1789）	
68	日本で神仏分離令。廃仏毀釈吹き荒れる（神道・仏教）	ナポレオン戴冠（1804）	大政奉還（1867）
77	☸イギリスのインドに対する植民地支配確立	アヘン戦争勃発（1840）	
81	✡ロシア皇帝アレクサンドル2世暗殺に端を発するユダ	パリで2月革命（1848）	
	ヤ人大量殺戮（ポグロム）（〜1921）	アメリカ南北戦争（1861〜65）	
94	✡フランスでドレフェス事件		日清戦争（1894〜95）
23	☪トルコ共和国誕生	メキシコ革命（1910）	日露戦争（1904〜05）
32	☪サウディアラビア王国建国	第1次世界大戦（1914〜18）	
42	✡ヴァンゼー会議でユダヤ人大量虐殺を決定	世界金融恐慌勃発（1929）	
48	✡イスラエル建国宣言	第2次世界大戦（1939〜45）	太平洋戦争
54	卍第六結集が行われる	インド・パキスタン分離独立	（1941〜45）
59	卍チベットで武装反乱、ダライ・ラマ亡命	（1947）	
75	卍民主カンボジア政権成立	中華人民共和国成立（1949）	
79	☪ホメイニー帰国、イラン革命	エジプト革命（1952）	
	☪ソ連がアフガニスタンへ軍事侵攻	キューバ革命（1959）	
		中国文化大革命（1966〜1977）	

✡ ユダヤ教
✚ キリスト教
☪ イスラム教
☸ ヒンドゥー教
卍 仏教